Introduction to Museums from a Global Perspective

世界博物馆导读

胡盈 著

华东师范大学出版社

本书的编写获得"华东师范大学精品教材建设"项目支持,本教材对应课程《世界博物馆巡礼》获得"2017年华东师范大学本科生课程设计比赛二等奖"。

序 言

随着2007年国际博协对博物馆定义的最新修订,教育被列为博物馆功能的首位。2015年,国家文物局、教育部联合发布《关于加强文教结合、完善博物馆青少年教育功能的指导意见》,标志着博物馆教育正式成为学校教育的一部分。一方面,博物馆承担着越来越多学校教育、社会教育的责任;另一方面,公众对博物馆教育的需求不断增强,博物馆需要利用其丰富的资源发挥提升公众的文化生活品质的作用。

目前,关于博物馆的书籍主要分为两类。一类是给博物馆工作者及博物馆专业学生使用的教材和研究著作;第二类是给观众,尤其是为青少年群体设计的主题性的文博读物。而针对非博物馆专业的大学生,以及对博物馆感兴趣的普通读者,了解和认识博物馆本身及其背后文化意义的教材,似乎还无先例。因此,博物馆导赏类读本,在强调"以文化人、以文育人"的今天,更反映了广泛读者群体和社会的需求。

博物馆不仅仅是藏品的组合,更是社会文化与发展的记录。博物馆的教材不应仅仅介绍"物"和"物"的罗列,而应讨论和了解这些"物"的展示背后文化的思考和博物馆的立场。而这正是这本读本型教材的创新之处。上编在对于博物馆机构的综合介绍中融入了大量的案例,而下编在介绍世界上最著名的博物馆及其代表藏品之外,更在每章提炼出一个关于文博领域的重要话题进行深入探讨。

作为一本读本型的教材,此书在写作过程中,以学习者的视角切入,而非以教育者的视角切入,每章以读者关心的问题导入,在每章后的"补充阅读"、"观察体验"与"应用实践"部分与读者的互动,以及在文后对于读者关心的话题、专题的讨论,都体现了以读者和学习者为中心的考虑。

此书不仅配备了丰富的插图,还在每章插入了精心创作的手绘插图,使其在可学、可练的同时也具有了可读、可赏的审美价值。

博物馆是教育图景中的重要组成部分,博物馆教育的演进是整个教育体系演进的侧影。作为博物馆教育的一种新的尝试,诚愿读者开卷有益。

丁　钢

于华东师范大学丽娃河畔

目 录

前言   1

上编 博物馆与社会
Museums and society

第一章 什么是博物馆?   3
  第一节 博物馆的定义与性质   4
  第二节 博物馆的工作重点与工作对象   10
    拓展阅读   12
    观察体验   14
    应用实践   15
    阅读书单   19

第二章　博物馆的源流——走下神坛的缪斯　　21

第一节　世界博物馆发展史　　22
第二节　中国博物馆发展史　　26
  拓展阅读　　29
  观察体验　　33
  应用实践　　34
  阅读书单　　34

第三章　博物馆的功能和类型　　35

第一节　使命——博物馆的灵魂　　36
第二节　博物馆的功能　　37
第三节　博物馆的建筑　　46
第四节　博物馆的类型　　48
  拓展阅读　　50
  观察体验　　53
  应用实践　　53
  阅读书单　　60

第四章　博物馆人——缪斯的"管家"　　61

第一节　博物馆人的形象　　62
第二节　博物馆人的职业操守　　67
  拓展阅读　　68
  观察体验　　89
  应用实践　　89
  阅读书单　　91

下编　博物馆与文化
Museums and culture

第五章　卢浮宫——什么成就了"热门"?　95
第一节　从私人府邸到公共博物馆:古老宫殿的现代复兴　96
第二节　艺术的价值　100
　　拓展阅读　118
　　观察体验　120
　　应用实践　120
　　阅读书单　121

第六章　大英博物馆——国宝争夺战　123
第一节　文物归属的思考:道义、立法、合作与未来　124
第二节　艺术的产生——融合与影响　140
　　拓展阅读　141
　　观察体验　143
　　应用实践　143
　　阅读书单　144

第七章　大都会博物馆——"热钱"成就的千秋伟业　145
第一节　现代博物馆的建立与运营　146

第二节　艺术的风格——时代的烙印与不同形式间的借鉴	159
拓展阅读	160
观察体验	165
应用实践	165
阅读书单	165

第八章　艾尔米塔什博物馆——浴火重生　　167

第一节　艺术与宗教	168
第二节　战火的考验：文化的存亡	178
拓展阅读	180
观察体验	183
应用实践	183
阅读书单	183

第九章　两岸故宫——一个甲子的聚散离合　　185

第一节　博物馆的文化象征——分离与合作	186
第二节　中国传统书画的审美与"中西结合"	190
第三节　"珍玩"——取材生活与文人情志	195
拓展阅读	197
观察体验	211
应用实践	211
阅读书单	215

第十章　希腊国家考古博物馆与埃及古物博物馆——考古那些事儿　　217

第一节　什么是考古学？	218

第二节　挖还是不挖？考古发掘 VS 遗产保护　　226
　　第三节　公共考古学　　227
　　　　拓展阅读　　228
　　　　观察体验　　231
　　　　应用实践　　231
　　　　阅读书单　　234

第十一章　博物馆的出路：当代的挑战与机遇　　235
　　第一节　没有边界的博物馆：新的社会责任　　236
　　第二节　参与性博物馆：博物馆是一种生活方式　　238
　　　　拓展阅读　　239
　　　　观察体验　　241
　　　　应用实践　　241
　　　　阅读书单　　246

附录一：话题　　247
话题一：凭什么把藏品"捐"给博物馆？　　247
话题二：博物馆会展示赝品吗？　　250
话题三：博物馆可以把藏品卖掉或扔掉吗？　　252

附录二：专题　　255
专题一：博物馆的正确"打开"方式　　255
专题二：如何"阅读"一件艺术品？　　258
专题三：如何"阅读"一幅画？　　260

参考文献　　261
致谢　　269

前　言

2017年，大英博物馆"100件文物中的世界史"展览先后在中国国家博物馆、上海博物馆举办，引起了前所未有的热捧。还没到开馆时间，博物馆门口已经排起了长队，上海博物馆甚至不得不把参观大英博物馆展览的队伍和参观其他展览的队伍分开，以缓解排队压力。

来到展览现场，作为一个好奇的观众，您也许会问：

如何欣赏这个展览？如何理解它的叙述方式？如何读懂藏品？

北京站和上海站的展览方式有什么不同？

第101件展品到底是什么？

展览中的"中国文物"，是在怎样的情况下来到大英博物馆的？

如果您是一个专业的观众，您也许会思考如下的问题：

这100件展品并不是大英博物馆的镇馆之宝，并不伟大的展品何以构成一个伟大的展览？

国博和上博选择了不同的第101件展品，选择背后的原因表现了各自怎样的策展思路？同一件展品，怎样叙述不同的故事？同一个展览，怎样从不同的角度阐释？

当这一世界性展览巡回到中国，其中有来自中国的和其他不同国家的文物，我们如何在世界的语境下展现中国的文化？如何将中国的文化囊括到世界文明的进程中？

面对如此多痴迷的观众，博物馆又应该用哪些方式来满足观众对知识、对审美、对文化的渴求？

博物馆已经不再是高高在上的圣殿，而是人们文化休闲的选择，作为终身教育、课外教育的场所。博物馆，反映着生活方式的改变；社会文化的变迁；观念的进步和革新，是社会发展的镜子，也记录着社会的进步。

因此，走进博物馆、了解博物馆，是每一个社会人的需要；"读懂"博物馆、从博物馆中学习，更是大学生综合素质培养的重要方面。博物馆是折射社会发展、文化交流的镜子，在国际视野下对文化遗产保护责任的明晰，也是大学生的重要社会责任。

同时，对于这本读物的广大读者，了解关于博物馆的基本知识，学习"打开博物馆的正确方式"，也有助于更好地获得博物馆的参观、游览体验。正因为如此，这本书努力改变传统严肃、刻板的教材形象，以大量的文本阅读和生动的故事举例，使之成为一本有益的读物。

在编写上，这本书分为两个部分。

上编"博物馆与社会"，介绍博物馆的基本概念、历史源流、功能类型等。通过大量世界各地博物馆的案例，帮助大家形象地了解博物馆这一机构，及如何利用博物馆资源。

下编"博物馆与文化"，通过聚焦八个最著名的世界级博物馆，每章引出一个文博相关的社会话题进行探讨，并结合具体的藏品，介绍艺术的欣赏方法、基本的艺术史及文物知识。

现代的教学方法注重教与学的互动、课堂的"翻转"；学习也不仅限于课堂，而在于实践、考察、体验结合的综合锻炼场。教学如此，教材也应如此。因此，本书在设计上为各个章节安排了以下板块：

问题聚焦：从读者的角度提出问题作为引入，也是本章将着重探讨的问题。

拓展阅读：引入一些补充材料，包括社会热点话题、时事争议（这一部分选择的材料来源为近几年的新闻和热点，材料来源有各大新闻、报纸、微信专题、知乎讨论等，充分结合当代社会的传媒方式），帮助读者拓展视野。

观察体验：鼓励读者走出去，在体验与观察中消化所学知识。或通过新颖的场景设置，提出问题，形成自主思考和探索能力。

应用实践：通过实践性作业，引导读者进一步的思考，形成问题意识、批判性思考能力。

每章还设有"阅读书单",列出与本章有关的参考书籍,方便大家深入学习。

在本书的末尾附录,设有三个"话题"和三个"专题"两个部分。"话题"针对性地聚焦大家关心的某个博物馆相关话题,进行着重探讨;而"专题"则是对博物馆参观及藏品赏析的具体引导。

因此,这本书既可以作为课堂教学的辅助,也可以作为自学的读本。

同时,博物馆欣赏是个愉快的审美过程,每一章节都请华东师范大学设计专业及艺术教育专业的学生做了手绘插图,这些插图,在强调"视觉体验"的同时带来愉悦的审美体验。

除了对内容的精心设计,在成书过程中,本教材参考了一些享誉世界的经典教材,比如曼昆的《经济学原理》、夏克特等著的《心理学》、伦福儒的《考古学——理论、方法与实践》,这些伟大的教材都有一个共同的特点,就是"可读性"强。作者不时穿插的有趣话题、娓娓道来的讲述方式、结合现代人语言特点的幽默、平易近人的口吻,都是本书所试图展现的方式。

另外,纸质书籍不再是现代人获取知识的唯一途径,与本书所配合的有一个教学辅助公众号:博物馆巡礼(tourofmuseums),在上面可以看到笔者在教学中引导学生们策划的微展览、藏品故事解读、博物馆参观攻略……供阅读者学习参考。

当然,一本小小的读本无以铸就博物馆的大厦。本书中难免有疏漏和不完善之处,还请读者不吝指教。

学习,是一种生活方式;博物馆,是一种快乐的体验。带着这样的观点,让我们开启博物馆之旅。

Museums and society

上编　博物馆与社会

第一章
什么是博物馆？

> 我知道"博物馆"一词的含义，它意味着已经死去的东西和制成标本的东西，也就是过去的东西。
>
> ——1997年，圣地亚哥自然历史博物馆一次战略会议上一位观众的评语。

问题聚焦：
1. 什么是博物馆？这类机构有什么特点？
2. 博物馆存在的目的是什么？最重要的目标是什么？

第一节 ｜ 博物馆的定义与性质

2015年7月的一个炎炎夏日,微信朋友圈被一张冥王星的"笑脸"照片刷屏了。这张照片,是新视野号飞了9年,走过48亿公里,才换来的。为什么我们会对一幅来自遥远时空的景象如此痴迷? 我们仰望星空,好奇于那些熠熠闪光的星辰,事实上,我们看到的光芒,可能已经过了千百年。为什么我们仍然如此关注、如此投入地探究那些过去的闪耀? 因为那是我们的精神寄托。好奇心和梦想驱使着我们——通过研究过去,探秘未来。博物馆正是这么一个收藏过去,也收藏梦想的地方。

在一家打着"know your own bone"(发现属于你的"骨头")的谈论博物馆及其他文化机构的外国个人网站上,列举着去博物馆的十大理由[1],并得到了大量的转帖:

1. 相比物质获得,博物馆所提供的精神体验更使人身心愉悦;
2. 博物馆是个学习的场所,使人变得更聪明;
3. 博物馆作为非正规教育场所,提供着一种有效的学习方式;
4. 博物馆为相同爱好者提供了交流的平台,是一个社交场所;
5. 博物馆通过提供线上线下多种形式的互动对人起到正面的激励作用;
6. 博物馆帮助社区(指所在受众范围区)带来改变和发展;
7. 博物馆是一个很好的联系亲情和友情的地方;
8. 博物馆牵连许多行业产业,也许会成为你的下一个合作伙伴;

---

[1] Colleen Dilenschneider,"10 Reasons to Visit a Museum",*Colleen Dilenschneider's Blog*,accessed December 12,2016,http://colleendilen.com/2009/07/31/10-reasons-to-visit-a-museum/

9. 博物馆作为社会公益机构,需要每个人的支持来维持运营;

10. 在你附近就有博物馆,总有一款适合你。

真的有一款适合我吗?

根据国家文物局的数据:截至2016年底,全国经各地文物部门年检注册的博物馆总数达到了4 873家,比2015年度增加了181家。换句话说,我国隔天就增加一座登记在册的博物馆。另有许多小博物馆,由于各种原因并未被统计进去,每天都在酝酿、诞生……

为什么社会要建这么多博物馆?

有人说,为了教育公平。我们需要公立医院,通过医保给予广大民众健康的保障;我们需要学校,普及文化知识;我们也需要博物馆,通过免费或较低的收费给予社会大众精神的滋养。

也有人说,为了文明的传承。博物馆里收藏着珍贵的古代艺术品、珍稀的动植物标本,这些文物是历史前进的缩影,是文化演进留下的脚印,通过保存历史,让我们鉴往而知来。

还有人说,博物馆是文化的名片、是民族的精神符号、是城市形象的代表、是居民消遣娱乐的文化场所……

这些观点都是对的,但都不全面。

在博物馆建设的大军中,还有各类企业、地产商、收藏家,甚至有并不富裕的普通民众……他们为什么想要创办博物馆?

可口可乐公司建设了可口可乐博物馆,这家博物馆展示了可乐的历史与文化,也展示了可口可乐的成功与发展,是企业文化的良好宣传途径。正在建设的"新雪国"旅游度假项目将博物馆规划于其中,据称,博物馆被开发商视作"新雪国"的精神蓝图,也将提供配套的服务娱乐设施。大收藏家"马未都"投资数亿元建了"观复博物馆",为了"做一件既有益于自己也有益于社会的事"。长春一位女大学生在一家咖啡馆里办起了"失恋博物馆",存放那些美好的"爱情遗物",也为了留存自己的情感记忆……这些行为的目的中,有功利的,有公益的,也有对博物馆定义"曲解"的,但却共同地以"博物馆"为名而发生了联系。

那么什么才算"博物馆"? 当我在课上如此问同学,大家的回答千奇百怪,但大家基本都同意:"博物馆是一个收藏过去的地方。"果真如此吗？在科技馆里,那些高科技的互动装置、先进到尚未大规模使用的机器人,这些是关于过去的记忆吗？阿联酋迪拜正在兴建一座将用3D打印技术建造的"未来博物馆",这座博物馆里的藏品,有的年龄恐怕比最年轻的参观者还年轻。一位不知姓名的英国人曾诙谐地说,博物馆是"很多奇珍异宝的储藏室,并且其馆长也算在内"。关于博物馆馆长究竟会是何形象,我们将在以后的章节进行揭示,然而,只有奇珍异宝才能进博物馆确是"公认"的,不管这些珍奇是自然的、科技的,还是艺术的,总之收藏品要么无比珍贵如恐龙化石,要么无比奇异如长了三只翅膀的鸵鸟标本,两者应该必居其一。很确定吗？

在美国邮政博物馆,精心装饰的展柜里展示着一张很普通的明信片(图1、2：泰坦尼克明信片、泰坦尼克明信片背面)。铅笔写的潦草字迹颜色很淡,内容读起来也很平常,无非是"到此一游,想给你寄张明信片"之类简短的普通问候。明信片寄给一个叫"歌雯"的小姐,寄信人也是个无名小卒。然而,当我们把目光移到明信片左上方的印刷体纪念文字,一个熟悉的名词让人心里为之一动:"Titanic"(泰坦尼克)。在提笔前,这个叫彼得的人刚刚从船上的小卖部购买了这张明信片,他站在甲板上欣赏着波涛汹涌的海水,而他所在的这艘当时最豪华的船正乘风破浪地行驶着。他心里充满激动,也充满思念。"我最亲爱的美人儿,我知道你一定想要看一看这艘船,我挑了一张很不错的图片……爱你的,丑人儿。"这张明信片同其他千百张明信片一样被盖上了泰坦尼克号上的章,在爱尔兰的皇后镇,被送上岸投递了出去。这是泰坦尼克号最后一次靠岸,随后她向西驶入了一望无际的大西洋……

图1　泰坦尼克号明信片

图2　泰坦尼克号明信片背面

在克罗地亚,有一家"失恋博物馆",创办人是一对曾经的情侣。平静地分手后,两人希望,有一个地方像博物馆一样,能储存记忆和情感。借助物品的能量,讲那些爱情的故事。这里的"藏品"有精心熨烫过的婚纱、有普通的长毛绒玩具、有摔碎的陶偶……每一件藏品都包含着捐赠人的一个独特的故事。这座博物馆虽然没有价值连城的收藏,但却获得了公众广泛的兴趣,到世界各地举办巡展。

在美国波士顿,有一家"糟糕艺术博物馆"(Museum of Bad Art),博物馆的藏品有颇具水平的艺术家的败笔,也有一些颇具激情但水平有限的作品。这里的不少藏品都是艺术家自己捐赠的,经过博物馆的精心筛选。这里的藏品符合一个共同的规格,那就是这些作品之所以糟糕,并不仅仅是因为水平有限。馆方为每件作品写上一段说明,从专业的角度解释了为什么每件作品会被入选。事实上,那些失败的艺术和普通博物馆中的珍藏品一样有教育意义,并且可能还更有趣。

在德国科隆,有一家巧克力博物馆。走进去,就能闻到甜甜的巧克力醇香……

以上所提到的博物馆的"珍贵藏品"每一件都是再平凡不过的物件,然而,在特殊的语境下,它们却创造着特殊的价值。博物馆储存着记忆,引起人们情感的共鸣,调动人们的感知体验,激发我们对生活的思考,引导健康积极的价值观。然而,以上的列举也让人惊讶:到底什么才是博物馆?哪些才不算博物馆?

2007年,国际博物馆协会(ICOM)更新了博物馆的概念:

> 博物馆是一个为社会及其发展服务的、向公众开放的非营利性常设机构,为教育、研究、欣赏的目的,征集、保护、研究、传播并展出人类及人类环境的物质及非物质遗产。

在这个绕口的定义中,我们最需要解释的是博物馆的"非营利性"。

博物馆具有公共性、公益性。博物馆并非沉默的"仓库",它承担着教化社会的基本职责,服务于社会公平。博物馆的大门应向整个社会开放,没有歧视、没有偏见;如果博物馆成了营利机构,博物馆的收费不再公益,博物馆的展览不以教育为第一目的而以盈利为考量,藏品可以随意买卖,员工可以分红,没有人在乎文化遗产的保护,科学与艺术研究都在于为提高藏品价值造势而不再为了人类文明成果的积累……

正因为"公益性",博物馆得以提供独特的人文关怀,有助于社会和谐。美国华盛顿安娜考斯蒂亚邻里博物馆建于 20 世纪 60 年代,所在地是美国南北战争之前的黑人奴隶交易区,这家在欠发达地区开办的博物馆,目的是帮助当地黑人理解并融入当代城市生活,从而积极生活,和谐邻里关系。在服务社会的大目标下,每个博物馆,都有自己的社会使命。这一点将在第三章中详细介绍。

问题是,既然是常设机构,又要求是非营利性,那它的收入哪里来?有人想到了"政府拨款"或"社会团体、个人捐赠",但既然是非营利的,为什么有时它会有高昂的门票,又为什么博物馆的咖啡厅、纪念品商店的价格总如此不亲民?这些收入都去了哪里?

不以营利为目的不代表不能有经营性收入。稍微算一下账就可以发现,博物馆的各种"经营性收入"(门票、餐厅、纪念品和出版物出售、场地租借、教育活动收费等等)是远远无法平衡博物馆高昂的支出的。博物馆的建筑往往出自大师的手笔,内部装修除了强调审美以外对材料有特殊的要求,灯光、温湿度、展柜密封性、玻璃的牢固程度、安保的费用……仅仅这些"看得见"的支出,就远不是勉强盈利的博物馆餐厅、几十到几百一件的博物馆商品,以及往往是象征性征收的博物馆门票可以平衡的。除此以外,那些幕后的费用——藏品的清洁修复、展览的策划……等一下,我们的博物馆员工还没有领工资呢。

因此,博物馆的运营是需要资助的。公立博物馆往往能得到政府的大额拨款。在中国,近几十年是博物馆发展的黄金时期,公立博物馆得到政府的全额财政支持,连以往征收的门票收入在大部分博物馆也都免除了。在美国,政府资助的博物馆数量和预算比例明显缩水,但政府的"捐赠抵税"却鼓励并激发了整个社会对博物馆慷慨解囊。尽管这样,西方博物馆仍然常常要为"fundraising"(筹款)而四处奔波。博物馆在向社会筹款的过程中由社会监督,坚持着公益的理念。

博物馆具有文化正统性。在任何一个城市,博物馆总在城市的中心位置。美国首都华盛顿在华盛顿纪念碑和国会大厦之间有一块国家大草坪,这里是华盛顿的"黄金腰带",在国家大草坪的两侧,是史密森学会下隶属的十几个国家博物馆,这些博物馆包括:美国国家历史博物馆、国家自然史博物馆、亚洲艺术博物馆、非洲艺术博物馆、航空航天博物馆、现代艺术博物馆等等,这些不同类型、代表不同文化的博物馆占据了华盛顿最重要的位置,彰显着美国社会的包罗万象。在北京,中国国家博物馆位于天安门广场,与人民大会堂遥相呼应;隔一条长安街,就是故宫博物院。这些位居中心位置的博物馆,讲述着一个国家的故事和文化理念。

博物馆是一座城市、一个民族、一个国家的文化之基。在北京天安门的两侧,故宫博物院和国家博物馆分别讲述着中华民族的历史传承和当代崛起;在长安街的西延长线上,首都博物馆展现着北京这座城市的历史和文化。如果你是第一次来中国、第一次来北京,仔细参观了这三座博物馆,你才能在短时间内读懂这一文明古国的灿烂历史、当代发展,才能透过雾霾、透过拥挤,看到北京这座城市的底蕴。在后面的章节中,我们会看到许多例子,讲述博物馆如何成为战争冲突中被关注的焦点,讲述被掠夺的博物馆里的藏品如何被视作民族精神的象征而使其原属国一再提出追溯请求,这一切绝不仅仅是因为文物本身的价值,而是其背后承载的无法估量的深远意义。

博物馆对国家文化的象征意义是不可估量的。它是民族文化的"镇纸"。同时,它又是**时代的标志**。在世界上成熟发达的城市,比如纽约、伦敦、巴黎,都有古代艺术博物馆、现代艺术博物馆、当代艺术博物馆,以及自然史博物馆等几座基本博物馆格局;鉴于此,上海在 2010 年世博会后也形成了这样的博物馆建设布局。

博物馆具有文化创造力。2013 年国际博物馆日来临之际,国际博物馆协会提出了当年的主题:博物馆(记忆 + 创造力)= 社会变革。博物馆通过记忆、知识的储备,培养创造力,进而引导社会变革。亚历山大大帝的部下托勒密建立了亚历山大里亚博学园,让学者在这里研究古物、阅读书籍、辩论、实验,推动社会的进步。这座博学园,就是世界上最早的博物馆雏形(将在第二章中详细介绍)。19 世纪末,美国诞生了一类新的博物馆——儿童博物馆。孩子们在这里快乐地玩耍、学习,探索世界。今天,儿童博物馆的概念已经在全世界蔓延。这类博物馆的诞生标志着儿童教育的改革与创新。博物馆的创造性不仅体现在研究和教育,更体现在展览的"发声"和与其他传媒的跨界融合。2005 年,为配合"中法文化年",中国美术馆举办了《激醒:中法艺术的碰撞与融合》时尚大战。展览分为"过去"、"现在"、"未来"三大主题,将现代化设计理念注入到中国传统的手工艺品制作中,以突出中法两国艺术观念的碰撞和融合。这样的展览更像是文化孵化器,为更多的文化创新提供灵感。近年来，故宫将自己的文化 IP 与腾讯、阿里巴巴、必胜客等不同机构合作，将博物馆文化渗透到生活的每个角落。在后面的例子中，我们还会看到更多博物馆文化创新的例子。

第二节 ‖ 博物馆的工作重点与工作对象

人与物的结合是博物馆定义的新趋向。最新修订的 ICOM 定义中，强调所有博物馆收藏品和人类的关系，换句话说，博物馆的收藏不再仅仅为了"物"本身，而为了反映物与人的连接。无论是人类自身的创造，抑或是人类环境的"见证物"，这些物品，通过博物馆的收藏、研究和展示，影响着我们的行为。也许有人会说，这是咬文嚼字的啰嗦。天底下所有的一切，本来就是要不人造，要不天然？看待事物的眼光不同，决定了我们处理方式的不同，藏品也一样。在法国国家自然史博物馆中，收藏了一张小小的长颈鹿头部画像，它被装订在一本红色的书中，显得并不起眼。在自然博物馆中，它既不代表一件稀世标本，也并非因为它的艺术造诣被收藏。这张今天看来无比寻常的长颈鹿肖像，描绘的是第一头从非洲千里迢迢来到法国的长颈鹿，它优雅的步态、颀长的脖颈"曾让每个人都为之疯狂"，女士们开始梳"长颈鹿"发型，陶工们将他们的陶器都涂上"漂亮的长颈鹿女士"的花纹。类似的，伦敦林奈学会收集了一些小小的珍珠，装在一个小盒子里，乍看不起眼，但它们是第一枚人工养殖贝中形成的珍珠。这些自身价值平凡的物件，之所以被收藏，是因为讲述着人类和自然之间的故事：认识自然、改造自然。收藏的原理如此，展示的原理也是一样。这在后面的章节中会有更多的例子来说明。

关于博物馆收藏和展示的对象并不一定是物质的。非物质怎么收藏？博物馆难道会像大卫·科波菲尔一样变戏法？这就是博物馆工作的神奇之处，因为所有的非物质都能以物质的形态展现。博物馆收藏对象的非物质，指的是当下的一个流行概念："非物质文化遗产。"[1]我们熟悉的京剧、刺绣、皮影戏等等，这些代代相传，与人们的生活密切相关的各种文化表现形式都属于非物质文化遗产。这就有办法"收藏"了。如果我们要做京剧艺术博物馆，则可以收藏各种京剧脸谱、服饰、伴奏乐器、经典剧目的剧本、表演录像等等；在展示的时候，不仅可以展示经典剧目的表演，甚至包括化妆过程、唱腔的练习等等，都可以做成有滋有味的展览。我们还可以设计一个有趣的"声音博物馆"。在这个博物馆里，每个人都要带上听筒，你会听到各种美妙声音的录音，大自然的流水声、清晨四五点钟的鸟鸣（相信大部分同学难得有机会在平时捕捉到这时的声音）、妈妈叫你起床的声音、老师点名的声音……这些可爱的声音，每一种都弥足珍贵，且随着时间的流逝渐渐"消失"在我们的生命中。没关系，博物馆会为你"收藏"他们。

人们对 ICOM 博物馆定义修订最关注的一点，就是将**"教育"提高到了新的高度**。在新修订的英文版定义和中译版中，"教育"被置于博物馆各项功能之首。博物馆是实现终身教育的第二课堂，提供着突破传统教育的教育内容和方式。随着博物馆教育理念、方法、对象、内容的不断深化和丰富，逐渐形成了独具特色的教育体系，是社会教育中重要的组成部分。同时，博物馆也提供着"分众教育"和"定制教育"。针对不同年龄、不同阶段、不同需求的人群，博物馆提供不同形式的教育内容，包括授课、讲座、工作坊、自学材料；甚至提供给学校相关教师辅助教学的备课材料。

博物馆的教育还体现出对人类文明进程的反省。德国洪堡广场曾举办过一个教育展览，名为"（没有）太阳下的位置"。19 世纪，德皇威廉二世发誓要赶超"日不落"的大英帝国，欲借助殖民扩张，为德国寻找一个"太阳下的位置"。该展览即对此问题提出反思。展览中，最吸引人的是一款名为"你会怎么办"的互动游戏，参与者被假设为西非某国国王，德国军队入驻，你会如何处理？不同的选择会推动情节不同的走向。通过角色扮演，让观展的学生对历史进行思考。

博物馆教育是社会公平、知识共享精神的体现。2016 年 2 月，荷兰国立博物

---

1. 根据联合国教科文组织《保护非物质文化遗产公约》(2003)定义：非物质文化遗产（intangible cultural heritage）指被各群体、团体、有时为个人所视为其文化遗产的各种实践、表演、表现形式、知识体系和技能及其有关的工具、实物、工艺品和文化场所。各个群体和团体随着其所处环境、与自然界的相互关系和历史条件的变化不断使这种代代相传的非物质文化遗产得到创新，同时使他们自己具有一种认同感和历史感，从而促进了文化多样性和激发人类的创造力。

馆把大批藏品的高清无码图直接放到了网上,不仅能让公众在线欣赏,还能免费下载。有人说,这些耗巨资精心拍摄的照片,版权怎么办?毕竟,大部分的博物馆和相关机构仍然对高清图片下载进行收费。而荷兰国立博物馆的行为,究其根本,是站在向公众分享知识的角度上的。紧随其后,大都会博物馆公开了一大批研究书籍,提供免费下载。越来越多的博物馆正走在免费开放出版物版权的道路上。

对于ICOM对博物馆的定义,也有人认为过于注重博物馆的实务而忽视了博物馆的自主学习、能动参与的特点。因此,一些国家博物馆将具体业务活动的目的规定为"使公众为激发灵感、学习和欣赏而探究藏品"(英国博物馆协会,2002年),"博物馆帮助人们通过利用物品和观念来理解世界,以解释过去和现实,并探索未来"(澳大利亚博物馆协会,2002年)。

在ICOM定义中还提到的博物馆的诸多"功能",我们将通过回顾博物馆发展的历史娓娓道来。

 拓展阅读

马未都为什么要建私人博物馆(节选)

几年前马未都把儿子送到英国读高中,学校的老师把他儿子领到一个墓碑前,告诉他这个碑下埋着200年前所有的前任校董。马未都感慨地说:"就因为200年前几个外国人干了一件办学的好事,200年后,会有一个远隔千山万水、文化背景完全不同的中国孩子向他们表示感谢。我刚开始办博物馆是个人行动,现在我下一个目标是把体制完善起来使博物馆不会因我的变化而变化。我希望博物馆能够完整有效地留给社会,在今后几十年甚至几百年后还有这样一个博物馆。"

文化的持久魅力

从20世纪80年代开始从事收藏的马未都见证了艺术市场的从无到有,从早市地摊上淘宝贝,再到合法的古玩市场,最后进入

第一章　什么是博物馆？

拍卖场，"文物市场形成了，对收藏来说，简单化了，也明朗了。"

马未都的收藏，也是从20世纪80年代开始的，最初着眼于瓷器与古典家具。到20世纪90年代时，他的收藏已经颇具规模，包括陶瓷、古家具、玉器、文玩等各门类藏品在内，已有一千余件。

古典家具，可以说是马未都的收藏重点之一，他在有限场地内展出的百余件明清家具，虽只是他收藏的十分之一，却足以让观者"震撼"了。不过，马未都最让人"震撼"的藏品，莫过于一对紫檀佛塔。这对清乾隆年间的《御制嵌鎏金铜描金加漆木雕佛塔》，原是清代达官贵族献给乾隆母亲的寿礼。佛塔为七重，高216厘米，有48座佛龛及48尊佛像，曾于100年前流到英国。在2003年10月26日的苏富比香港30周年拍卖会上，这件拍品被马未都以362.8万元拍下，不过因为体积太大，运回国内时不得不拆成四段。现在，马未都将这对佛塔连同其他皇室家具陈列在一起，组成"乾隆时期的宫廷家具"。

近年来拍卖行蓬勃发展，也拉动瓷器和古典家具的价位节节攀升，马未都的藏品引来了更多人的价格换算，早年间以几十上百的价钱从地摊上淘来的玩意儿现在件件天价。不过，马未都觉得收藏一直对他有一种无可抗拒的诱惑力，这种诱惑力首先不是源于金钱，而是源于中国五千年的悠久历史和文化。

"比如说，你今天炒股挣了钱了，没错，它能带给你快乐，但是这种快乐是非常短暂的，古玩就不一样，这种乐趣是非常持久的，这就是文化的魅力。"他认为，一直以来，我们都生活在古老文化的熏陶之下。老祖宗留给我们的文化是一笔巨大的财富，是应该保留和继承的。

真心做一件事

马未都把创立私人博物馆看成是延续中国文化的一个具体行动。他认为，我们在过去很长时期里被灌输要承担的责任都过于庞大，人人都喊"要解放全人类"，但这类口号容易被架空，延续中国文化是要靠每个人一点一滴具体行动来实施的。他说："有人说我很傻,没事吃饱了撑的办什么博物馆?我成立博物馆的目的就是要做一件既有益于自己也有益于社会的事。"

观复古典艺术博物馆的建立是马未都多年的心愿。从1992年起,马未都便开始孕育这一计划并为之奔走,在有关部门的大力支持下,1996年10月,他的观复古典艺术博物馆在琉璃厂正式挂牌、对外开放,逐渐设立家具馆、陶瓷馆、工艺馆、门窗馆、油画馆、摄影馆和多功能馆等七个馆。

"观复"两字则取自老子《道德经》"万物并坐,无以观复"一句,也表露出他对收藏的一种理解和珍重。而近年来,观复古典艺术博物馆声名日上,更先后在杭州、厦门、山西设立分馆。

马未都是建国后创办私人博物馆的中国大陆第一人,也是收藏界的名人。"中国为什么以前没有私人博物馆?这与中国人文化心理有关。在欧洲,有很多私人住宅或大专院校根本就没有围墙、完全对外敞开的,而我们中国人的个人意识很强,注重的是个人空间,思维是封闭式的。所有单位和个人都把自己的区域用围墙包围起来。我愿意把自己的收藏拿出来,与大家共享,这也是我办博物馆的目的之一。"

有人问他为什么要自己创立博物馆,从事这样一件只有投入,即使在未来也很难见产出的事情时,马未都坦言,人做任何一件事都有一个目的,能够名利双收是最好的,但是囿于博物馆的性质,要依靠它创造巨大的经济效益是不可能的,但是它带给他很多荣誉,这也给了他很大的满足感。同时,要建立一家博物馆,为他收藏的这些东西找到一个好的归宿,是他真心想要做好的一件事。

摘自:王润,"马未都说隐情:为何没把观复博物馆捐给国家",中国新闻网,2010年12月13日,获取于2016年6月6日,http://www.chinanews.com/cul/2010/12-13/2718315.shtml

走进一家离你最近的区域博物馆,说说这家博物馆给你的印象以及它为什么

第一章 什么是博物馆?

而设立。

 应用实践

1. 以下哪些是博物馆?
- 故宫(是)
- 2014年上海新天地商场莫奈展(否)
- 上海科技馆(是)
- 鲁迅故居(是)
- 迪士尼乐园(否)

2. 当你参观博物馆时,你希望从博物馆获得什么?列举那些使你参观博物馆的体验能锦上添花的需求、期望、需要的条件或设备。

3. 阅读以下材料,思考当博物馆想要通过"众筹"来征集藏品,哪些因素是"众筹"成功的关键?

守护艺术宝藏英博物馆再打胜仗

日前,英国牛津大学的阿什莫林博物馆为了留住英国国宝级画家透纳描绘的牛津街景杰作,面向社会开展了公开募资活动。4周后,在社会各方的共同努力下,阿什莫林博物馆终为牛津高街留住了其最美的"肖像画"。

募资行动

被留住的这幅透纳的油画《牛津高街》(图3),创作于1810年,1997年该画的收藏者将其租借给阿什莫林博物馆,不过近日这幅画的继承人决定将其捐赠给英国政府以抵充遗产税264万英镑,阿什莫林博物馆必须收购《牛津高街》,否则这幅画就会被送上拍场,并很有可能流失海外。经估价,该作约价值350万英镑(约合人民币3 399万元),若阿什莫林博物馆要留下该作,需补86万

图 3　牛津高街

英镑(约合人民币 835 万元)的差额。

为留住这幅珍贵的画作,阿什莫林博物馆向公众发起了一项募资行动。据了解,仅在 4 周之内,博物馆便在 800 多位当地市民和参观者的响应下成功筹得了所缺的 6 万英镑,其余的 80 万英镑则来自各方支持——英国文化遗产乐透基金(Heritage Lottery Fund)捐赠 55 万英镑,英国艺术基金(Fine Art Fund)捐赠 22 万英镑,博物馆的会员和赞助者提供 3 万英镑。

牛津高街是英国牛津市中心的一条街道,沿街分布着牛津大学学院、圣母玛利亚大学教堂等历史建筑,被誉为欧洲最美的街道之一,也是许多艺术家热衷表现的主题。透纳一生共完成了 30 多幅有关牛津高街的水彩画,而《牛津高街》是唯一一幅该主题的油画,被认为是透纳最优秀的城市风景画之一。"保留这幅作品的重要性是不容置疑的,它是透纳青年时期最重要的城市风俗画,也是该题材作品中最伟大的一幅。"阿什莫林博物馆馆长 Alexander Sturgis 表示。

Alexander 还表示,馆方已经为这幅作品制定了一个成功购得后的大计划。他们不仅会将其出借给各地区的博物馆,还会将它投入到学校和年轻人的教育活动中,更会于明年在重新开放的馆内为该作觅得一个"骄傲"的展位。

第一章 什么是博物馆？

公众热心

画款的主要提供方之一、英国文化遗产乐透基金英格兰东南区负责人 Stuart McLeod 表示，公众如此热心并慷慨地投入到捐款活动中，并帮助该馆迅速达到了目标，真是一件令人振奋的美事。而英国艺术基金会总监 Stephen Deuchar 则指出，失去这样一幅美丽而重要的大师之作对博物馆而言将是极大的遗憾，而公众们的支持显然说明他们也有同样的看法。

那么，英国公众是否真的抱有同样的看法呢？英国《卫报》在其官方主页上对这一新闻做了及时的报道，题目为《博物馆为留住牛津经典画作斗志昂扬》，而下方的新闻评论区则吸引了近百位英国网友的热议。一名叫做 ghuujjnjmhh123 的网友写道，阿什莫林博物馆是免费开放的，因此人们可以免费看到这幅《牛津高街》，这使得公众的捐款得到了公平合理的利用。另一名网友 MickGJ 认为，金钱可以被用在各种地方，而这次人们将金钱投入到一件艺术事业当中，帮助牛津将一件重要的城市艺术遗产永久留在了其世界级的博物馆内，"这无疑是很棒的事"。

牛津大学的官方网站此前在"今日牛津"一栏也刊登了其博物馆的募款广告，一些网友同样在下方留言表示支持。"这幅画描绘了欧洲最漂亮的街景之一，它也理应属于欧洲最棒的牛津大学。看到这条消息后，我马上就加入了募捐活动。"一位名叫 Mike Springate 的博士留言。

并非首胜

事实上，为了保护重要的艺术作品避免流失海外而公开募资购画的事情并不是第一次发生在阿什莫林博物馆，更不是英国艺术收藏界内的新鲜事。

早在 2012 年 8 月，阿什莫林博物馆便为了保住一幅马奈创作的肖像画《克劳斯小姐》而展开了为期 8 个月的募资活动。据悉，这幅画作是英国最重要的印象派作品之一，如果无法及时将它购入博物馆内，其将不可避免地被售至国外。英国大英博物馆、泰特美术馆以及独立策展人、历史学家、大学教授等来自各类艺术和非艺术类机构的人士都加入了这一募资活动。最终通过多方的帮助，馆方成功而及时地筹到了7.83万英镑（约合人民币76万元）的画款，并宣布将继续向公众展出这幅印象主义大师的佳作。今年7月，阿什莫林博物馆所面对的虽是高出前者10倍以上的画款，却得到了社会各方更热情的支持，仅用了前者1/8的4周时间就宣告了胜利。

而在2012年3月，英国国家美术馆和苏格兰国立美术馆为了留住一幅文艺复兴时期提香的杰作更是坚持了一场长达5年之久的"拯救国宝"行动，并最终通过自身的储备资金，政府、美术馆、基金会及个人的共同支持，为全体英国人民带来了令人沸腾的胜利。据业内人士介绍，两家美术馆虽属公立机构，但并不能拿出多少资金，然而却凭借着其强大的公关和动员能力成功保住了"艺术国宝"。据了解，在第一轮筹款过程中，苏格兰国立美术馆特意把该作由爱丁堡送到伦敦展出，通过慈善筹款活动获得2 000万英镑，其中来自中央政府的专款只有100万英镑。

由此不难看出，在英国此类"守护艺术遗产"活动中，收藏机构本身的号召力起到了至关重要的作用。当博物馆告诉公众，他们的捐款将使宝贵的艺术遗产得以留在其故乡，更是留在他们自己的祖国并展示给大众时，人们会很乐于尽自己的一份力。一幅艺术杰作若只被藏在保险柜里，那么就只是一件字面意义上的"藏"品，但当它被许诺展出时就来到全世界的目光下，成为了公众共有的艺术财富，那么，守护这幅作品的责任感也将自然而然地产生于人们心中。

来源：王嘉祎，"守护艺术宝藏，英博物馆再打胜仗"，中国商网，2015年8月16日，获取于2017年12月12日，https://www.toutiao.com/i1088712184/

阅读书单

李俊明著:《我不在家,就在去博物馆的路上》,生活·读书·新知三联书店出版社,2005年。

中国大百科全书总编辑委员会编:《中国大百科全书文物、博物馆》,中国大百科全书出版社,2004年。

第二章
博物馆的源流
——走下神坛的缪斯

> 起先,你只是收藏一些物件,慢慢地,你会建造一个展厅,专门用来存放和保护所收藏的物件。
>
> ——孟腊德·E.拉夫纳尔,1985年

问题聚焦:
1. 博物馆这个机构是怎么来的?为什么会诞生?
2. 在不同历史时期经过了哪些发展?是怎样一步步成为我们今天看到的博物馆?

第一节 ┃ 世界博物馆发展史

一、博物馆的产生基础：收藏和保存的需要

收藏是人的本能。海边捡起的一个贝壳、一份喜欢的礼物、一封动人的情书、一枚罕见的硬币……

大英博物馆收藏有一件猛犸象牙雕，这是在法国蒙塔斯特吕克发现的，距今有一万三千多年，大约是末次冰河时代的末期。这件象牙雕刻的是两头游泳的驯鹿，他们挨得很近，一雌一雄，正在一前一后地游泳。抬起的下巴、伸长的鹿腿、完整的鹿角、状态良好的皮毛，精细地刻画了秋季驯鹿游泳的状态（图4）。在那个衣不蔽体、食不果腹的时代，人类已经有了如此精细的艺术创造。我们可以想象，远古的人类是如何在漫长的寒冬中，用最原始的切削器一点一点地磨出一件看不出实用价值的艺术品。

图4　游泳的驯鹿　大英博物馆

这件艺术品，体现了远古人类对自然的观察、对精神的向往。从一开始，人类对精神世界的追求就是与物质世界的建立同步的。收藏正是精神诉求的体现。它并不是物质丰足的产物，而是源于人类对情感体验、对记忆的保存。

1976年，考古学家打开了商代的妇好墓。妇好是商王武丁的妻子，骁勇善战，而又位高权重。然而，她也是一位玉器收藏者。她的墓里发现有大量的玉器，这些玉器来自于中原各地，可能是南征北战时从各地收获的战利品，也可能是别人进贡或讨好她的礼品。她的墓里，刻有"妇好"铭文的青铜武器反映了她出众的军事能力；而她的玉器收藏，则让我们看到了她细腻温和的另一面。

妇好墓里的丰硕景象并不是偶然。公元前4世纪，亚历山大大帝在建立地跨欧亚非大帝国的军事行动中，把从各地搜集来的珍贵的艺术品和稀有古物交给他的老师亚里士多德整理研究、开展教学。亚历山大去世后，他的部下托勒密建立了新的王朝，继续南征北战，收集更多的艺术品。托勒密一世在埃及港口亚历山大里亚建造了一座博学园。**这座兴建于公元前290年左右的亚历山大博学园，被认为是最早的博物馆**，因为它不仅仅有收藏，还包含了公共博物馆的功能。亚历山大博物馆的藏品有冥想者雕像、天文和外科仪器、兽皮等等，各种珍品存放在缪斯神庙里。博学园中还包括图书馆、动植物园和研究所。它的主要功能是一所政府支持的高等研究院（也是"大学"的雏形），著名数学家欧几里得、物理学家阿基米德都曾在这里研究、工作，欧几里得正是在这里写出了《几何原理》。直到今天，研究仍然是博物馆的一项重要功能。

"博物馆"一词的英语 museum，起源于希腊语 mouseion，意即是"供奉缪斯（Muse）及从事研究的处所"。缪斯是希腊神话中主司艺术与科学的九位女神的总称（她们分别掌管史诗、音乐、情诗、演讲术、历史、悲剧、喜剧、舞蹈和天文），象征着智慧。

除了亚历山大博学园，在公元前还有很多私人收藏的聚集，它们大多属于王室和贵族的收藏，这些早期的收藏为近代博物馆的产生奠定了物质基础。比如，在古希腊的神庙中，收藏有许多还愿的祭祀物；而当古罗马人征服了希腊，他们把大量古希腊的铜像、大理石雕像运回罗马，并为其建造寺院进行陈设，"被征服的希腊人用艺术征服了罗马"。古罗马的将军、贵族们用各种战利品装饰他们的别墅。罗马人也会在集会的公共场所、公园、剧场、浴场展示他们收藏的绘画和雕塑。

在我国古代，周王朝设有"天府"、"玉府"，收藏文物珍品，并派专员负责管理。汉朝的珍贵文物、图书收藏在"天禄"、"石渠"、"兰台"。以后的历朝历代也都有文物的专门收藏所。

我国著名思想家、教育家孔子逝世后,以孔子故居兴建了孔子庙堂。庙堂内陈列有孔子的衣冠琴书、车辆等,供人们瞻仰孔子的遗风。司马迁在《史记》中曾写道,有学生定期到孔子学堂来研习《礼》。因此,曲阜孔庙可以被视作中国古代博物馆的雏形。

二、从个人收藏到公共收藏:收藏目的的历史演变

到了中世纪,科学成了神学的附庸。教堂、修道院和教会学校成了收藏古物的主要场所。教会通过展示这些文物,增加人们对教会的膜拜,并借此宣传宗教教义,扩大宗教的影响。梵蒂冈,是基督教文物最大的收藏地;意大利的圣马可大教堂、德国的哈雷修道院等等,都是著名的宗教文物收藏地。这些收藏和展示,成为了艺术博物馆的前身。

当文艺复兴的浪潮席卷欧洲,大批手抄本和从罗马废墟中发掘出的古代雕塑等艺术珍品,引起了人们对希腊、罗马时代辉煌灿烂的古典文化的向往。人们纷纷探访古迹、搜集古物,希望从中汲取智慧与创新的养分。此时,收藏的目的正从炫耀财富和战利品逐步转变为对知识的渴望。文艺复兴时期,"博物馆"一词指人文主义学者或君主的书斋,他们在那里把自己埋身于珍宝、古币、肖像画、铭文、写本等古物之中。

15世纪末,航海和科学技术大发展,欧洲人开辟了新航线,发现了美洲大陆。为了满足好奇,他们从世界各地搜集奇珍异宝、动植物及矿物标本。随着收藏范围和藏品数量的扩大,人们开始对所收藏的物品分类整理和研究,各种分门别类的储藏室成为了人们了解世界的媒介。在此期间,大量私人收藏家崛起,著名的意大利美第奇家族就是其中的典型代表(在后面的章节中,我们会看到以美第奇家族的藏品为基础建立的乌菲兹美术馆是如何和卢浮宫争夺"世界最美维纳斯"的)。这些私人藏家的藏品,后来多以捐赠或购买的方式汇入了博物馆,构成了现代欧洲各大博物馆重要的藏品基础。

1682年,英国贵族阿什莫林将他的藏品,包括他的朋友约翰特雷德·坎斯特父子的遗赠,各种珍奇动植物、宝石钱币、武器徽章等全部捐赠给他的母校牛津大学,牛津大学为这批藏品建造了新楼,并以"阿什莫林"的名字命名了博物馆,他的捐赠成为博物馆最重要的藏品组成。这些收藏不仅为本校师生在教学和科研上提供了方便,也增加了牛津大学的文化底蕴,构成了**第一个具有近代博物馆特征的博物馆**。

三、博物馆服务于普遍建立公共教育的要求

18世纪,以法国百科全书派为代表的启蒙运动促进了博物馆逐渐向社会打开大门。在此以前的收藏都是私人收藏,仅面向少数特权阶层开放;广大公众因被认为是缺乏教养,可能引来骚乱和抢劫而被拒之门外。大英博物馆在1753年开放之初,参观人数被限制在每天30人,不仅需要门票,而且需要提前预约。**1793年,应法国公共教育委员会的要求,卢浮宫改建为共和国艺术博物馆,向公众开放。**

卢浮宫的开放推动了许多大型博物馆的开放。如今,大英博物馆向全体公众免费敞开大门,一年有700万左右参观人数,卢浮宫一年有900多万参观人数,从微微打开的一丝门缝到向全世界张开欢迎的臂膀,欧洲的传统博物馆走过了200多年的时间。

四、博览业对博物馆事业的推动和大型博物馆的纷纷兴建

1851年,英国为了展示工业革命的成果,在伦敦举办了万国博览会。这次"水晶宫"展览获得了巨大的成功,它的不少场馆和展品被改造成了博物馆,其中最著名的是维多利亚和阿尔伯特博物馆,以及坎辛顿科学技术博物馆。此后,科学博物馆逐渐发展成为了博物馆大家庭中的一个现代化的门类。

19世纪兴建了一批大型博物馆,位于美国首都华盛顿的史密森国家博物馆群、纽约大都会艺术博物馆等,都是在这时建立的。大英博物馆也是在这时得到了扩建,奠定了今天的规模。

同时,博物馆的业务水平也在不断提高。1836年,哥本哈根博物馆的汤姆逊出版了《汤姆逊分类法》,将博物馆的藏品按照石器时代、青铜时代、铁器时代三个历史时期划分,使陈列有序化。此后,藏品分类日趋完善。同时,展示的方法也不断提高,在一些历史博物馆中,开始了"生态复原"陈列法。19世纪中叶后,博物馆和博物馆学者们日益认识到博物馆社会教育的重要性。1880年,英国博物馆学者鲁金斯所著的《博物馆之功能》一书中强调了博物馆应成为一般人的教育场所的

观点。大都会艺术博物馆、布鲁克林博物馆都公开申明其博物馆的宗旨是"推行全面性的教育与休闲活动"。一些博物馆还与学校建立起紧密联系，出借文物标本辅助教学等。这些观点和实践，为博物馆定义的演化和社会教育功能的增强，起到了重要的推动作用。

五、博物馆专业化的发展和21世纪以来"以人为本"的新定位

进入20世纪，博物馆工作向更系统、专业的方向发展，专业的博物馆协会在欧美纷纷建立。继英国博物馆协会于1889年成立后，1906年美国博物馆协会成立，1946年，国际博物馆协会成立，设在法国巴黎联合国教科文组织内部。博物馆学逐渐成为一门独立的学科，有了专门的工作人员。20世纪后半期，随着科学技术的迅速发展，国际间交流合作日渐增多，博物馆的数量迅速增长，职能不断拓展，各种新型博物馆层出不穷。技术的革新使得博物馆的展示手段不断变化，博物馆的亮点不再仅仅是展品本身。

21世纪以来，博物馆界开始更多地关注新的议题："人与物的结合"、"以人为本"；加强博物馆在社会和谐发展中的作用、在全球化背景下博物馆为减少地区冲突、促进交流所作的贡献；加强技能培训、知识共享中的国际合作等等。博物馆不再仅仅关注自己的藏品本身，而更多地将视角着眼于整个社会，不仅与时俱进，更在诸多社会问题的解决中起到引导作用。

第二节　中国博物馆发展史

一、初创期（19世纪中叶—1936年）

1840年，林则徐在编撰《四洲志》时提到，"兰顿建大书馆一所，博物馆一所"。该博物馆即指伦敦的大英博物馆。林则徐因此成为中国翻译介绍西方博物馆的第一人。

在 19 世纪晚期，外国传教士来到中国，他们带来了西方的宗教和文化，也带来了博物馆。法国人韩德在上海创建了震旦博物院、亚洲文会北中国支会创立了上海博物院、法国传教士在天津创办了华北博物院等等。这些博物馆的藏品，多以动植物自然标本为主。它们的诞生，一方面是西方世界了解中国的窗口，另一方面，也引入了西方博物馆公共、开放的核心观念。

1876 年建立的**京师同文馆博物馆**是中国第一座有官办性质的博物馆。京师同文馆是京师大学堂以及北京大学的前身，是中国近代高等教育的起点。同文馆设立之初是一个培养翻译人才的外语学院，后来又增设了天文、算学馆，使其向综合性大学的方向迈进。随着同文馆的发展，现代化的教学辅助设备不断增加。同文馆受到西方教育模式的影响，设立了博物馆，供学生参观、实践。京师同文馆博物馆开创了中国近代博物馆的先河；同时，京师同文馆博物馆也是一座高校博物馆，体现了对于近代高等教育发展的推动。

在传教士来到中国创办博物馆的同时，维新派人士康有为、梁启超等也认为兴办博物馆可以开启民智，对整个国家文明制度的提高是很重要的。戊戌变法失败后，实业家张謇搜集各种动植物标本、金石古物，于 1905 年以个人之力，创办了**南通博物苑**（见拓展阅读）。

1912 年，北京国子监旧址筹建国立历史博物馆，于 1926 年开放，是国家博物馆的前身。1924 年，溥仪被逐出宫，**1925 年 10 月，故宫博物院宣告成立。**

1935 年，"中国博物馆协会"在北京成立，标志着博物馆进入了专业化管理。1936 年，中国博物馆已达 77 所。

二、低迷期（1937—1949 年）

抗日战争打响（1931—1945 年），中国的博物馆事业遭受重创，有的遭到日寇的战火和掠夺，有的被迫关闭或转移，中国博物馆的数量从 1936 年的 88 所跌落到 1944 年的 8 所。1945 年 10 月，国民政府战时文物保存委员会曾做了不完全统计，文物藏品损失总计 360 余万件，又 1 870 箱，古迹 741 处。

1945 年抗日战争胜利后，各地博物馆陆续恢复活动。解放战争期间，中国共产党不断坚持利用小型展览对解放区居民进行教育，在艰苦环境中发展博物馆事业。1946 年，包括延安边区在内的许多解放区都建立了民众教育馆、生产馆、时事馆等,展出各种标本、模型、实物和图片。1948年10月10日,东北抗日暨爱国自卫战争牺牲烈士纪念堂(后改名为东北烈士纪念馆)正式开馆,收藏藏品2000余件。

故宫文物南迁是这一历史时期一曲特殊的壮歌,既有幸运,又有不幸。幸运在于南迁文物几乎完整保存;不幸在于文物历经浩劫,一分为二。1933年1月31日山海关失陷后,故宫博物院理事会决定将故宫部分文物分批运往上海。故宫文物从此颠沛流离,走上了南迁的道路。南迁文物中,来自故宫的共13 427箱零64包,先是到达南京,后又分南、中、北三路辗转西迁,水陆交通并用,分别在贵州安顺、四川乐山和峨眉山"避难"达七八年之久,抗战胜利后才陆续集中到重庆,1947年"回迁"南京。1948年底,随着解放军在淮海战役中节节胜利,国民党方面开始将南京的故宫文物抢运台湾。1948年底至1949年初,南运文物中的2 972箱被运至台湾,现保存于台北故宫博物院。1951年后留在南京的故宫文物1万余箱陆续运回北京。至此,两岸故宫文物从此分隔两地。

三、动荡期(1949—1976年)

中华人民共和国成立时,全国有博物馆25个,到1957年,仅文化部领导的博物馆已达73所。1959年8月,中国历史博物馆和中国革命博物馆竣工。1959年7月,中国人民军事博物馆竣工。这三大馆的建立,是50年代新中国博物馆事业振兴的标志。到1966年,全国文化系统的博物馆已达160所以上。

然而,"文化大革命"时期,全国博物馆发展事业再次停滞。不少博物馆的藏品库房受到冲击,大量遗迹、古建遭到破坏,博物馆被迫纷纷关闭,到60年代末,全国的博物馆事业已基本陷入瘫痪状态。1970年5月,国务院正式批准成立图博口领导小组,以期恢复图书馆和博物馆工作。全国出土文物展和出国文物展两个大型文物展览的成功举办,有效提升了博物馆工作恢复的势头。1971年,故宫博物院在关闭五年之后得以重新开放,其他博物馆也逐渐恢复对外开放。这一时期,由于各种运动的影响,博物馆建设在风雨中艰难坚持。

四、振兴期(1976年—至今)

1976年,"四人帮"被粉碎;从80年代到今天,中国博物馆事业发展迅速。

一方面,国家对博物馆的重视达到了前所未有的高度,在国际上令世人称羡。

这些年，博物馆数量增长迅速（2016年国家文物局登记在册的博物馆达到了4 873所），各类专题博物馆、行业博物馆层出不穷。国家对博物馆基建的巨大投入、对博物馆运营经费的支持，以及对博物馆免费开放的补贴……使得中国的博物馆事业迎来了历史性的发展。对于国民来说，能以近乎免费的成本享受到丰富的博物馆资源。

另一方面，博物馆建设水平也日趋规范，随着国际交流和国际合作的日益增多，越来越多的高水平展览走进国门，也有越来越多的原创展览走向世界。博物馆的公众服务意识逐渐增强，设计出各类丰富多彩的教育活动，供人们选择。而人们对博物馆不断增长的热情也推动着博物馆不断完善自我。在以后各章中我们会通过更多的新闻和案例感受到中国博物馆事业发展的脉搏。总之，中国博物馆事业正朝向多元化、专业化、创新化的方向迅速发展。

拓展阅读

1. 阅读近代实业家张謇的生平和对博物馆的贡献，了解中国博物馆事业初创时的艰难。

张謇的一生

张謇，祖籍江苏，常熟人。他的简历令人眼前一亮：清末状元，近代实业家、政治家、教育家，纺织业大亨、上海海洋大学创始人。读书人不缺钱，商人不缺功名，开创的教育事业又让他流芳百世，张謇的简历是令人羡慕的。然而，细细看来，他却走过了无比坎坷的经历。

张謇从16岁中秀才开始，每两年就去参加一次乡试，先后五次未中，还不幸落入了一场官司，令家道中落。直到33岁时才中第二名举人，但此后四次参加会试均遭失败。一直到41岁，才得中一甲第一名状元，授以六品官职。也许是等得太久，中状元那天,他的日记上并没有欣喜。

"百日维新"期间,恩师翁同龢被慈禧罢官,张謇前往火车站送别。恩师的遭遇,让他目睹了官场的险恶,半月之后,张謇借故请假南归,继续他的"实业救国"。

1896年,张謇在南通创办生纱厂。兴业之初,张謇历经各种筹资困难,但他坚持了下来。一边经营实业,一边以企业的利润兴办教育和文化事业。1902年,张謇创办了中国第一所师范学校——南通师范学校。1903年,张謇赴日本考察实业与教育,深受日本的博物馆博览会的启发,回国后,他积极倡导创办博物馆。他多次向清政府上书建议,却未得重视。于是,他以个人的财力,在南通购地,兴建包括博物馆、植物园和动物园的博物苑。张謇广泛搜集中外动植矿物标本、金石文物,并亲自制图设计陈列柜架,历经十多年的苦心经营,终于初具规模,藏品达2万多件,分为自然、历史、美术等部。张謇不仅是博物馆事业的倡导者,也是我国早期博物馆学理论研究者。他对博物馆的一系列问题,从文物标本的征集、收藏、保管、陈列到博物馆管理,以及馆址选择、设备制作等,他都进行了研究,提出了自己的见解。他十分重视博物馆的社会作用,认为博物馆"高阁广场,罗列物品,古今咸备,纵人观览"、"使承学之彦,有所参考,有所实验,得以综合古今,搜讨而研论之"。

张謇的一生,以企业家之力,办社会化之大事。当他去世时,南通万人空巷,近乎全城都来为他送行。

改编参考:王宏钧,《中国博物馆学基础》,上海古籍出版社,2001年。

2. 阅读下面两篇关于中国国家博物馆历史的介绍,并查阅国家博物馆网站(http://www.chnmuseum.cn/),了解国家博物馆的百年变迁,了解时代的发展。

国家博物馆百年变迁史

人们常说,要了解一个地方的过去和现在,最好的办法是从博

第二章 博物馆的源流——走下神坛的缪斯

物馆开始,而博物馆本身的历史,同样会折射出一个城市、甚至一个国家文明发展的沧桑巨变。"中国国家博物馆"的名称细算起来只有短短七八年时间,但国博的历史却可以追溯到百年前。

鲁迅选定最初馆址

1912年1月南京临时政府成立,出于发展教育的目的,北京的一些文化名流开始奔走呼吁兴建博物馆。当年6月,教育总长蔡元培提出筹建国立历史博物馆,时任教育部社会教育司佥事的鲁迅开始奔走筹备,还将珍存的古物赠送给博物馆。

7月9日,"国立历史博物馆筹备处"在国子监成立,胡玉缙任主任,这个馆址是鲁迅亲自考察选定的。在国子监办公期间,仅仅处于筹备阶段,并没有开馆。1917年,由于国子监地处偏僻,没有暖气等等原因,博物馆筹备处迁到故宫午门,馆藏档案也随之移到午门外的朝房里,这些档案被装在8 000多条麻袋里,麻袋被凌乱堆放在端门门洞里。一些工人,常常将这些无价之宝随便倒在地上,拿麻袋去换钱。

1921年,北洋政府财政窘迫,工资难以支付,政府部门只得自筹款项维持开支。当时的教育部就把这些麻袋中的东西当成废纸,卖给了西单一家纸店,价格是每块银元40斤。这家店铺以4千银元的价格购得约15万斤"废纸",其中一些流入了古籍市场,剩下的送去造纸厂。后来北洋政府财政好转又盘算收回这些档案,但此时这些文物所剩的已经不过是原来的1/5了。后来鲁迅将这件事写成了《谈所谓"大内档案"》一文。读者不得不长叹中国文物保护的脆弱。

时逢乱世,筹备处的工作开展一波三折。1926年10月,国立历史博物馆才正式开馆,后又数度更名,在战乱中惨淡经营。

中西合璧式建筑一年完成

1949年10月1日,中华人民共和国成立的同一天,博物馆更名为"北京历史博物馆",隶属文化部。此时,北平军管会文物部副部长王冶秋向周恩来建议,希望筹建中国革命博物馆,得到周恩来首肯。1950年3月国立革命博物馆筹备处成立,办公地点在北海团城文物局机关内,不久迁入故宫西华门武英殿。

1958年,为了迎接建国10周年,中共中央书记处兴建中国历史博物馆和中国革命博物馆建筑。当时负责设计博物馆的总工程师、建筑大师张开济回忆,历史博物馆与人民大会堂并立于天安门广场东西两侧,规划上要求它们外形相互呼应,同时又要各具特色。人民大会堂的门廊是实的,张开济在设计时,将博物馆的门廊做成了虚的,像个院子。

周恩来在看过立面图后,觉得门廊方柱太细,要求把柱子做得粗一些。然而张开济认为,方柱子在立面上只能看到一个面(即两根线),因此视觉上觉得细;如果从透视图上或者说修好以后,看到的就会是两个面(三根线)了。周总理听了点头称是:"你是建筑师,就听你的吧。"

博物馆建筑的琉璃砖来自广东,花岗石来自山东,大理石来自东北与湖北,铜门钢窗来自上海,真正汇集了五湖四海的精华。整个建筑南北长313米,东西宽149米,南半部为中国历史博物馆,北半部为中国革命博物馆,总建筑面积达3.5万平方米。

建成后的历史博物馆和革命博物馆与人民大会堂、北京工人体育场、民族文化宫等并称为首都十大建筑,这些建筑从设计建造到内部设施配备,仅用了一年多的时间,在世界建筑史上堪称奇迹。

"十大建筑"的设计方案由周恩来亲自审定,他曾说:"要古今中外,一切精华,皆为我用。"中国建筑科学研究院建筑设计院院长马立东评价说,1959年的历博和革博建筑,是中西合璧的综合体。建筑内部使用的琉璃瓦是我国明清建筑的重要元素,但是从立面造型来看,主体的部分,包括柱廊等更靠近西方形式,这些样式可以追溯到古希腊、罗马时期。

举全国之力征集文物

在热火朝天的建筑工程上马的同时,一场全民参与的文物大征集也开始了。除了民间征集,全国有 77 个单位支援文物,先后调用和借用文物 3 万余件,著名的四羊方尊等国家一类文物都是在这一时期进入历史博物馆的。

时任文物局博物馆处处长的于坚回忆说:"当时强调全国一盘棋,革命博物馆也好,历史博物馆也好,需要什么东西,列出单子,由中央开信调文物,去了就拿回来,一般都是开了柜门说'你拿吧'。光是故宫就支援了 20 多件,都是一级文物啊!"书画作品的征集则集中在能够反映当时历史文化的珍品。一件件文物通过各种方式被征集到两座博物馆,1959 年,文物征集工作已经成果显著。

"文化大革命"开始后,文化部被批为"为资产阶级服务的文化部"。博物馆也被批为"封资修黑窝"、藏污纳垢之所。革命博物馆和历史博物馆的陈列成为"又黑又粗的黑线陈列",1969 年 9 月,两馆合并为中国革命历史博物馆,很多展览停办。

"文化大革命"结束后,1979 年 10 月 1 日,革命历史博物馆在基本陈列修改后重新开放,按历史本来面目反映党史。1983 年,两馆重新分开,恢复各自独立建制。

随着办馆思路的拓展,一些在过去看来难登大雅之堂的东西,后来也被收藏进来,上海一个女工从 1965 年起 35 年记录家庭收支的流水账簿,也被放入陈列室。历史博物馆中的展品开始包罗万象。

来源:温璐、许心怡,"国家博物馆百年变迁史",人民网,2012 年 7 月 2 日,获取于 2018 年 7 月 13 日,http://culture.people.com.cn/n/2012/0702/c22219-18427061.html

观察体验

选一家博物馆的某个展览,对观众的参观情况进行实地调查。观察观众在什么样的地方停留时间会比较长、什么样的展品面前几乎不停留,对文字标牌的阅读情况,以及其他观众行为等等,甚至可以尝试和观众进行交流(如果对方愿意的话)。撰写一份调查报告。

 应用实践

2008年,国家中宣部颁发《关于全国博物馆、纪念馆免费开放的通知》。此后,大部分国有博物馆向社会免费打开大门;同时,政府对博物馆免费开放实施了门票收入补贴。请通过查阅相关新闻报道,分析这一政策的利弊。

 阅读书单

亚历山大著,陈建明主编:《博物馆变迁:博物馆历史与功能读本》,陈双双,译,译林出版社,2014年。

徐纯著:《文化载具——博物馆的演进脚步》,台湾博物馆学会,2008年。

吕济民著:《中国博物馆史论》,紫禁城出版社,2004年。

第三章
博物馆的功能和类型

> 一个真正的羊皮酒囊和古代的陶灯教给学生的东西要多于他从文物词典或考古论文中学到的东西。
>
> ——大都会艺术博物馆第一任馆长
> 路易吉·切斯诺拉

问题聚焦：
1. 不同的博物馆有什么区别？博物馆的收藏范围是什么？
2. 博物馆有哪些社会功能？如何履行这些功能？
3. 如何"阅读"博物馆的建筑？
4. 博物馆有哪些类型？

第一节 ┃ 使命——博物馆的灵魂

什么可以收藏？什么不能收藏？凭什么收藏这个而不是那个？这是每一个博物馆在建设之初都应该询问自己的问题，即博物馆的使命（mission，或称为主旨、宗旨、定位）。**使命是博物馆的建设目的，包含着博物馆的价值观，引导着博物馆的发展方向，决定了博物馆的收藏目标、类型和范围。**

2015年底，英国著名艺术博物馆维多利亚与阿尔博特博物馆（Victoria & Albert Museum，简称V&A）拒绝了撒切尔夫人的子女所提出的向该博物馆捐赠撒切尔夫人生前衣物及具有重要政治意义的便笺等的请求。新闻一出，令各界哗然。撒切尔夫人不仅是20世纪任职时间最长的首相，也是英国至今出现的唯一一位女性首相。她留下的这些遗物包括蓝色天鹅绒婚纱、在唐宁街任职期间所穿的各种彰显着权势的外套，以及各种手袋、珠宝，其中仅婚纱一件，就被估价约1万到1万五千英镑。她的遗物，是独一无二的。

然而，维多利亚与阿尔博特博物馆却回绝了撒切尔夫人的遗物，认为这些物品对英国有重要的政治意义，而V&A作为艺术博物馆，其定位是："要成为世界一流的艺术和设计博物馆"。它收藏的服饰标准是能代表时尚杰出设计与技术含量的服饰。撒切尔夫人的遗物虽然有名，但却并不符合V&A的定位。因此，其官方建议，撒切尔夫人的遗物应该给那些更看重藏品历史价值的博物馆。从这一点上也可以看出艺术博物馆和历史博物馆的区别。两者可能同为展现艺术杰作，但前者偏重审美，而后者看重其历史意义（稍后我们会详细地对不同类型博物馆的定位进行解释）。这也解释了为什么美国史密森学会著名的展览"第一夫人的礼服"在国立美国历史博物馆里展示的缘故。

从博物馆的使命往往能看出一个博物馆的志向（野心）。美国大都会博物馆在一百多年前设立之初的定位是"作为一座设立在纽约市的艺术博物馆，鼓励和发展艺术研究、将艺术应用于工业和实际生活，提升知识、促进教育"。2000年，也就是一百多年后，大都会博物馆的定位已不再强调"纽约市"，而是提出了收藏"最高质量的、体现人类最广阔成就的"的艺术，并以"最高的专业水准"服务公众。大都会博物馆一百多年来的发展可见一斑。然而，在 2015 年新年，大都会博物馆再次修改了它的定位，这一次的修改表面看似乎低调了许多，不再用若干"最高级"来形容藏品，但却把它的藏品范围显示得更加明确："所有时期和文化的重要作品"。除此以外，还将博物馆与公众的关系从"服务"改成了"连接"：通过博物馆，使公众与"创新、知识和想法"连接。除了大都会的勃勃野心，从中也看出博物馆界对博物馆功能定位的重新审视：博物馆不仅是储存记忆的地方，它唤醒的是未来。

从博物馆的使命还能看出博物馆的立场。美国首都华盛顿有一座国际间谍博物馆。这里展示了大量美苏冷战时期的间谍工具。博物馆位于政治性极强的首都，不禁让人忍不住疑惑：这里的展示是不是一个政府或某种政治理念的宣传窗口？然而，它的使命表述却消除了这种顾虑："……博物馆致力于与政治无关地展现间谍活动，为了提供给访问者无偏见的、准确的信息。"

使命决定了艺术博物馆不会对没有任何人工修饰的恐龙蛋有兴趣，即使有人无偿捐赠；同样，比起达芬奇的素描，自然博物馆也许更感兴趣那枚让达芬奇照着画了无数遍的 15 世纪的鸡蛋，如果它有幸变成了化石保存至今的话。

第二节 ｜｜ 博物馆的功能

博物馆的定义引出博物馆的基本功能：教育（推广）、研究、收藏（保护）、展示。 对于博物馆的基本功能，自 2007 年以后，教育被视为博物馆最重要的功能，然而博物馆功能的实现却是从收藏开始的。

博物馆收藏着人类及人类环境的物证。 在第一章中，我们已经介绍过，博物馆收藏的对象并不一定是物质的。事实上，不管是物质还是非物质，博物馆的收藏对象比我们想象的要广泛得多，包括实物、记载实物制作、使用、流传、遗弃、再利用等过程的媒介。

举个简单的例子，我们今天所用的手机，也许在一百年以后已经淘汰了。但是，在一百年后的一座讲述人类通讯工具发展史的博物馆里，一定会有至少一部苹果手机，也许还有我们的华为、小米。对于一百年后的人们来说，光看到手机的外壳是远远不够的。人们肯定会好奇，我们今天使用的 ios 或者 Android 系统，到底是怎样的原理？如果乔布斯或者苹果公司的一个普通员工，录制了一段关于 ios 系统的设计原理、存在的 bug 等等的语音，这难道不应该被保存下来吗？今天，我们欣赏着历朝历代各窑口烧造的精美瓷器，我们的考古学家也在不停地探索那些古代的窑口，从各种资料还原不同窑口的工作原理、使用时间和废弃原因。因为，博物馆收藏的不仅是物本身，而且是整个人类的文明及孕育文明的环境。

刚才列举的关于手机的收藏，也同时包含着一个道理。博物馆的收藏是流动而非静止的。我们不仅为了未来保存过去，我们也为了明天保存今天。

那么，博物馆收藏的范围是什么？

博物馆的使命决定了博物馆会收藏什么，但什么是不能收藏的呢？答案似乎也很显然：那就是不合法取得的藏品。某一件藏品的来源是否合法（是否偷窃、是否盗墓、是否走私）；捐赠人或出售人是否有合法、完全地执行捐赠或出售的资格（他的某位远在天边的亲戚是否同样认为自己有这件藏品的所有权）；博物馆对该藏品的收藏是否会影响其他人的合理合法权益……以及最基本的，这件藏品到底是真还是假，博物馆到底有没有能力妥善地保管、保护好这件藏品，这些都是藏品入藏前该考虑的。

那么，博物馆难道是"只进不出"的吗？会不会有库房装不下的那一天？会不会有想要扔东西的渴望？相关讨论见书后话题三。

博物馆的藏品主要来自于捐赠、购买以及调拨（考古出土品经由主管部门同意归入博物馆也包括在内）。如果获得藏品的方式是博物馆主动向社会"征讨"的（无论是购买还是接受捐赠），叫做"征集"。由于博物馆的非营利性，加上博物馆收藏之物又常常价格高昂，"购买"显然不是长久之计。博物馆的大部分藏品依赖捐赠。甚至说，不少博物馆就是依靠"捐赠"发家的。比如"大英博物馆"，它最初建立就是一位英国绅士希望把自己的毕生收藏完整地捐给国家，而英国议会也乐意在此基础上建造一个博物馆。又比如故宫，原本也是明清宫廷的"私家收藏"，被一代代皇帝继承，最后"被动捐赠"成为了博物馆。再谈谈"调拨"，调拨是指由上级主管部门指定的，对文物归属权进行更替的形式，这在中国博物馆界非常普遍。比如，如今的国家博物馆，其不少藏品就是通过各地调拨而获得。

在博物馆履行"收藏"职责时，有一项很重要的功能也在这一范围，即藏品的保护。

藏品保护，简而言之，就是藏品的保养和修复。 藏品保养是指为了维护藏品质量，干预或延缓藏品劣化变质而采取的防护措施。博物馆对藏品的保养包括控制温湿度、防止灰尘、光线、辐射、虫蛀、霉变、腐蚀、老化等等。藏品修复则是指对已经发生损害的藏品进行修正复原。**藏品保护的宗旨是保护藏品的原状，尽可能减少对文物的再次伤害，同时减缓文物状态的变化。** 因此，也有个概念叫做"预防性保护"，文物保护工作，是以预防性保护为主的。什么是藏品的原状呢？根据博物馆工作不同的需要，对藏品原状的理解、要求也不同。藏品原状，可以是特定历史时期、阶段、过程时的状态；也可以是艺术品的完成时的状态；或者是被收藏时的状态。

藏品保护是一个重要的领域，包含大量科学技术的成分，包括分析藏品的成分结构、探索藏品的质变机理、查明藏品的原生环境、研究藏品在博物馆的最佳保存环境、对藏品进行年代测定、复制等等。藏品保护是个"高难度"的技术活，因为所做的一切，常常是不可逆的。比如，埃及国家考古博物馆的技术人员曾在对图坦卡门的黄金面具进行修复时，不慎过量使用粘合剂修复胡须断裂面，而为了刮去多余粘合剂，修复人员用坚硬物质涂刮面具，导致文物表面留下难以消除的刮痕。而大英博物馆也曾因不了解所收藏的埃尔金石雕的性质，而使用了不当的清洁剂，导致石雕表面部分永久性损害。有时，藏品保护工艺需要依赖对传统文物修复保养工艺的继承。比如，故宫博物院的"修缮技艺部"，这里还维持着传统的"师承制"，用传统的工艺、材料和方法，完成对古书画的重新装裱及其他文物的修复。

无论是为了藏品征集还是为了藏品保护，博物馆都需要做大量的研究工作。博物馆对藏品的研究是孜孜不倦、永无止境的。**研究包括对专业学术的基础性研究，以及如何在博物馆教育中发挥藏品作用的应用型研究。** 博物馆的研究不仅局限于博物馆的专业学术领域，还需要科学和人文学科的综合性研究，以及对文物背后的物质文化的研究。

研究能还原历史的真相。埃及国家博物馆有全世界最丰富的法老文物收藏。经过X光照射发现，木乃伊身上竟然佩戴有金臂环和首饰。几千年来，法老陵墓往往被盗，而留存下的这些披金戴银的木乃伊却连裹尸布都没被人动过。古埃及人视死如生，相信死后灵魂会在另一个世界继续生活，因此，法老的陪葬丰富全面，衣服、侍女、玩具、药物、葡萄酒、煲汤……应有尽有。大量的动物被做成木乃伊，有的是宠物，把它们做成木乃伊的处理过程和人一样考究；还有的是被当做食物，这些动物被分割开制成半成品放在盒子里，需要时可以随时享用；另一些动物木乃伊，则是供给神灵的祭品。从王公贵族到普通百姓，人们购买祭司制作的木乃伊动物，用来献给神灵。于是，成千上万的猎鹰被做成木乃伊，祭司也因此变得十分富有。问题是，哪里来那么多猎鹰呢？同样通过X光照射，研究者们发现，有的动物木乃伊的厚厚绷带下，也许只包裹有象征性的几根骨头或一片羽毛，也许什么都没有。这个发现十分讽刺，笃信神灵的祭司却出售着假木乃伊，就好像今天熙熙攘攘的埃及集市上，随处可见的仿品一般。假木乃伊不仅省去了稀缺的动物原料，也节省了大量时间和制作成本。一个真正的木乃伊，制作周期要70天。解剖、去除内脏、先用清水冲洗、再用棕榈酒反复清洗，用亚麻布擦干、埋在泡碱粉末里除油脱水、除虫，到这时已经40天过去了。剩下的30天里，要用七种圣油涂抹尸体，最后用布把尸体小心地裹起来。而一个假木乃伊则只需要半个小时就可以完成。用布裹起一根骨头，扎紧，再根据动物的形状做一些外部细节的装饰，一个木乃伊就制作完成等待被献祭，保佑购买者获得永生。这个发现令人唏嘘。难道古埃及人并不如我们想象的那般敬畏神灵吗？一方面，人们需要繁复的仪式寄托信仰，另一方面，人们也自然地会寻求为实际生活牟利的捷径。这两种需求存在于人类生活的方方面面，如糖和盐、酒和水一样为凡夫俗子所需要，即使是祭司也不能幸免。

研究能解决实际的问题。第一次世界大战中，美国大都会博物馆接到了一项来自美国陆军部的特殊任务：设计一款适合现代士兵作战的盔甲。为什么这项工作会交给大都会艺术博物馆呢？原来，大都会博物馆收藏着大量中世纪的作战盔甲。中世纪时盔甲的制作工艺十分精良，但随着时间流逝，盔甲制作工艺渐渐失传。军事免不了会伤亡，美国陆军部希望大都会博物馆的武器和盔甲部的管理员能帮助设计盔甲,运用历史知识来减少现代战争的伤亡。时任管理员通过仔细研究中世纪的盔甲制作,改良设计出了新的盔甲:轻巧、紧凑。可惜设计出的盔甲还没有投入生产,战争就结束了。如果盔甲能及时地被士兵们穿上,又能挽救多少生命?

研究是展览和教育推广的前提。只有通过研究,对藏品的了解才会增加。有时,博物馆的研究团队会花几年的时间在某一单个研究项目上。大英博物馆在2014年曾举办了一个展览:明朝——改变中国的50年(Ming: Fifty Years that Changed China)。这个展览所指的大致是1403年永乐皇帝在内战后登基到1449年明英宗被俘的历史阶段。这一时期是明代历史上繁荣昌盛的阶段,也是整个中国古代史中特别的一页。在此期间,紫禁城开始修建,《永乐大典》编撰启动,郑和七下西洋……一方面,这一时期有大量精美的艺术品,其中最负盛名的莫过于永乐宣德时期的青花瓷;另一方面,当时中国与国外的交流十分频繁,中国对欧洲产生了巨大影响。明末传教士利玛窦对当时的明朝社会有过这样的描述:"这里物质生产极大丰富,无所不有,糖比欧洲白,布比欧洲精美……人们衣饰华美,风度翩翩,百姓精神愉快,彬彬有礼,谈吐文雅。"中国的瓷器、茶叶、丝绸来到欧洲,在欧洲引起了巨大的轰动。展览有五个分主题:宫廷、军事、人文、宗教信仰、外交与贸易。策展团队邀请了一群世界顶尖教授,共同研究15世纪中国的历史。而这次专题展所展示的实物,不仅有大英博物馆自己的馆藏,也有不少从多家国内博物馆借展的出土文物等。对于这样一次展览,从策划到落地,要好几年的时间。

在具体介绍展览以前,我们先来区别以下几个词汇:陈列(display)、展示(exhibit)、展览(exhibition)。**陈列,即对物品的呈现,由观者自己理解物品表达的含义。展示,则是对概念通过物的呈现,包含对观者教育的目的。**因此,展示常常会有说明,会有标签。在展示中,物品的陈列是有事先策划的,是被组织的,是为了表达概念服务的。展览,则是展示的集合。展览通常围绕一个较大的主题,由一系列各自独立的展示单元组成,赋予观众教育或美学的意义。换句话说,"展示"就是"陈列"加上"演绎(释读,interpretation)"。举个例子,一个大学生设计制作了一批小首饰,每件成本50元。他到上海城隍庙摆了个地摊:用80元每件的价格卖出,人来人往,销路一般。后来,他想了想,把首饰送到衡山路上的精品店,每一件都摆在考究的橱窗里,用灯光把首饰照得晶莹璀璨。他还给每一件小首饰取了名字：比如，浓情蜜意，幸福心语，地久天长……平均每件首饰开价600元。过了一个月，他发现，扣除了给精品店的待售费，盈利比原来多得多。又过了一段时间，他读了这本教材，灵机一动，决定把自己的原创首饰送去参加上海展览中心的一次展览会。在那里，他租了一排柜子，给自己的原创首饰注册了一个品牌，并且把首饰按照不同主题进行分类。他还在展销会上介绍了自己创立这个品牌背后激励他的爱情故事……这就是展览和陈列的区别。

展览就是通过展品"讲故事"（story-telling），同样的展品在不同的展览中讲不同的故事。 比如，山西博物院在2012年举办了"发现霸国——山西省考古研究所60周年特展"。这一展览是山西翼城大河口墓地考古发现的首次亮相，展现了大河口墓地被发现、霸国被解读的过程。2014年，这批展品在首都博物馆展示，展览名称为"呦呦鹿鸣——燕国公主眼里的霸国"，以燕国公主的视角，讲述了其在霸国经历的礼仪：婚、祭、丧、燕，展示了霸国的礼仪文明，并介绍了霸国与燕国的交流史，增强观众对北京城早期历史的了解。

如果说研究是拔高的过程，那么展览就是降低的过程。**展览的目的是将研究的学术成果，以尽可能容易理解的方式，有效地通过展品传达给观众。**

什么是一个优秀的展览？博寇（G. Ellis Burcaw）编写的《新博物馆学手册》[1]中有这样一段话：

展览设计是不容易的，策展人和展示设计人员应该在他们每天经过的地方张贴这样一张标签：参观者是在徒步进行参观，时间久了脚会痛，人会累，心里可能还惦记着别的什么事，参观完了还准备去其他地方。展示必须能够让参观者停下脚步并吸引住他（她），让他（她）在感受到愉悦的同时也获得提升。做不到这些就不算成功的展示。

因此，**展览不是简单的陈列，展览是有主题和展线的。** 展览的主题为主旨服务，展线则是展览的逻辑。回到我们在第一章中创建的"声音博物馆"。我们的主旨是"呼唤人与社会、自然的和谐"。把"妈妈叫早的声音"和"深夜花开的声音"放在一起显然有点不协调，所以为了让我们的展示有意义，我们为"声音博物馆"设计了如下几个展览。第一部分是"人与生活"，主题是"听——那些你熟悉的声

---

[1] 博寇著：《新博物馆学手册》，张云，等，译，重庆大学出版社，2011年，第140页。

音!"在这一部分,我们展示的是所有生活中最常见、被我们忽略、甚至厌烦的"可爱的"声音,在这些平凡琐碎的"声音"里是生活的丰盛和周围人对我们的爱。于是,"妈妈叫早"、"老师点名"、"奶奶打蛋"、"下课铃声"等等的声音都被放在这一部分,这里有我们儿时的记忆。这些曾经日复一日出现的声音,终有一日成为了回忆。第二部分是"人与城市",主题是"仔细听——城市的背景音乐!"在这一部分,我们展示的是城市生活中的记忆(以上海为例),我们会听到街边叫"栀子花、白兰花"的阿姨拉长的调子,会听到推着小推车的阿婆吆喝"茶叶蛋要伐?",会听到弹爆米花的小贩那两声"嘭——兵"的声音……这里是属于几代人的城市的回忆。第三部分是"人与自然",主题是"竖起耳朵听——大自然在歌唱!"在这一部分,我们将听到很多我们平时几乎不注意的声音,比如"日出时百鸟齐鸣的那声欢呼"、"半夜昙花开时轻轻地'啪'一声"、"青蛙的叫声"、"树上的蝉鸣"、"露珠滴在叶片上的声音"……这一部分的展示,我们呼唤的是人与自然的和谐。在第四部分,我们将注意力重新回到自我——作为博物馆的创始者,我希望做一个"心灵疗愈区"。这一展区的主题是"关上耳朵听——内心的声音。"在这里,你会听到"心跳"的砰砰声,会听到你内心的小孩在角落里悄悄哭泣,童年未愈合的伤口还在轻轻地呻吟……这一部分将通过一些互动体验装置,让每个人感受到心理疏导,最终"听"到你的心"微笑的声音"。我将这一简单的展示逻辑通过"泡泡图"来表现(图5,这是展览策划者常用的图表)。

图5　声音博物馆分主题展示策划

博物馆的展览分为常设展览和临时展览。临时展览不会永久存在，而常设展览中的展品也可能更换。常设展览构成了服务于博物馆使命的基本展示，临时展览则往往为了增加本馆的吸引力，在形式上，也更加别具一格。临时展览可能从外部引进，也可以从本馆藏品中选择一部分根据某一主题进行展示。

那么博物馆收藏的东西一定都会展示吗？回答是不一定的。展品一定是契合某项展览所需要的。一件藏品可能因为不够典型或其他不适合展示的原因，而没有被常设展览所挑中；但倘若时机不成熟，各种主题的临时展览（包括巡回展）也轮不上它。但它依然有它的价值，它可以供人研究；有时，作为一段历史的代表，被收藏本身就是它的价值。

常设展览可能是构成大家心目中博物馆"老朽"形象的罪魁祸首：恒定、不变，似乎一旦开展任务就完成了。在此观念下，临时展览之于博物馆就好像是一个几十年如一日穿着同一套套装的女士偶尔戴的一朵花或一枚胸针，会增加亮点，但可有可无，懒惰的时候就不需要。如果疏于打理，时间长了那套套装就污迹斑斑、灰尘点点。如果是这样的话，博物馆的工作被大家想得太容易了。

常设展览不仅需要维护，里面的展品也会不时更新。更新展品有各种原因。最常见的是出于文物保护的需要。一些脆弱的展品，如书画等纸质类文物，对光线非常敏感，偶尔展示了一个月就要回库房去睡上几年。其他原因也有很多，比如某件热门展品被借出去服务临时展览，或者有更好的展品来替代原有的。但有时，一些"地标性"的常设展品，一旦被博物馆更换就会引起观众极大的不适应。

2014年，伦敦自然史博物馆决定，要把在正厅里展出了35年的恐龙"迪皮"的骨架模型换成一副蓝鲸的骨架。更换活动到2017年才能完成。这一消息令怀旧的英国人对迪皮依依不舍，伦敦甚至出现了"万人联合签名"表示反对。但博物馆的声明说，这是一个"重要且必需的改变"。

为什么博物馆要如此自寻烦恼呢？为什么一定要坚持花费巨资、花费如此漫长的时间以及巨大的劳动力，冒着市民的激烈反对而将蓝鲸从鲸类厅升入正厅，把恐龙骨架挤下去？

第三章 博物馆的功能和类型

迪皮是一副梁龙骨架化石的复制品，它的原件于 1898 年在美国被发现，在美国匹兹堡展出。英国自然史博物馆大厅里的迪皮就是原化石的翻制品。然而，这并不影响大家对迪皮的喜爱。不少观众在听到博物馆的这一宣布时表示，"我小时候最希望来自然史博物馆观看的就是大恐龙，不是什么蓝鲸。"

这次更换的主要原因是因为伦敦自然史博物馆希望把侧重点"从一种已经灭绝的动物转到一种仍然很兴旺的物种上"。自然史博物馆的馆长迈克尔·迪克森说到，蓝鲸更适合讲述自然史以及人类对自然的干预和责任。人类的捕杀导致蓝鲸从 19 世纪的 25 万只减少到了 20 世纪的 2 000 只。好在从 1972 年起采取保护措施后，其数量又增加到了 1 万～2.5 万只。这说明如果我们做出正确的选择，就还有希望。蓝鲸还能讲述进化的故事，因为它是一种源自海洋的动物，在适应了陆地后又回到了水中。

可见，在博物馆想要改变形象、改变教育理念的时候，即使是"地标性"展品也会更换。

教育是博物馆所有活动的核心目标。 博物馆教育的目的，是激发学习者的探求愿望和学习兴趣，从而自主学习。博物馆提供的教育，并不限于增长知识，而在于引导正面的价值观，并提供语境鼓励观众自行思考。位于华盛顿的美国大屠杀纪念馆（U.S. Holocaust Memorial Museum）通过一系列大幅照片和电子屏的震撼视觉冲击，其想要达到的目的并非单纯提醒人们这段史实的存在，而是引导观众自行思考：为什么人类历史上会有这样的灾难？为什么我们身边那些平日善良的人会加入迫害的队伍？这样的历史还会不会重演？

博物馆教育的方式是多种多样的。最常见的有导览、专题讲座、工作坊、图录和研究书籍的出版；其他包括为不同年龄阶段、不同人群组织的活动，有馆校合作的课程、青少年的夏令营、文化游学、培训，以及利用新媒体制作的 APP、微信推送、益智小游戏、电影电视广播等等。上海博物馆曾推出"青年手工实验课堂"，包括珐琅工艺、漆艺、蓝印花布、纸浆雕塑、创意盆景、木版年画、海派剪纸和竹编八项，深受都市文艺青年的喜爱。在手机应用商店，故宫博物院推出的"皇帝的一天"、"韩熙载夜宴图"等益智游戏类 APP，希望能通过大家喜欢的休闲方式，将博物馆教育融入生活。博物馆的学习，是非强制性的，也是开放性的。它通过春风化雨式的感染、细致入微的引导、活泼有趣的形式，带给人们的是对生活的美化、对未知的兴趣。

博物馆教育还是跨界融合的。美国国家美术馆（National Gallery of Art, U.S.A）每周都会举办音乐会，让观众在周日的下午，在雕塑和油画的陪伴下，静静地接受古典音乐的洗礼。大都会博物馆每年举办的慈善舞会（Met Gala），是时尚界最隆重的社交晚会。而不少博物馆的餐厅，也正成为各种点评网站的热门推荐……

近年来流行的"文创产品"是博物馆实现教育和文化渗透的另一种手段。文创产品不再仅仅是印有博物馆名称的本子、钥匙圈之类，也不限于博物馆展品的仿品。**文创产品是有博物馆特色的、代表博物馆品牌的、有高度设计感的、时尚精巧的文化衍生品。**2013年，台北故宫推出的一套文创产品，有"朕知道了"胶带、"朕想你了"信纸、"奉旨出行"行李牌、"圣旨到"文件袋等，俘获了两岸公众的心。自此，文创产品的设计热潮刮到了大陆。北京故宫于2014年双十一前推出了"故宫淘宝"商店，朝珠耳机、步摇书签、编钟调味罐等等，有的一推出便一抢而空。而全国各个博物馆及文化机构，也纷纷推出了自己的文创产品，如上海博物馆的"仕女陶灯"、南京夫子庙的"盐水鸭回形针"等等，满足了观众"把博物馆的记忆买回家"的心理。通过收集博物馆文创，博物馆在观众的心目中变得更亲近，更希望能了解这些精巧设计的文化产品背后的内涵。

第三节 ‖ 博物馆的建筑

博物馆的建筑是城市重要的公共建筑，它是博物馆的脸，也是城市的文化名片。如果说博物馆能为城市的景观和文化内涵添上浓墨重彩的一笔，那么博物馆的建筑则是点睛之笔。**博物馆的建筑要兼具公共建筑的景观效果和文化象征；同时也要体现博物馆的性格特点，还要满足博物馆的各种功能要求。**

比如,为现当代博物馆设计一座古典主义风格的建筑就显得张冠李戴;同样,让一座过于前卫、形状怪异的建筑展示古代艺术也显得不太协调。而与此同时,博物馆的建筑还要考虑到各种实用因素,比如安全性、文物对光照或温度的要求、展示的空间安排、观众通道与文物运送通道的安排等等。

苏州博物馆新馆是著名设计师贝聿铭的作品(图7),是现代元素与古典文化的结合(图6)。贝聿铭把它喜爱的玻璃材质运用到粉墙黛瓦的建筑上,使得博物馆与整个城市的建筑风貌相和谐。同时,整个博物馆的设计又包含了苏州园林的意境,光影流转,水波粼粼,使得苏州博物馆既体现了江南的意境,又充满了时代气息,成为了苏州的新地标。

图6 苏州博物馆

有时,博物馆建筑能成为点亮城市的点睛之笔。西班牙毕尔巴鄂古根海姆博物馆于1997年落成,是美国建筑设计师Frank O. Gehry的作品。这座现代艺术博物馆的外观本身就是一件抽象派的艺术品。它由多个不规则的流线型多面体组成,上面覆盖了钛金属片,在太阳光照下熠熠闪光。这幢神奇的建筑让很多人慕名而来,毕尔巴鄂一时间游客如织,成为了一个新的旅游景点,而这座城市也因此而以新的面貌呈现于世。

图 7　毕尔巴鄂古根海姆博物馆

第四节 ‖ 博物馆的类型

通过之前的介绍，我们已经明确，博物馆的类型是丰富多样的。博物馆类型的划分对于政府管理、博物馆工作者针对不同专业方向的研究和学习，都有巨大的意义。对于观众来说，了解博物馆的类型，有助于了解博物馆的分布和定位。不同的划分标准有不同的归纳，比如，按照博物馆的管理体制，有：

- 政府办博物馆
- 企事业及社会团体办博物馆
- 私人办博物馆

或者，按照展示的对象划分，有：

- 藏品类博物馆（本书所举的大部分例子都是这一类）
- 遗址类博物馆（利用历史或考古遗址、故居、旧址等就地保护而作现场展出的博物馆，比如四川金沙遗址博物馆、鲁迅故居等）

- 移筑类博物馆（以各类建筑为收藏对象的博物馆，如瑞典斯堪森露天博物馆）
- 生态类博物馆（以整个动态的村寨或社区为保存对象的博物馆，如贵州堂安侗族生态博物馆）

关于斯堪森露天博物馆，你也许好奇，难道可以把房子也搬到一起吗？正是如此。博物馆的宗旨是展现瑞典人在不同地区不同时期的生活及工作方式。这里收藏着从斯德哥尔摩旧市区拆迁来的15栋店铺和手工作坊，以及从瑞典圣地迁来的各个不同时期的农舍、教堂、钟楼风车、领主府邸等各种建筑。为了真实反映各个时期的建筑面貌，所有建筑按照原状进行复原陈列。室内陈设也按照当时情景布置，穿着当时民族传统服装的工作人员"生活"在这特定环境中。在这个博物馆中，你可以看到"人们"在村庄里继续着各种传统活动——陶瓷制作、木工厂、歌舞表演、糕饼制作……让参观者身临其境。

最常见的，是按照藏品的类型分类：

- 艺术博物馆（展现人类艺术创造力和审美情趣，提供欣赏并满足人们自我充实、完善的文化需求）
- 历史博物馆（从历史角度实现收藏、研究、展示、教育功能的博物馆）
- 科学技术博物馆（传播科学观念与方法，围绕人与自然，人与科学开展活动的博物馆，包括自然科学博物馆、科学史、技术类博物馆等）
- 综合类博物馆（横跨上述门类的博物馆，比如既有艺术收藏，又有动植物标本的加拿大皇家安大略博物馆）
- 其他专题博物馆

根据上述分类，也许你会问：历史博物馆和艺术博物馆，这两类博物馆有什么区别？它们怎样向人们讲述不同的故事？有时，我们看到历史博物馆通过艺术讲述历史的故事，而古代艺术博物馆展现艺术的方式则常常是按照历史发展的时间顺序。然而，艺术博物馆的目的在于提供纯粹的艺术欣赏，而历史博物馆则在于讲述历史的故事，蕴含着历史的观点。历史博物馆对文物的陈列是用历史的观点进行组织的。比如，美国史密森学会下属的国立美国历史博物馆，它的使命是通过收藏、研究和推广，展现美国历史的丰富性和复杂性。它的常设展览包括：美国总统制、美国企业、美国故事、非洲裔美国人的快照、1950—2000年改变美国人餐桌的食物、美国人的捐赠、美国人的发明、地标性物品、钱币上的故事、第一夫人展……这些展览专题,不少都是由各种艺术品组成的,然而,它们的目的却不是展示艺术,而是记录历史的意义。

总之,博物馆收藏着人类或自然有形或无形的记忆,它的种类包罗万象。艺术博物馆带给人们美的体验,历史博物馆讲述着历史的故事,遗址博物馆封存了一个时代的剪影,自然(史)博物馆展现着人与自然的关系,科学博物馆炫耀着人类的进步……而如雨后春笋般冒出的各类专题博物馆,又为博物馆的世界带来了斑斓色彩。博物馆的定义在更新,功能在发展。缪斯女神不再一脸冷漠地立于高高的祭坛,摆出一副不可亲近的姿态,她缓缓走下神坛,亲切地向人们挥手微笑,甚至来到人群当中,调皮地"卖萌""耍宝"。

 拓展阅读

罗伯特·格斯哈尔的财产——被发现的记忆

清理世界贸易中心用了9个月时间,从这里运走了180万吨的东西。在堆积如山的建筑构件废墟中,发现了一个蒙满灰尘的撕破的钱夹,钱夹中的财物,还有一枚布满划痕的结婚戒指。现在,这几件东西陈列在"9·11"博物馆的追忆展览中,与那些在"9·11"中失去生命的人的财物摆放在一起。

确认这些财物的主人,将它们归还给悲痛的家人,这是9·11善后工作中的艰巨任务。纽约市警察局失物招领部门承担了这项任务,部门主任杰克·特拉比茨深知工作的重要意义,他说:"家人们祈盼能得到一些东西,这是将他们与深爱的逝者联结起来的纽带。"

摩尔达·格斯哈尔曾经心怀祈盼。她的丈夫,罗伯特·格斯哈尔,55岁,供职于怡安保险公司,公司办公地点就在世界贸易中心南塔楼的92层。那天早上,在世贸中心北塔楼被撞击之后,摩尔达给罗伯特打电话,罗伯特告诉她现在是安全的,正在等待是否

第三章 博物馆的功能和类型

撤离的指示。罗伯特告诉摩尔达,透过办公室的窗户,他可以看到世贸中心的情况是多么糟糕。在通话结束时,罗伯特说:"我爱你,我等会儿再打给你。"

仅仅几分钟之后,被劫持的美联航175航班就撞击了南塔楼,受到撞击的有七层楼层,就在罗伯特办公地点的下面。摩尔达没有等到约定好的电话。

2003年年末,电话铃响了。纽约市警察局失物招领部门打来电话,确认了一些物品是罗伯特·格斯哈尔的财产,摩尔达可以在方便的时候过来领取。摩尔达约定在2004年初过来领取,但她爽约了。领取这些物品将无可争辩地证实那些她仍不愿接受的事实。她已经做好安排移居到俄亥俄州托莱多市,离开纽约的时候,她没有去领取罗伯特的遗物。

恐怖袭击发生后,失物招领部门即接收到大量的私人财物,所有这些遗失物品都进行了登记,并查找失主信息。在这段时间里,登记的物品超过26 700件,有些登记编号包括了多件物品。一些物品送还给生还者,一些物品送交给遇难者的家人。特拉比茨主任对一些物品的保存状况感到吃惊,"没有任何特别的原因能够解释为什么一件物品得以保留而另一件物品却不见踪影。我们有一些保存状况非常好的物品,看起来就像新的一样;我们也有一些状况非常糟糕的物品。"

特拉比茨主任将世贸中心比作"巨大的犯罪现场",每一件物品都提供了曾经发生过什么的信息,并被认为具有法律证据的潜质。当一件物品被清理出来后,警察部门抓紧工作,尽快把物品归还主人。根据遇难者家庭的状况,制定了相应的工作程序,以保护911遇难者家庭的隐私。911之后的几个月里,失物招领部门的工作人员24小时轮流值班,"确认物品的所有者,清理物品,将物品送还给合法的所有者。"到2006年底,23 294件(组)登记物品,占全部登记物品的87%,都被领取了。

摩尔达·格斯哈尔于2005年9月来领取她的物品。此前,法医部门曾告诉她发现了罗伯特的一些遗物。摩尔达和她的家人来到失物招领部门,领取罗伯特的遗物。

在警察总部,摩尔达被领到一处私密的房间,在那里,她收到一个装着罗伯特的婚戒和钱夹的信封,这些物品还散发着"归零地"的刺鼻味道。摩尔达从钱夹里拿出一张工作证和公交卡,当她拿出一张两美元的纸币时,她再也控制不住自己悲痛的情绪了。她说,"我说不出话了。他们不能理解,为什么这张两美元纸币,而不是那枚结婚戒指,会让我这么悲伤。"

1988年,当罗伯特向摩尔达求婚时,他拿出了两张两美元纸币。这两张纸币的面值提醒他们,这是他们的第二次婚姻,也是爱情的第二次机会。他们两人充分把握住了这第二次机会。罗伯特帮助抚养了摩尔达的四个女儿,他们一起成为宠爱孙辈的祖父母。在加入怡安公司之前,罗伯特曾做了4年的兼职工作,他在怡安公司只工作了两个月,就在恐袭中遇难。格斯哈尔夫妇甚至开始计划他们多年来的第一次休假,坐游轮去阿拉斯加。

摩尔达将这张两美元纸币看做是她的订婚戒指,他们夫妇俩人每人各带着一张。在911恐袭发生四年之后,当她手中拿着罗伯特的那张纸币时,她说,她的心"才看到这个新的事实",罗伯特·格斯哈尔遇难了。

摩尔达将罗伯特的遗物带回家,但这些物件再也不能给她带来以前那样的感觉了。它们曾经是婚姻的鲜活象征,现在却成为罪行的证据。对摩尔达来说,失去挚爱丈夫的感受,就和在那一天失去至爱亲朋的所有人的感受一样。罗伯特与他们的关系就和与摩尔达的关系一样。摩尔达决定将罗伯特的婚戒、钱夹和那张两美元纸币都捐赠给"9·11"博物馆。她说:"当我看到每一件被发现的物品,我都会与所有的家庭那样感到哀伤和悲痛,我认为它们都是在一起的,都是相互连接的。所有这些片段汇合起来,共同讲述关于9·11和恐怖主义的故事。"

她的捐赠还包括一件额外的物品:来自她自己钱夹中的两美

元纸币。

来源：Jenny Pachucki，罗伯特·格斯哈尔的财产——被发现的记忆，宋向光译，宋向光的博客，2016年4月2日，获取于2017年1月13日，http://blog.sina.com.cn/s/blog_53bcdb030102xb8l.html

 观察体验

参与一场博物馆组织的讲座或文化活动，感受一下博物馆学习的氛围。

应用实践

假设你是一家艺术博物馆的馆长，本馆收藏中国古代艺术。你收到来自一个私人的接洽，称愿意为博物馆捐赠一批宋元时期的字画。此时你会怎么办？请仔细思考后解释你会如何考虑，并如何行动。（当本书学习完毕后，再回过来思考这个问题，看看你的答案是否会有所不同。）

1. 策划一个微展览。制定一个展览主题，并选择一件你自己的物品（收藏品）作为展品，为这件物品写一段不超过一百字的说明牌，突出这件展品（对这个展览的）重要性。

2. 假设你是一家博物馆的馆长，有一个社会团体向你出借一件**指定的**本馆藏品用作商业演出，并承诺之后将向博物馆捐款50万。你会如何考虑？如何答复？

3. 几乎每周都会有一个新的展览开幕的信息，这些形形色色的展览也越来越多地引发社会争议。根据你自己的实际经验和感受，评价一个有争议性的展览。了解争议双方的观点，并思考如果采取什么措施，可以减少争议性所造成的负面影响。

4. 对博物馆概念的讨论和功能的演绎随着时代的发展在不断更新。比如，从"物"的角度来说，博物馆的收藏对象已经突破了"文物"的概念。从"功能"的角度来说,博物馆的功能也趋向多元化发展,开始强调"体验性"、"娱乐性"。你认为,在当前社会环境下,博物馆的概念和功能还会有怎样的突破和发展?阐述你的理由。

5. 本书末尾话题二介绍了博物馆展示赝品的几种情况,然而赝品仍然不为传统博物馆的主流收藏所接受。但如果一个博物馆的所有展示品都是赝品(赝品不一定是"仿古"的艺术类文物),那又如何?如果不躲躲闪闪而是理直气壮地承认这一点,如何通过新的展示手段和展示思路经营好这家博物馆?忘掉文中所讲述的所有内容(包括"赝品专题展"的思路),谈谈你的想法。

6. 阅读下面这篇关于卢浮宫修复名画的争论,联系本章所介绍的知识,谈谈你的观点。

卢浮宫又要在达·芬奇名画上动刀了

前不久,卢浮宫宣布将对达·芬奇名作《施洗者圣约翰》进行全面修复。这已经不是卢浮宫第一次修复达·芬奇的作品了,通常这些名作每隔三十年左右就需要进行常规保养,而修复,就拿最近几年来说,2012年和2015年,他们就分别"修复"完成了《圣母子与圣安妮》和《费隆妮叶夫人》。

为什么要给"修复"打引号?

因为,名画修复争议很大。2012年3月,修复后的《圣母子与圣安妮》重回卢浮宫。大批学者和艺术爱好者见了之后,都捂心口晕倒在地:"这还是我的达·芬奇吗!"

反方认为,修复后的画面变得过于明亮,过度修复反而破坏了原画;正方则表示,此前从未如此清晰地欣赏过这幅画作,感受就如同从高度近视眼恢复成了视力5.0。

关于修复,卢浮宫馆内的专家们也分为两派,一派主张彻底修复,还原圣母真正的样子,一派则坚持能少动就少动,吵架贯穿了整个修复过程,甚至有两位专家愤然离职。

也有人认为,修复达·芬奇名作,只不过是博物馆吸引观众的

图 8　圣母子与圣安妮 The Virgin and Child with St. Anne
　　左：修复前　右：修复后

"噱头"。卢浮宫则回应称，卢浮宫每年都有近一千万人次的参观者，根本用不着冒着破坏名画的危险来吸引游客，修复并不会伤害画作，只会还原作品真实的样子，并反问专家学者们：你们抗拒看清达·芬奇的画作，是在害怕什么？

图 9　施洗者圣约翰 St. John the Baptist 1513－1516

这是一幅绘制在胡桃木画板上的油画，宽 57 cm，高 69 cm。画作取材于圣经中的人物：布道者约翰奉上帝之命，将为耶稣施以洗礼，当他舀起约旦河的圣水为耶稣洗礼时，天空突然豁然开朗，有一鸽子形状的圣灵显现在被启开的天空中。从此约翰紧随耶稣布道，得名"施洗者圣约翰"。画面中的圣约翰面带微笑，左半身披着皮毛外衣，左手持一个十字架，右手指向上方。圣约翰的头发、皮毛外衣和十字架等细节已模糊不清。

目前，《施洗者圣约翰》已经被送往修复中心。修复任务将由著名修复师 Regina Moreira 来执行，卢浮宫绘画部主任赛巴斯蒂安·欧拉透露了修复的进程："目前修复工作尚未开始，我们一次只能修复一张画作。"

作为缺乏专业背景的围观群众，看大神们打架觉得两派似乎都很有道理。文物修了，还是文物吗？它本身的文化价值还在吗？会不会折损甚至遭到破坏？但要是不修，在具备相当技术手段和人才资源的今天，任由文物受到时间的侵袭似乎又对子孙后代不负责任，人类文化的珍贵遗产，谁都希望能够好好保护，世代相传。应该怎么来看待"修复"？实施"修复"应该本着怎样的原则？操作的"度"又在哪里？

带着这一堆问号，我们的记者采访到了两位专家学者。

《美术》杂志副主编盛葳：如果设计修复首先要谈他的材料，比如这次准备修复的《施洗者圣约翰》材料和《蒙娜丽莎》类似，都是画板油画，到一定年限都是需要修复的。这件作品创作于 16 世纪，这里涉及的一个问题就是，今天需要还原到什么程度，如果还原到最初阶段，那么他生命当中很多历程就被抹杀掉了。这就不是一个技术问题而是理论问题。

文物保护专家詹长法：《施洗者圣约翰》是一幅名画，而不采取保护措施是不可取的。油画的材料是有机材料，最大的问题是老化，随着环境条件改变，文物行业当中称为病害现象。所有修复都是干涉行为。只要有干涉行为就会产生损害。国外同行肯定做了大量的准备工作。举一个中国例子,油画作品《毛主席去安源》存于建设银行,一个恒温恒湿的条件下。画布、油彩都有变化,对干裂地方当然要进行一定的维护工作。

文艺大家谈观点:修复不是创作,而在更大程度上是还原,包括去掉表面的污染物和不恰当的人为历史痕迹。在修复行业内有两种原则:修旧如旧,修旧如新。综合各位专家的意见,小编觉得,对于名画,最低限度的修复还是需要的,但是要在尽量保留历史痕迹的前提下,标示清楚修复部分和原作部分。这也是大家形成的共识了,文物作品当然要运用一定的保护手段,但不能过度修复。

来源:郭兴波编辑,"卢浮宫又要修复达芬奇的名画了!",央广网,2016 年 3 月 3 日,获取于 2017 年 7 月 13 日,http://wyzs.cnr.cn/2012art/fromart/20160303/t20160303_521521940.shtml

7. 阅读下面的报道,谈谈你的看法。

美术馆上市是圈钱噱头还是生存突围?

这几天,一则艺术与证券联姻的消息持续引爆艺术圈。在苏州、上海皆有门店的巴塞当代美术馆日前宣布,将启动融资,争取今年内挂牌新三板。目前,其已被某知名券商估值 8 亿元,有望成为国内"美术馆第一股"。

一石激起千层浪。美术馆能上市吗?作为非营利机构,它如何保证持续给予股东回报?到底是圈钱噱头,还是谋求突围?

上市名不正言不顺

艺术机构上市并非什么新鲜事儿。像国外顶级拍行苏富比、国内拍行"双雄"之一的保利拍卖,均已是上市企业。可美术馆上市还真是头一遭。

国际博物馆协会章程对画廊(gallery)和美术馆(art museum)

有明确界定和划分：画廊从艺术家手中获得艺术品，再以展览的形式介绍给藏家，进行销售，形成艺术品一级市场，属于营利性机构；美术馆是博物馆体系中与视觉艺术有关的分支，承担着收藏、研究、展示、教育、推广等多项社会公共功能，底线是非营利性质。

按理说，巴塞当代美术馆应属于非营利机构。"既然非营利，又如何给投资者回报？名不正言不顺，难免让人觉得是在玩噱头。"独立艺评人、资深艺术投资顾问奚耀艺认为，它既然能启动融资，显然就不是美术馆，只是打着这个相对"高大上"的幌子。

那么实际情形如何呢？据巴塞当代美术馆董事长宗莉萍介绍，其核心艺术家是一批正值创作旺盛期的70后、80后，大单购买的收藏会员人数约500名，其中不少人购买额已逾百万元。如此看来，巴塞当代美术馆主营业务是艺术品交易的一级市场，也就是画廊，与美术馆完全是两个发展方向。

既如此，缘何还冠名美术馆？"上市不是坏事情。但以'美术馆'之名上市，会让人笑话，很不专业。"798蜂巢当代艺术中心负责人夏季风认为，既然挂着"美术馆"的名头，就应当与画廊有所区别，"对基本概念要厘清，'非营利性'是首位的。"两年前，在他主导下，当时名为"伊比利亚"的非营利性机构转型为如今的商业画廊"蜂巢"。在他看来，国内不少从业者对画廊与美术馆的本质区别并不明晰，尤其是一些民营美术馆，由于运转困难，行买卖之实的案例不在少数。

能否迈过三道坎儿

撇开名头不符之嫌，巴塞当代美术馆上市尚存其他疑问。

"它要有可持续性的盈利模式。千万不能靠作品买卖盈利而去上市，这对投资客是一种不小的风险。"奚耀艺解释说，问题症结在于艺术作品的价值评估太难了。"当下艺术市场常为人诟病的，就是人为制造价格泡沫。"在他看来，国内艺术品投资企业之所以鲜有上市，就在于它很难将做过手脚的营收情况、藏品估值，原原本本置于公众面前。

关于艺术品投资企业上市,中国文交所总设计师、艺术品投资市场研究者彭中天显然更为谨慎。他认为,一家艺术机构要上市,得先迈过三道坎儿——首先是明晰艺术品的产权;再就是鉴定真伪;最后还得权威定价。

"就拿画的产权来说,如果产权不清,就会出大乱子。"彭中天举例说,某个人偷了一张画送拍,最终也拍出去了,赃画可以追回,但买家付出的钱该由谁买单?至于真伪鉴定的问题,他说,有名家让自己的学生去画,自己最后盖章了事。这个又由谁说了算?对于此前有媒体报道称,券商评估巴塞馆藏作品价值约1亿元,彭中天更是直指过于草率,"认定它的藏品值一个亿,参照依据是什么?"在他看来,如果以上三者都做不到,那么上市就有欺骗之嫌,"艺术品资产证券化是大势所趋,但国内现有条件并不完善。"

对于巴塞选择在新三板上市,彭中天也有不同看法,"毕竟这是一个科技、商业等有形资产的平台,最好还是到专业平台。"不过,多年关注国内艺术市场的研究者季涛认为,公司运营细节并不反映在财务报表上,没必要太过在意上市平台。

民营美术馆的出路

尽管对巴塞当代美术馆的上市,彭中天心存疑虑,不过,他对这种证券化尝试还是持鼓励态度的。"它的资产都是画作,也是一种全新资产,可以创造文化新财富。"另据季涛透露,目前荣宝斋、朵云轩两家大型艺术企业正在谋求上市。

不过,最终能上市者毕竟是少数。据统计,从上世纪90年代民营美术馆成批量出现至今,国内民营美术馆已逾百家,占全国美术馆总数三分之一。去年仅在北京一地,就有民生现代美术馆、深圳华侨城当代艺术中心来京开分馆。

在国外成熟的艺术体系中,不销售艺术品是国际通行的美术馆伦理,目的就在于保护艺术品评价体系不受资本操控,保证其在学术上的纯粹性。反观国内,民营美术馆普遍没有建立起自身的学术标准,以致美术馆与画廊并无实质差异。

艺术批评家郭晓川认为,这一现状与国内民营美术馆大多伴随商业地产而兴起,不无关联。据他介绍,早期民营美术馆中,由地产商出资的超过六成。"艺术地产推出不难,但'美术馆'并不是那么容易办成的。"奚耀艺认为,由于缺乏长远规划和专业人员,一些民营美术馆不仅展览寥寥,学术层次也谈不上。

今日美术馆是国内难得实现收支平衡的民间艺术机构。"我们的理事会有不同类型的人才,偏金融投资型的,可以来管钱;偏学术把控的,负责展览定位。不仅让社会上的各种力量共同承载美术馆需要的社会资源,美术馆同时也成为整个社会所拥有的一种资源。"今日美术馆馆长高鹏认为,解决民营馆难题,归根结底在于管理体制。相比于公立美术馆,民营美术馆最大优势就是体制灵活,独立性较大,"不仅能吸纳更多赞助,还可以让参观者有更多艺术体验。"

来源:陈涛,"美术馆上市是圈钱噱头还是生存突围?",搜狐新闻,2016年1月7日,获取于2017年4月13日,http://roll.sohu.com/20160107/n433806938.shtml

阅读书单

博寇著:《新博物馆学手册》,张云,等,译,重庆大学出版社,2011年。
严建强著:《博物馆的理论与实践》,浙江教育出版社,1998年。
王宏钧主编:《中国博物馆学基础》,上海古籍出版社,2001年。
姜涛,俄军编著:《博物馆学概论》,兰州大学出版社,2014年。
曹兵武,李文昌主编:《博物馆观察:博物馆展示宣传与社会服务工作调查研究》,学苑出版社,2005年。

第四章
博物馆人
——缪斯的"管家"

博物馆是有很多奇珍异宝的储藏室,并且其馆长也算在内。

——一位英国观众

问题聚焦:
1. 博物馆人做什么?
2. 博物馆人怎么做?

第一节　|　博物馆人的形象

我曾经碰到一位搞 IT 的 Geek(极客),他问我:"博物馆还提供什么工作呢?博物馆不就只有保安和讲解员。"这是我印象最深的直白语言,但这至少反映了一点,很多人都不知道博物馆究竟能提供哪些工作。读者根据第三章对博物馆功能的学习后已经知道,博物馆的工作类型比这丰富得多。博物馆的藏品需要研究、展览需要策划、教育活动需要组织……

在我国,博物馆仍属于近几十年刚刚兴起的行业,其具体架构和机制仍在不断摸索、完善。在第三章中,我们已经了解到博物馆的四大基本职能:教育、收藏、研究、展示。因此,一般博物馆都根据这四大职能划分部门:藏品登记管理部、研究部(这一部门还会具体根据藏品类型分类,比如书画部、器物部等)、展览部、教育部(或社会服务部),以及其他,比如设计部、信息部、公共关系部等,根据博物馆的规模大小,需要略有不同,不一而足。本章所要介绍的是国际上博物馆制度的通行做法,及我国博物馆制度发展的方向。对于各部门人不同的称呼,我们主要以国际上博物馆界的主流头衔称呼为例(实际情况可能会有分工上的出入),具体介绍博物馆人的工作。

一、藏品管理人员

再来说说博物馆的藏品管理员们。藏品管理在博物馆中包含丰富的工作内容,有入馆登记、入账、入库、编目、数据库管理、日常文物提取的系统管理、文物入藏和消藏(从馆藏中移除)过程中涉及的相关法律、文书的核查和手续的操办、清理文物借展搬迁过程中的包装和运输、文物的接触、保险、环境的控制、风险管理以及预防性修复等。

在西方博物馆体制中,给予了藏品管理人员不同的头衔以示清晰的区别:registrar(典藏员)、collection manager(藏品管理员)、collection specialist(藏品专业工作者）、courier（押运员）……

先来说说 registrar（典藏员、藏品登记员）。他们的日常工作主要是管理与藏品有关的文档以及藏品的风险管理（指如何保护藏品以应对危机，包括突发情况下的应急预案），他们需要有很广博的知识。除了藏品进出、提取的登记、账目、数据库的管理之外，还包括对藏品入藏和消藏过程中的法律、文书的审核。博物馆藏品入账时有一项重要的工作，那就是藏品的出处考证（provenance research）。

藏品的出处考证包括：对藏品所有者、保管人和地点的谱系追踪。也许文字描述很平淡，但这项工作就像做侦探一样，充满着乐趣、刺激和惊险。首先，为什么要做这件事？原因很简单：**博物馆是一个公共机构，必须保证藏品来源的合法性**。这件藏品的提供者是否真正且唯一拥有对该藏品的所有权？他是如何获得这件藏品的？在他之前的所有者又是如何获得这件藏品？简而言之，就是也许你是合法从你爷爷那里获得了这件藏品，爷爷在遗嘱中明确把它传给了你；爷爷也许是从某家正规的拍卖行通过合法渠道获得了这件藏品，而拍卖行从某位在业界有良好信誉的古董商那里获得了这件藏品，这位古董商从某个正直的军人这里获得了这件藏品，而这位军人的战友，在某次征战中，从别人的家里"顺"了这件藏品……如果博物馆收藏了这件藏品，那么也许有一天这个遭受了战争创伤、被"顺"走文物的家庭会起诉博物馆……看起来，出处考证是一项没有尽头的工作。到底哪里是尽头呢？目前，国际上在"出处考证"中做得相对严谨的博物馆会将时间追溯到 1970 年。1970 年，联合国教科文组织颁布了《关于禁止和放置非法进出口文化财产和非法转让其所有权的方法的公约》。这是国际上目前为止最具公信力关于文化财产所有权的公约。在第六章中，我们会对这个问题进行详细的探讨。

近年来，随着国际上对于文物所有权及合法来源的讨论日趋激烈，越来越多的非法持有文物被追讨，也促使博物馆在征集藏品时变得越来越谨慎。当 curator 得意洋洋地炫耀自己如何又发现了一件宝物，力促博物馆将其收入囊中时，registrar 便会在此时做出处考证。**考证藏品是否流传有序、是否来源合法、是否藏品拥有者对藏品的持有侵害到了他人的利益等**。如果这时出现问题，便是藏品管理员最能挺直腰板对研究员说"不"的时候。

Collection manager（藏品管理员）的工作内容包括藏品的搬运、在库房的妥善安置、除虫、移动、包装、准备等等，需要大量的专业知识和经验。他们常常和 registrar（藏品登记员）互相配合，共同在入藏、编目时对藏品的状态进行观察、研究，提供藏品信息的编制等。区别于 registrar（藏品登记员），collection manager（藏品管理员）的工作重点是监督对藏品的接触、提取，工作内容包括更多对藏品的"上手"，而 registrar 则负责更多"文案工作"，包括对藏品文档的管理、对法律文书的处理等。对于小型博物馆，这两个角色常常由同一个人兼任。

Collection specialist（藏品专业工作者）指被博物馆聘请来对某一类型藏品进行处理的专业人员。他们具有某方面的特长，对某一类型藏品的保管、保护或修复有经验。

Courier（押运员），不言而喻，就是当藏品需要移动，尤其是借展之时，负责藏品押运的工作人员。这项工作责任非常重大，因为要负责文物安全。曾经我在课堂上听到我的老师讲过一个笑话：押运员一路伴随文物到机场，不能托运，只能随身携带，如果要上洗手间可以把文物交到机场服务台保管吗？不行，要随身带着！

需要指出的是，以上藏品管理人员对应不同的职责，在博物馆头衔和工作内容上会略有不同。国内博物馆的工作人员也有相应的分工，但不一定有一一对应的称谓，有些工作人员的工作内容可能会有合并或重叠。

二、文保工作者

Conservationist（或 conservator，文保工作者），即博物馆的藏品保护、修复的技术人员。这一类人员需要扎实的科学知识（比如物理、化学、生物等），还需要较强的动手能力。需要忍受实验室的枯燥，也要有十年如一日<u>一丝不苟</u>的精神。大家看了《我在故宫修文物》的电影，总觉得这项工作特别酷，可以在千年文物上动刀子。事实上，预防性保护才是文物保护工作的重点，修旧如旧是工作原则。关于他们的工作内容，在第三章中已有涉及。关于他们的形象，在拓展阅读中，有一篇《我在故宫修文物》的节选供阅读。

三、研究员

博物馆研究员做什么？很多人以为，博物馆的工作者都是如《鉴宝》节目一样，随便拿起一样东西，轻轻松松就能说"真的"、"假的"，然后就完事了。是这样的吗？首先，要想练就鉴赏的能力，就要下长久的苦功。这就是研究员工作的一部分。博物馆研究员研究藏品的目的，并不仅仅为了鉴定，而是为了更好地展示和教育。这件藏品来自哪个文明？哪个时代？背后有什么故事？它有哪些历史、艺术、科学价值？相比其他同类型物品，它的独到之处在哪里？这些都是研究员的研究内容。充分的研究是展览的前提，也是博物馆教育工作开展的前提。博物馆研究员常常具有很高的学历，专攻一个门类，他们在藏品征集、展览策划和学术出版物的撰写中都起到重要的作用。

四、设计师

设计师在博物馆里起着重要的作用。博物馆精心装扮的可不止是门面（建筑），博物馆的内部装饰同样需要精细的考量，既有艺术的表达，也有对文物安全的考虑。博物馆的内部装饰宏观上要考虑到和整个展览气氛的协调、展示路线的搭建、对展品的凸显……微观上要为每个展品做合适的展架，设计展柜内的灯光、展品的标签、说明牌……没有设计师们的工作，就不会有我们看到的，不会有博物馆里"美"的享受。

五、博物馆教育工作者

从现代博物馆的创立开始，博物馆就有了教育功能。然而，直到二战时期，博物馆教育工作者才成为了一个独立、受认可的职业。在中国，教育工作者在博物馆的职责范围近几年得到了前所未有的扩大。十几年前，我国博物馆教育工作者可能会被认为是讲解员，而如今，博物馆教育工作者的工作范围和工作内容得到了广泛的延伸。

（一）研究和演绎。与策展人和专业研究人员不同，博物馆教育工作者的研究更着眼于对观众的服务，尤其是青少年。教育工作者通过各种形式将专业的知识向普通人传送。因此，他们的工作除了培训讲解员，还包括展厅释读 APP 的开发、讲座的组织、普及类书籍的编写等。比如，2017 年上海博物馆在引进大英博物馆"100 件文物中的世界史"的展览时，曾出版给孩子们阅读的绘本；国家博物馆在引进展览"伦勃朗和他的时代"时，与民间组织合作，开发了喜马拉雅平台上的讲解服务。教育工作者，使博物馆更贴近观众，使博物馆的理念传得更远。

（二）设计和传授。随着工作职责的扩大，教育工作者不得不重新思考自己的定位。一方面，需要设计丰富多彩的文化体验课程以满足不断增长的社会需要；另一方面，教育工作者也更多地与学校合作，开发校本课程、培训教师等。区别于学校教师，博物馆教育工作者用更广泛的知识、更新颖的手段，开展社会教育。

（三）观众调查和反馈。有的博物馆如今在展览策划时会邀请教育工作者共同加入，从受众的角度提供建议。在展览举办后，教育工作者会帮助做观众调查，并将结果反馈给策展团队。

需要指出的是，在西方的博物馆中，有一类人员，叫 curator。curator 常常被翻译为策展人或研究员，其实这样的翻译都不准确。他们既有扎实的学术研究基础，又能承担起展览策划的核心。策展人是整个展览策划团队的灵魂人物，也是协调人。一般来说，策展人可以是博物馆内部的工作人员，也可以是独立策展人。这些策展人根据自己的学术积累和独到的思考理念，实现对某一类藏品的常设展览和相关专题展览的策划。因此，一个策展人必须有广博的知识面、批判性和创造性的思维、良好的表达能力和一流的沟通、协调能力。然而，随着社会发展，策展人一个人说了算的时代也在过去，越来越多的展览是由策展人、展览部负责人、教育负责人共同担纲，使一个展览及其配套活动落地。

对于博物馆的其他工作人员，比如展览协调人、文本撰写者等，不再一一罗列。不过，还有一个重要的角色，我们还没有介绍。

那就是博物馆的馆长（director）。馆长除了内部管理，它的业务是什么？如果说公司总裁的业务是要保证盈利，那么博物馆馆长的重要业务，便是筹款（fundraising）。这在西方博物馆表现尤为明显。在我国，大部分博物馆为公立博物馆，有充足的国家财政预算，并不用特别担心经费；而在西方，大部分的博物馆都是私立博物馆的情况下，馆长的筹款任务尤其艰巨。因此，作为一个馆长，不仅要有出色的管理能力，更要能为博物馆带来丰富的资源。参见拓展阅读中"加拿大皇家安大略博物馆馆长的一天"。

除了工作人员，博物馆里还有一类特殊的人群，他们参与着博物馆的工作，但并不拿工资，是博物馆大家庭里重要的一员，他们就是博物馆的志愿者们。他们来自于各行各业，但都对博物馆事业心存喜爱、具备奉献精神。很多博物馆对志愿者有非常高的要求,志愿者需要通过相关知识考核,具备相应的能力,参与严格的培训等。关于博物馆的志愿者,可以参考拓展阅读里的文章。

第二节 ‖ 博物馆人的职业操守

很多人认为,在博物馆工作是幸福的(我也这样认为),但我和他们的理由不同。他们这样认为的原因是:你们有机会接触更多的珍贵文物,因此,会比一般人有更多的特权。这些想象中的特权包括触摸文物的机会、丰富个人收藏的渠道,以及其他各种享受"护宝者"的殊荣。

试想一下,如果你是一名博物馆工作人员,遇到下列情况,你会怎么做?

你是一家书画博物馆负责中国现当代山水画征集的研究员,你个人也喜欢收藏书画。你们的博物馆正在寻求一些名家的作品,比如齐白石、张大千、黄宾虹。这时,你在一个私人藏家那里看到了一幅齐白石的作品,你发现这幅作品的大小正好适合你新家的客厅。这时你会怎么做?

为了避免职业道德冲突,你决心不再私人收藏现当代山水画。渐渐地,你有了一个新的爱好:玩玉。某一天,一个你熟悉的收藏家(你和他为了征集博物馆的作品而打过交道)在你的生日那天,送来一块十分漂亮的和田籽玉雕刻挂件作为贺礼,你会怎么做?

你最终用市场价"买"下了这块和田玉挂件,在工作之外,你和这位收藏家建立了一定的友谊。有一天,这个收藏家来找你,请你帮忙鉴定一幅画的真伪,并希望你能为他出具鉴定证书,证书上包含你的博物馆研究员的职称和所在单位的名称。你会怎么做?

对于这幅画作的真伪和价值,你"谨慎"地发表了个人的意见,并建议收藏家把画作拿到一些有信誉和学术能力的拍卖行,或其他行家那里了解行情。这时,你认识了另一位收藏家。他有几件博物馆非常渴望得到的精品收藏,他愿意把他们拿出来参加博物馆的特展,甚至愿意支付部分的展览费用。但是,他提出一个"小小的"条件,要求博物馆为他的全部个人收藏出版图录,图录的作者由博物馆和他共同冠名。你会怎么做?

你是一位博物馆的库房保管员,打开库房,需要你和另一位同事分别保管的两把钥匙。某天,馆长带着访客进入库房研究藏品,一直到午饭时间也没有出来。同事上幼儿园的孩子发烧了不得不临时离开。你耐心地在一旁等着。这时,展览部的同事打来电话,他们正在展厅紧张地布置新展,需要一件之前已经办过出库手续的藏品,希望你能马上送过去。馆长示意你可以去帮忙,并体贴地表示,帮完忙可以先去吃饭。你一抬头,发现博物馆的监控探头损坏,已经报修多日没有解决。这时,你会怎么办?

看到这些情景,你还会觉得博物馆工作很容易吗?接触文物,比"特权"更多的是责任。

关于博物馆工作的职业道德准则,国际博物馆协会颁布了《国际博物馆协会职业道德准则》,其中对机构、对个人的最低道德标准都做出了明确的解释。**博物馆从业人员的基本道德准则是:忠诚于博物馆,对藏品负责,对观众负责,对同事及专业负责**。在职业道德准则中,尤其是对"职业道德冲突"的处理,是每个博物馆从业人员都应牢记于心的。除此之外,各个国家都有相应的规定。2012 年,中国文物学会、中国博物馆协会颁布《中国文物、博物馆工作者职业道德准则》,作为文博从业人员对自身行为的约束、参照。

拓展阅读

加拿大皇家安大略博物馆馆长的一天

沈　辰　皇家安大略博物馆副馆长

今日多伦多阴雨。

一出家门,顿觉寒意又添几分,连续几日的小雨让几周前还饶人心扉、绚丽夺目的枫叶纷纷落地,飘零在路边,但雨中的世界自

第四章 博物馆人——缪斯的"管家"

有一番温柔宁静的美。我一般先开车到轻轨站,然后轻轨换地铁到达博物馆。看着昨晚才取回的新车孤零零地留在停车场,我盼着周末带它出去溜溜。

轻轨上的 40 来分钟,一般是通过手机查看当日及本周的工作日程,然后半闭目养神半洞脑大开地计划着一天的工作。我看了看今天的行程安排,依然是紧凑的日程、严丝合缝的会见,还有从早到晚的会议和活动。今天有点特别,工作是从早上 9 点到晚上 9 点。平日里的工作安排虽不像今天这么繁重,但是大多数工作日也都是如此,虽然我一直都有极强的时间观念,但是在这种高压的日程下还是要提高效率。

皇家安大略博物馆(以下简称 ROM)在多伦多大学校区内,其背面和东面是校区界限,出南门就是多伦多大学的法学院和音乐学院,正门(北门)临着多伦多的商业大道马路。校园虽位于多市市中心,但闹中取静,一派田园风光,让人觉得雅静而心旷神怡。古老的的维多利亚建筑和现代化的钢筋混凝土大楼交相掩映,大都市的喧嚷闹嚣与古老学府的勃勃生机相得益彰,天天从这里走过我常有一种强烈的幸福感。

全馆职员早餐会

博物馆十点对外开放。ROM 一年开馆 364 天,就只有在圣诞节这天关门。没有周一闭馆的惯例。每周四的早上 9 点到 10 点,是全馆职员早餐会,馆里提供咖啡、茶、点心等,以自助形式开展。大家边吃边聊,目的提供给全馆 300 多名职工和数百名志愿者加深了解和联系的机会。要知道,在这里,工会从来不会组织歌咏比赛、秋游踏春之类加强同事感情的活动。早餐会一般是先自由聚会 15 分钟,然后会有人为大家做一个主题报告。今天职工早餐会由我负责主持,主题是后天即将开展的《2015 年国际野生动植物摄影获奖作品展》(Wildlife Photographer of the Year Exhibition),由策展人解释幕后故事,我们内部进行交流参观。这个展览昨天已经举办了新闻发布会,明天是会员参观,后天就正式对公众开放。这是一个全球年度活动，会同时在几个国家一起展出，主题是保护野生动植物。展览还有一个亮点在于——邀请公众参与活动，不论是专业的摄影作品，或是关于大自然的抓拍都可以参与，获奖作品会有奖励，并将在 ROM 展出。

东亚部业务会

早餐会结束后，我去参加并主持东亚部业务会。ROM 是自然和文化历史博物馆，近百万件世界文化艺术文物的精品荟萃，成就了其在世界艺术博物馆中的重要地位。ROM 的艺术和考古藏品，按现在的登记和管理方式分属九个部门：东亚部、西亚部、埃及部、希腊罗马部、欧洲部、加拿大部、美洲考古部、民俗部（含亚洲、非洲、美洲和太平洋地区）和织绣部。每个部门又会按照地域属性、质地的不同特点设置研究方向和藏品陈列。例如，东亚部，有六万余件藏品，其中中国文物就有三万五千余件，日本文物近一万件，韩国文物一千二百余件，余者属于南亚和东南亚地区。另外因属性和研究特性，还有数千件中国、日本和韩国的织绣类藏品交由织绣部管理和研究。今日主要是听取汇报和讨论一些部门常规工作：比如正在策划的明年初夏开展的日本版画艺术展、ROM3500 件拓片和中国国家图书馆合作的进展、新近接受的约克大学资深退休图书馆馆员 Balfour Halevy 收藏的 600 余件日本艺术品的馈赠，还有一个问题是馆里有几个办公区需要搬家和重新改造，会影响到中国展厅一个很小的区域的调整，我之前已和首席设计师沟通过改造问题，这次会议也把情况向部门做一些介绍。

临时取消数字化战略方针会议

11 点的会议临时取消。这本是系列会议的第一次会，是新到任的首席信息官（CIO）主持制定博物馆信息化工作和战略方针的通气会，也是头脑风暴会。ROM 动用了大量基金招聘 CIO 团队和随后的行政预算，就是为了打造 21 世纪新型博物馆。我们高层认为，博物馆数字化发展的关键不是在技术，而是懂得运用科技手段、并有战略远见的智慧型博物馆领导人。博物馆和董事会一起

第四章 博物馆人——缪斯的"管家"

耗费了一年半的时间才找到这位牛人。他曾经作为CIO把多伦多郊外的一个地区教育局的网络数字系统改头换面了。但今天由于主持人临时有急事处理,所以改期了。

我赶紧利用空出来的时间,冲到东亚文物库房看看中国玉器,并给文物保管员交代一下照片的事情,准备把自己近期的研究整理一下,交由文物出版社出版馆藏中国玉器。由于行政事务太过繁忙,一般都是晚上回到家中看书、写文章。我也养成了在夜深人静的时候读书思考、从事学术研究的习惯。

指导学生

从库房回到办公室时,已经快中午12点了,在等待约好的学生期间,我签署了几份文件,处理了几封邮件。我的两个研究生准时到来,我跟他们聊了聊近期学习情况和论文写作情况。1966年,ROM转型为直属安大略省文化部的独立财政和管理的综合性博物馆,但在学术研究和教学上仍然保持和多伦多大学各院系的持续合作。ROM也因此从一开始就是贯彻"以重视学术研究为基础"的博物馆。在20世纪80年代初,ROM一度拥有研究人员即有博士学位的专业人士一百余人,分属二十余个研究部门。博物馆现今所有的研究员仍是以多伦多大学教授的应聘标准选录,并成为该大学的兼职教授。所以我也兼任多伦多大学人类学和东亚研究系教授,有教学任务,每年春季学期开两门课:"早期中国艺术与考古"和"中国古代的技术和物质文化"。

午饭稍作休息

与馆长沟通

下午1点半,我去找馆长单独沟通一些事情,其中包括一个被展览部取消了的方案,我希望能重新推进一下这个事情,让他们能重新考虑这个方案,有的时候被枪毙掉的项目还是要再争取一下的。

馆务会

下午2点到4点是馆务会,每两周开一次,一般是在每周二早上,但这次由于特殊原因,改期召开。馆务会由一位馆长(Director and CEO),两位常务副馆长(Deputy Directors)、七位副馆长或执行官(Vice President, CFO, CIO)组成。常规会议内容是跟进两周来的主要问题,包括财务报表、参观人数、特展收费、学校参观、市场营销情况等等,既有长期项目(如展厅改造计划、郊外藏品库房等)的跟进方案,也会增加新提案。本周会议除了常规项目,还有几个事情需要讨论做出决定:一个是网站售票问题,另一个是关于明年二月全馆学术研讨会活动。

关于网站售票问题,负责网站部门主任(不属馆务会成员,临时专门安排出席)汇报了网站上日程表的使用和设计,包括如何引导让观众点击,观众如何获取信息,观众从网站上订票的数据等。目前有一个问题——观众在网站购票比在现场多2块钱的附加费,1块是馆里收取的手续费,1块是为博物馆网站服务的公司收取的手续费。经过讨论,认为虽然大多伦多地区文化机构门票网上订票收取附加费是常规,但我们还是决定取消这笔费用,网络公司的1块服务费由博物馆承担,希望借此鼓励大家网上购票,完善信息化建设。

另一个报告是我手下的两个研究中心主任汇报明年全馆学术讨论会的方案。四十多年来,ROM一直有一个学术传统,每年二月都有一个全天的学术讨论会,由研究员每人做15分钟的报告,讲述自己的研究成果。研讨会曾经主要是以内部职员和志愿者为主——因为同事们之间都好奇自己的"邻居"天天在办公室里干了什么。但是近年来,博物馆转型成为面向公众,我们研讨会的形式和内容也开始转变,以公众关注的热点为主。两位主任提出,因为博物馆里的科学家已经和多伦多市政府的环保部完成了科普书籍系列,希望可以请市长和环保部部长到馆参加研讨会的新闻发布会。馆务会通过方案,让他们和媒体部主任先通气,提出一个详细计划后,再由馆长出面给市长写信。

另外还有一些方案讨论就不再爆料了。

第四章 博物馆人——缪斯的"管家"

听同事汇报工作

4 点多,两个同事在二楼常务副馆长办公室等我,汇报了关于 5 年计划的"藏品管理系统数据库"(Collection Management System)的进展情况。这也是每两周一次的定期汇报。

处理邮件

5 点,突然间一切安静下来了。会议没有了、电话停了、电子邮件少了。早 9 晚 5 是西方博物馆的铁律。要知道,职员八小时之后的工作,是要付加班费的哦。所以,我常常对来访的中国同行抱歉说,晚餐我是很难请到馆长和同仁出席陪同的。平时我处理一下文件和邮件,5 点半就可以离开博物馆了,但是今天不行。今天晚上馆里有一个 ROM 的年度活动,庆祝"25 年工龄职员感谢会"或称"25 年俱乐部"(25-year Reception)。

25 年工龄职员感谢会

活动六点半开始,持续近三小时。参会的是今年达到工龄 25 年的一批职员(也就是 1989 年入职的),当然还有 25 年以上的,包括退休的职员也是被邀请的成员。每年他们来这里跟老朋友聚聚,都很开心。今年我的工龄是 18 年,我是以博物馆的高层身份来表达欢迎和感谢的。本次会上由馆长宣布 7 位员工加入 25 年俱乐部,他们到台上领取纪念章,每人有五分钟发言时间,介绍个人基本信息及工作历程等等。然后现任馆领导去各桌敬酒,再之后大家自由交谈,气氛非常好。

回家

一天的工作结束了。

来源:沈辰,原文标题"'一天'之世界级博物馆副馆长",弘博网,2015 年 12 月 8 日,获取于 2017 年 7 月 22 日,http://www.hongbowang.net/oneday/2015-12-09/3879.html

广东省博物馆馆长的一天
广东省博物馆馆长　魏　峻

几天前,一场突如其来的霰雪给广州带来了一丝冬的气息。

虽然,这里堆起的雪人之"小"引发网上围观,可毕竟这是"花城"居民半个多世纪以来第一次邂逅美丽的雪花。随之而来的降温丝毫未能影响弥漫全城的欢乐和兴奋,加之新年将近,即使岁末时节单位诸事繁多,也总能让人带着一种愉快的心情投入工作。

利用上班前的10分钟,把全天的主要工作简单梳理一下,按照轻重缓急和预定的时间排个序,并记录在笔记本上,这是我最近两年形成的习惯,可以避免遗漏或者忘记当天本应完成的事项。

8:50 主持馆陈展委员会工作会议

陈展委员会由相关业务部门负责人以及无记名投票选出的三名中级以上专业人员组成,是粤博陈列展览工作的决策机构。今天的会议只有两个议题:一是确定"中部非洲面具"和"妇好墓玉器"两个临时展览的策展人。从2012年开始,我馆执行了新的策展人制度,临时展览不再指定业务部门负责,而是由全馆中级以上专业人员自由申报成为策展人。对于引进的临时展览,由馆陈列展示中心发布遴选策展人的公告,把借展方提供的展览大纲和展品清单发送给所有愿意策展的本馆申请人。申请人一般有2个月时间对原大纲进行优化提升,编写相应的策展、宣传、教育活动方案并提出经费预算。如有多人申报同一展览,决定策展人的标准就是看谁的大纲和策展方案更有创意和吸引力。因为去年11月份才确认引进"中非面具"和"妇好墓玉器"展,所以选拔策展人的工作迟到了今年1月。让人欣喜的是,两个项目申请人提交的策展方案都花了不少心思,总体上还算让人满意。陈展委员会委员以投票方式确定了策展人。之后,这些策展人要做的就是在馆内各部门自主选择策展团队人员并按策展方案推进展览的实施。

第二个议题是2017年原创性临时展览的工作安排。粤博的原创展同样由在职的中级以上专业人员自愿申报,不过展览主题要符合本馆《陈列展览中长期发展规划(2013—2020)》的原则和方向。本次我们收到立足本馆藏品的7项展览申报,数量上虽与去年持平,但内容涉及历史、艺术和自然等方向,类别上更加均衡。

第四章 博物馆人——缪斯的"管家"

今天的会议主要是对这些展览方案的主题和内容进行初审。现在,30多岁的年轻人是申报临展的主力,虽然在策展统筹上或多或少会存在一些不足,不过我相信只要现行的策展制度能够长期坚持下去,这批年轻人中一定会成长出优秀的策展人。经过讨论,与会的委员们给申报的临展提出了不少好的意见。在申请人进一步完善后,这七个展览项目将被提交到粤博官网和微信公众号进行为期两个月的观众投票,投票结果是陈展委员会从中择优确定3—4项作为2017年原创性临展的参考之一。观众投票决定临时展览,是广东省博物馆让展览更加贴近观众的一项举措,实施三年来总体效果还是不错的。

10:30 参加"行走海丝,穿越古今"分享会

今天,馆里迎来一批特别的客人,他们是外国驻穗领事、海丝沿线各国商会领袖以及广东广播电台的主播们。负责宣传教育的同事已经带领他们体验了广州地铁的"海上丝绸之路"展览和专列,参观了本馆原创的"牵星过洋:万历时代的海贸传奇"展,让这些和海丝文化有深厚渊源的朋友们重走了一回"海上丝绸之路"。在"牵星过洋"展厅出口附近的空间,我们特别举办了一次小型的"行走海丝,穿越古今"分享会,让客人们讲述他们的国家、家族或者个人与海上丝绸之路相关的故事。同事们给我的任务是代表粤博给客人们一个"Welcome Greeting(欢迎问候)",再有就是给支持"牵星过洋"展免费录制"大明海上电台"微信导览的广东电台主播们颁发感谢状。

今年,粤博"牵星过洋"展在宣传上有一些新创意,比如与广州地铁的深度合作,在地铁的广州塔站举办"千年海丝,文明广州"展览,并定制三趟整体包装的"海上丝绸之路"地铁专列,将海上丝绸之路的历史、文化与艺术带进了市民的公共空间。在经费有限的情况下,博物馆要想推出更多的教育和宣传活动,让展览和文物更加贴近社会,自然离不开方方面面社会组织和公益机构的鼎力支持。

11:45 批阅公文

利用午饭前的一点时间,处理一下今天上午的电子公文。三年前,粤博开始推行 OA 电子办公系统,现在已实现所有文件的电子化传阅和审批。在提高工作效率的同时,也是让馆务更加公开和透明。

12:15 午餐与阅读时间

随着承担的行政工作的增多,平时很难有大块的时间用于阅读和学习。每天午饭后的一个半小时是我的读书时间,即使只能进行碎片化阅读,然而日积月累下来仍能有不少的收获。2015年,利用这段时间我读完的文物博物馆、历史和社会科学方面的书籍数数也有大概三十本之多了。

14:00 主持智慧博物馆建设会议

2014 年,粤博被国家文物局确定为智慧博物馆试点单位。按照智慧博物馆的三期建设计划,过去一年我们已完成了第一期的智能服务 APP、观众数字化管理系统和移动展示应用等子项目。参加今天会议的是全馆 10 个业务部门的主管,主要是听取本馆网络信息部和二期建设主要项目的中标公司技术代表进行一期成果和二期建设方案的汇报,并听取各业务部门的意见和建议。粤博智慧博物馆二期建设计划贯彻整个 2016 年,主要是通过部署虚拟化设备和应用服务总线来实现博物馆业务在界面、功能和数据三方面的集成,并构建所有子系统能够互联互通的云平台。同时,新建新媒体服务管理、大数据分析统计子系统,完善提升已有的预防性保护、藏品综合管理、数字资源管理等子系统。二期建设项目是能否在粤博构建起一种在物、人、数据之间实现数据和服务的双向多元传播为核心的智慧体系的关键所在。智慧博物馆建设是一个没有成例可供参考的项目,不是依靠博物馆的一、两个部门就能完成的,所以我从一开始就亲自牵头协调了该项目的实施。此外,我们还一方面充分发挥本馆现有的资源优势,群策群力,摸着石头过河;另一方面与国内一些著名的科研院所及拥有技术优势的互联网企业合作,力图在试点中少走弯路。汇报和讨论持续了近两个小时,虽然仍有一些技术细节未能形成各方都满意的解决方案,但总体上看,大家对于本年度智慧博物馆项目的建设要点、存在困难以及各部门将承担的主要任务应该都有了更加清晰地认识。

16：00 检查馆藏文物普查工作

2012年底,国务院成立全国可移动文物普查领导小组,启动了国内首次的国有单位文物的普查和摸底,并要求普查工作在今年底全部完成。作为广东省藏品数量最多的博物馆,粤博承担的文物普查任务是相当繁重的。好在从2010年完成珍贵文物的信息登录任务后,我们就一直坚持开展一般文物和标本的数据登录及相关电子信息的完善。经过本馆藏品管理与研究部同事几年来不间断地努力,2015年7月我们就完成了13.3万件文物藏品的数据采集和登录。之后,我们协助省文物局专家组开展了对这些普查数据的审核,今年上半年完成文物藏品登录、审核任务应该没有任何问题了。不过,作为一家综合性博物馆,我们在文物藏品外还有约4万件的自然类藏品和标本需要进行数据采集。这项工作开展较晚,是当前我们普查工作的重中之重。2015年12月,我曾召开专题会布置加快自然藏品的普查进度。一个月以来,作为责任部门的自然部同事加班加点,工作总体推进顺利。今天的计划中,也有要去自然藏品库房看望一下辛勤工作的同事和志愿者们的愿望,在检查普查进展的同时也可以现场协调解决一些工作上的困难。

在外界看来,博物馆的"宝贝"收藏是一个很神秘的工作,实际上藏品的登录、管理和保护工作是相当单调和"枯燥"的,非常考验库房保管人员的耐心和责任心。近几年来,粤博的工作人员面对馆藏文物普查这项浩大繁琐的工作,以及人员不足、数据平台不畅等困难,能够有条不紊地按计划做好普查,必须为她们的辛勤付出和无私奉献加油点赞!

17：00 处理公务及邮件

回到办公室,现在要做的是处理下午收到的邮件和电子公文。

标注特急件和急件的文件必须在下班前处理完毕。平件原则上也要求自己尽量处理完毕再下班,如果当天的电子公文数量较多,则也会晚上回到家再完成批阅。有时候,下班前的这一个多小时也是听取同事工作汇报、签发合同或报销单据的"高峰期"。

17:50 下班回家

正常的下班时间是 17:30。因为要打卡考勤,无特殊情况当然不可能提前下班。不过,博物馆一般也不鼓励在单位加班,6 点前离开办公室更多考虑的是博物馆安防的客观需要。

来源:魏峻,原文标题"'一天'之省博馆长",弘博网,2016 年 2 月 23 日,获取于 2017 年 7 月 22 日,http://www.hongbowang.net/oneday/2016-02-23/4244.html

一位博物馆志愿者的十年讲解时光

在微博上,他叫"义务讲解员朋朋",并这样介绍自己:"国企办公室主任,但终此一生以博物馆为好,义务讲解 10 年,知识需要传递才更有力量。"

在周末的国家博物馆,常常可以见到一位身着西装、戴着黑框眼镜的年轻人,他跪在地上,面对着围坐在前面的一圈小朋友们,讲述展柜中珍藏文物的故事,人群中不时会有人举起手跳起来,几个人争着要回答问题。

这个"80 后"的小伙子叫张鹏,孩子们叫他"朋朋哥哥"。他的微博已经有 1.3 万余名粉丝,其中绝大部分都是听过他讲解的观众。

网友"爱尧尧211"是位孩子的妈妈,留言说:"今天第一次听了朋朋的讲解,渊博的知识加上对小朋友的包容和耐心,深深地吸引了儿子和我……做讲解可真是体力活儿,连说带走将近 4 个小时,辛苦了!"

网友"爱吃葡萄的书虫"留言说:"2008 年,世纪坛'古典与唯美'展刚看到一半,误入朋朋的队伍。听到讲解,好像整个展览都豁然开朗起来,那些19世纪的画作连同朋朋出色的描绘,构成了一个无比美好的瞬间,印在记忆中,一晃5年。直到不久前,偶然看到朋友一个转发,才发现原来朋朋一直在那里,传递知识……"

一名博物馆志愿者的"人气"为何这么高?又是什么支持着一个"80后"的小伙子做了10年义务讲解员?

跪着给孩子讲解的"大哥哥"

拿到一份博物馆提供的标准解说词之后,张鹏会在保证内容科学、准确的基础上,从观众的角度进行简单的再加工,尤其是对于为孩子们讲解的内容,更是既要保证知识性,也要保证趣味性。"每次拿到讲解词我都先问自己,如果我是观众,希望知道什么?我的知识积累不像专家那样系统,而是围绕着一个又一个展览,跳跃着展开。比如讲解青铜器,就集中读先秦。为了讲唐代的生活服饰,就要集中了解唐代的历史。"为了能够应对观众的提问,张鹏常通过大量的阅读和博物馆展览的参观来填充能量:"每次搬家,最头疼的就是满屋子的书。"

他还记得讲解生涯最初的青涩,一字不差地背了一遍标准讲解稿,带着观众半个小时转完全场。如今,他已经形成了自己的讲解风格,自如穿插积累的知识背景,40分钟的讲稿被他扩充到了2个小时。

"除了知识储备,另一个重点是要知道你面对的是一个什么样的受众群体。如果我发现队伍当中老年人比较多,自然我语速会放慢、增加一些贴近老年人生活的话题和他们来沟通,比如讲到乾隆的书法时,我会顺带介绍乾隆作为十全老人的长寿秘诀等;如果我发现是'80后'的年轻人比较多,我会通过高中历史课本中的内容来引导他们;如果给小孩讲解画展,我不会给他们介绍画家的人生经历、绘画风格等等,我只会给他们讲,怎么样找到画面上特别的色彩、怎么样发现不一样的线条等。"

张鹏的声音不大,但却有种亲和力。给孩子们讲青铜器时,他会让小观众们分别扮演周天子、诸侯王、卿大夫、元士,来体会不同器物的象征意义;几十人同时听讲解,如果有个别人落在后边,他会用手势、目光,把落单的人招呼过来;面对小观众,他会尽量与孩子们保持同一视线;无论是成人还是孩子,讲解完,他都会"布置作业",让他们久久回味……一场讲解下来,张鹏身后往往跟了比最开始多得多的人,而他手中也经常多了些小礼物:几颗糖果、一瓶水、孩子的一幅画,有时甚至是一顿午餐。

2009年,国家文物局、中国博物馆学会举办全国文化遗产保护宣传讲解大赛,张鹏代表了北京志愿者组参赛,并最终拿到了志愿者组一等奖第一名。

"让理想以志愿者的方式活着"

2002年,张鹏考入中国政法大学。从家乡陕西来到首都,最让这个爱好文史的"大孩子"感兴趣的就是北京大大小小的博物馆。2003年张鹏去国家博物馆参观,进门后不久,正遇上一位大姐聚拢了一些散客,他也就跟着蹭了一次讲解。这位大姐身上没有穿着国家博物馆统一规定的导游制服,但她给游客们讲解起来却也十分诚恳和耐心。直到讲解结束,大姐才告诉游客,自己是一名志愿者。

"当'志愿者'3个字从她口中说出来的时候,我由衷地敬佩。"张鹏说,自己意外地听了讲解,却受到很深的影响——原来可以以一个志愿者的身份,和别人交流自己对历史、对文物的感悟。志愿者可以或者应该是一种生活方式,而非仅仅是简单的"学雷锋做好事"。"我的爱好或者理想,如果短期内不能实现,那就用另一种方式让它活着。"他说。

后来,张鹏通过国家博物馆的考试,成为了义务讲解员。"每个周末从昌平坐345路进城,再换乘5路在天安门西站下,然后横穿广场去国家博物馆,我总是会忍不住一路小跑过去。"大学4年,张鹏的周末都是这样穿梭在学校和博物馆之间,每个来回要4个多小时,午饭是自己带的面包。"虽然很累,但累并快乐着。"

第四章 博物馆人——缪斯的"管家"

2006年国家博物馆闭馆期间,张鹏转去世纪坛做志愿者。"一次给中关村二小二年级的一个班讲解,他们从上午9点跟随我参观'伟大的世界文明'展到中午参观'日本浮世绘绘画展',结束的时候已经12:30了,很多孩子宁可不吃饭,也要继续跟着我看展览,衬衫后面拽了四五只小手,让我很感动。"

将张鹏拴在博物馆的,除了文物的魅力,就是和这些观众之间的情谊:"义务讲解带给我最多的就是'传递知识、传递精神'过程中带来的一种满足感。我有兴趣做自己喜欢的事情,而这件事又能够帮到别人,何乐而不为呢?"

"博物馆不是仅仅来一次的地方"

张鹏做义务讲解员的这10年,正是我国博物馆发展最快的时候。而他也见证了博物馆从"高高在上"到"就在我们身边"的转变。

张鹏说最早做志愿讲解还有点尴尬,因为需要在门口吆喝一句"想听讲解的观众请到这边来",才会有几个观众走过来。"我说我是志愿者,有的观众第一反应就是重复一遍:你收钱吗?我反复说不收钱,才会返回来听。"而现在,只要看到他胸前的身份牌,观众会主动提要求:"能给我讲讲吗?"

"可见,博物馆免费开放后,现在很多人愿意走进博物馆,博物馆也在以大众可接受的姿态,如采用数字媒体、微博、语音导览等多种方式,举办学陶艺、学皮影戏等公共教育课,来拉近与观众的距离,博物馆的大门实实在在地打开了。但有一个很大的误区是,很多人认为博物馆是只来一次的地方。"

每次讲解前,张鹏都喜欢先提个问题,什么是博物馆?而"历史、文化、艺术不仅仅在博物馆里,也体现在生活中的每一处"这句话,则是他每次讲解最后必说的结束语。

"博物馆是收藏人类记忆、珍藏民族灵魂的地方,不是仅仅来一次的地方,也不能当成单纯的旅游景点,而是一个心灵憩所,是人可以静心思考和回忆的地方,是城市功能中必不可少的一个模块。现在博物馆的硬件上去了,更需要在软件上下功夫。我们这些义务讲解员,也是软件上的一环。虽然我们不是馆里的专职人员,但既是特殊的观众,也是馆里往外的延伸部分,与观众的交融感很好。有的志愿者有着深厚的专业知识,愿意做学者型的讲解员,而我更愿意在把观众带进博物馆,让观众爱上博物馆。"张鹏说。

来源:易明,"一位博物馆志愿者的十年讲解时光",中国文化报,转载于新浪收藏,2013年3月21日,获取于2017年7月21日,http://collection.sina.com.cn/cjrw/20130321/0928107718.shtml

"大内总管"梁金生:"我们一家五代都是故宫人"

梁金生,69岁,在故宫工作40年,曾担任故宫博物院文物管理处处长,负责180多万件文物的保管、征集与核查,人称"大内总管"。

2017年12月3日,大型文博探索节目《国家宝藏》让梁金生从文物的背后走到了前台。

兄弟姊妹5人名字串成了国宝南迁西移路线

梁家和故宫的渊源可上溯五代,梁金生的高祖父、曾祖父都是清朝宫廷的画师,到了爷爷梁廷炜担任画师的时候,清朝最后一位皇帝溥仪被逐出宫,1925年故宫博物院成立,梁廷炜从画师转为故宫博物院的工作人员。

1931年日军侵华,为了保护百万件国宝不被日寇洗劫,故宫人决定将包括石鼓在内的一万三千多箱文物迁移到安全地区。从此,被指派押运文物的梁廷炜和家人一道,开始了国宝南迁西移的长途跋涉,辗转大半个中国,历时十六年。在文物迁移的过程中,梁金生兄妹五人相继出生。

梁金生:到了峨眉以后就生下了我哥哥,当时我爷爷觉得起名干脆就以文物南迁地点来起,所以他就叫梁峨生,我们家又到了乐山生了我姐姐,乐山古代叫嘉州,所以她叫梁嘉生,抗战胜利以后,这批文物陆陆续续又回了南京,这就有了我,过两年又有我妹妹叫宁生。

张国立:宁是在?

梁金生:江宁。

张国立:江宁知府,说的就是南京的事。

梁金生:我父亲他们又把这些古物运回北京以后,有了我弟弟,北京,燕,我弟弟叫梁燕生。

为运送国宝　一家人被迫分离

抗日战争胜利后,梁廷炜一家人随着文物从四川回到南京,就在大家期盼着能早日返回北京时,国民党当局因大势已去,决定将南京的部分故宫文物分批运往台湾。1949年初,梁廷炜作为第二批运台文物的押运人,押送着1 600多箱文物离开了大陆,他走时带走了梁金生的奶奶和两个叔叔,以及哥哥梁峨生,一家人从此分隔两地。梁金生的爷爷奶奶1972年在台湾相继离世,没能踏上回乡的路。

记者:再见是哪一年了?

梁金生:就是80年代了,1987年1988年。

记者:快40年了。

梁金生:对,这是我们兄弟5个,两岸都可以通航了,就那个时候回来的。

追随祖辈父辈　进宫40载

梁金生爷爷前往台湾的那一年,父亲梁匡忠奉命留在南京看管没运走的故宫文物。解放后,梁匡忠和其他故宫的工作人员一起,将暂存南京的大部分文物运回北京。梁金生长大后,赶上了"文化大革命",因为"海外关系",他被下放到内蒙古通辽的一个牧场,先是干农活,后来教书,一待就是11年。1979年,知青大返城,31岁的梁金生重新回到北京,选择工作时,他只想和祖辈父辈一样。

记者:那您没犹豫?

梁金生：对，反正我就是想来故宫。

记者：为什么？

梁金生：那个时候我就想，也是因为和故宫的情结。

梁金生进入故宫工程队工作，5年后调入故宫保管部。保管部是爷爷和父亲都曾供职过的地方，即使日常的工作，梁金生也有一份特殊的情感在里面。

1984年以来，梁金生担任过保管部总保管组副组长、组长、保管部副主任、文物管理处处长等不同的行政职务，他的工作范围已经超越了梁家的上两代人，特别是从2004年开始，故宫进行了历史上规模最大最彻底的一次文物清理。

2010年12月，梁金生完成了最后一项验收报告的审核，故宫有了建院以来藏品数量上第一个全面而准确的数字，1 807 558件（套），历时7年的文物清理结束，梁金生写了10万多字的验收报告。在他看来，这是他一生中为故宫所做的最有价值的事情。

记者：多少件一共？

梁金生：180多万件。

记者：那您都经手了？

梁金生：对，他们报告我都一篇一篇看，一个数字一个数字统计。

故宫博物院从建院之后就着手追回散佚文物，特别是新中国成立后，加大了追回散佚文物的力度，通过征集、收购、参与拍卖等各种手段，让故宫的文物"回家"，然而至今仍有大量的故宫文物仍然不知所踪，这也成为梁金生心中一个未了的心愿。早在2008年，梁金生已经到了退休年龄，但他离不开故宫，故宫也离不开他，他一再被返聘至今。

记者：您做的这件事，几十年文物对您是什么？

梁金生：对我来说，我觉得分不开了，要说高点，生命里的一部分。要把这些东西做好，要管理好，这才能对得起后人，上对得起祖宗下对得起后人。后半辈子我想完全交给故宫，只要他们用我，我就不遗余力奉献我自己的力量。

注：本章手绘插图即是梁金生先生。

来源：央视新闻，"大内总管梁金生：我们一家五代都是故宫人"，载于新浪收藏，2018年1月23日，获取于2018年7月13日，http://collection.sina.com.cn/cqyw/2018-01-23/doc-ifyqwiqi7582097.shtml

邱锦仙：大英博物馆的中国古画修复师

修复古画的工作，邱锦仙已经做了44年，单是在大英博物馆就有近30个年头。她的一生都在进行着中国古画的修复和装裱工作。

中国传统古画修复手法震惊英伦

邱锦仙与中国古画的结缘可以追溯到1972年。这一年，上海博物馆决定招收知识青年进馆工作，正在上海郊区插队的邱锦仙因为表现优秀而被推荐进入了裱画组。在上海博物馆工作的15年间，她先后师从扬帮的徐茂康和苏帮的华启明两位师傅，深入地掌握了中国传统的古画修复手法。

1987年，邱锦仙经由同事引荐来到伦敦，为一位台湾古董商人修复古画。当时的她，只想来英国看看，了解一下外国裱画业的情况，所以跟上海博物馆约定，两年以后一定回去。

当时，英国著名的汉学家、敦煌学和中国艺术史学者韦陀教授正在上海访问，得知邱锦仙来到了伦敦，立刻返回伦敦与她会面，并极力邀请她去自己工作的大英博物馆演示裱画和修画技艺。邱锦仙演示的是修复一幅傅抱石的画，是韦陀教授买来的，据说是从火里抢出来的作品。当时那幅画有好几个大破洞，在英国专家看来是不可能修复的。

"我一般先给画作'号脉'，如果是绢本画，就要首先看画掉不掉色；不掉色，就用热水来洗；掉色，就用温水或冷水洗。"邱锦仙说。她仔细地检查了这幅画作，确认不掉色之后，便使用中国传统的修复方法,先用开水在画卷正面洗了五次,洗完后把画卷背后的覆褙纸揭掉,重新找到补纸,重新托,重新补,补好破洞再全色。修复后破洞的地方跟原来的画心颜色非常接近,很难看出修补的痕迹。英国人从来没有用热水在正面洗过画,邱锦仙的演示让他们都看傻了眼。"其实,他们本来没指望我能修复好那幅傅抱石的残卷。"邱锦仙有些腼腆地笑着说。

当时大英博物馆里只有日本和英国修复师,他们没有任何装裱、修复中国古画的经验。由于这次演示,大英馆长大卫·威尔逊和东方部主任罗森当即力邀邱锦仙留下,在平山郁夫东方古画修复室专门负责修复馆藏的中国古画。邱锦仙接受了这份工作。

两年后,邱锦仙面临是否回上海博物馆的抉择。罗森竭力挽留邱锦仙,任翻译的同事也很愿意协助她办理工作签证和其先生的探亲签证。她们的热情感染了邱锦仙,那些依旧"暗无天日"的中国古画更令她不忍一走了之。回忆起这段往事时,邱锦仙说:"如果我不做这份工作,这些文物可能就毁掉了。我修一幅画,就让一幅画重放光芒。这样古画可以展出,可以供学者研究,可以让更多的人了解中国的历史和文化。这些古画原本是中国的,我这也是在抢救中国的文物。"

于是,在当时的大英博物馆馆长大卫·M.威尔逊委托下,罗森给上海博物馆的马承源馆长写了一封信,感谢对方同意邱锦仙继续在大英博物馆工作,并希望和上海博物馆建立良好的合作关系。在获得上海博物馆的许可后,邱锦仙在伦敦留了下来,继续进行中国古画修复工作,并且一做就是30年。

拯救《女史箴图》

邱锦仙在大英博物馆修复的中国古画中,最著名的当属《女史箴图》唐摹本,这也是《女史箴图》现存于世的最早摹本。

《女史箴图》可以说是大英博物馆的镇馆之宝,一年中只有为数不多的几次短暂的列展时段,难得一见。据邱锦仙介绍说,这幅画已有1600年的历史,当时八国联军攻占北京,英国军官克拉伦斯·约翰逊获得了这幅作品。1905年，约翰逊将《女史箴图》带到大英博物馆，想要卖掉画上的玉扣。在博物馆工作的历史学家西德尼·考尔文等人意识到这幅画的价值，用25英镑买下了这幅《女史箴图》。

由于年代久远，《女史箴图》在修复之前，画卷上的丝绸已经皲裂，僵硬而脆弱，绢都变成了一丝丝马上要脱落的样子。大英博物馆一直在考虑如何修复这幅画，但修复方案却迟迟没有确定。2013年夏天，大英博物馆召开研讨会，邀请世界各地的学者和专家讨论如何修复《女史箴图》，最后决定不能重新装裱，只能在原画的基础上进行加固。邱锦仙根据过去的修复经验，提出使用由淀粉糨糊和化学糨糊混合起来的混合糨糊进行修补，这样既能保证合适的黏度，又不会留下糨糊的痕迹。为了谨慎起见，大英博物馆将这种混合糨糊送到实验室进行检验，结果发现这种糨糊非常理想。于是邱锦仙和她的助手们就用这种材料在显微镜下为《女史箴图》进行修复，每天不停地工作，用放大镜三寸三寸地添糨，用了整整两个月时间，终于将《女史箴图》修复完毕。邱锦仙还为《女史箴图》进行了全色，这是只有技艺高超的古画修复师才能完成的工作。她用藤黄、朱砂和墨调配出适合的颜色，将残缺破洞处补好，也重描了一些褪色部分，颜色和原画本色就拉平了。

邱锦仙说，现在的《女史箴图》非常牢固，再放上两三百年都没有问题。如今，《女史箴图》保存在两个由德国公司设计和制作的价值10万英镑的恒温恒湿的展示橱中，每年只有在中秋节、春节以及亚洲艺术节等重要日子观众才得以一睹真容。

除了《女史箴图》之外，邱锦仙修复的中国古画还有明代朱邦的《紫禁城》、元代赵孟的《双马图》、盛懋的《雪景图》以及明代张翀的《瑶池仙剧图》等等。迄今为止，她已经修复了三四百幅大英博物馆馆藏的中国古画，其中大约有一半是中国历代古画，另一半则是来自敦煌藏经洞的敦煌绢画。现在，大英博物馆里收藏的敦煌绢画已经全部被邱锦仙修复完毕，只留下了一幅，这是邱锦仙的主意,为了留给世人看看,这些敦煌绢画在修复之前究竟是什么样子。

来之不易的绢布

修复古画,最重要的环节之一就是找到与原画作质地、纹路和颜色相同的绢布,用之进行修补并在上面全色。邱锦仙说:"如果没有这些绢布,巧妇也难为无米之炊。"她使用的绢布,都是她的师傅华启明留给她的,是从残破的古画上提取出来的绢布残片,既有同时代的旧绢画,也包括同时代画家临摹大师的赝品画,或者没名气画师的作品,"但现在这些画也成了古董、收藏热点,身价倍增,所以越来越难找了"。2014年,邱锦仙从国内带回了一包绢布,可是却遗失在了伦敦地铁里,每每想起此事,邱锦仙都心疼不已。"这些绢布本身也是古董,对于裱画师来说,更是不可多得的宝贝,所以我用得非常节省。"邱锦仙说。

艺术和匠心的传承没有国界

65岁的邱锦仙早已过了退休年龄,可是大英博物馆却舍不得让她退休,她也不忍心扔下那些残破的古画不管。于是,她依然每天守着那些古画,一丝不苟地进行着修补工作。她说:"如果可以,我希望一直将这份工作做下去,希望能修复更多的中国古画,让全世界都看到中国有这么多伟大的艺术作品,知道中国在艺术领域是多么领先。"

现在,除了修复古画之外,邱锦仙还经常受邀回国,在各个博物馆、大学、美术学院等地演讲,介绍自己修复古画的经验,传播中国古画修复的传统技法。

她还收了两个"洋弟子",其中一个叫作瓦朗蒂娜的女弟子已经跟随了她12年,另一个叫作卡罗的女弟子也跟她学习了6年。"她们从裁纸、打糨糊、练棕刷刷墙开始学习,天天练习,直到手上有了老茧,手腕有了软硬劲道,才算完成基本功。她们现在还不能算出师,我希望再带她们几年,能让她们把中国传统的修复方式学成。"邱锦仙说。

第四章 博物馆人——缪斯的"管家"

瓦朗蒂娜跟我说，学习中国传统古画修复方法非常不容易，为了保持手腕的灵活，她们每天都要进行"刷墙练习"。此外，还要学习欣赏中国古代艺术，只有理解了古画的韵味，才能更好地进行古画修复。

瓦朗蒂娜表示："邱老师是古画修复的第一代艺术家，我希望自己可以成为第二代，将中国古画修复技艺传承下去。"

来源：夏瑾，原文标题："在大英博物馆拯救中国古画的裱画师"，《光明日报》，2017年01月18日13版。

 观察体验

到博物馆观察一组展厅内进行的博物馆课程，看看这样的课程是如何组织，孩子们是否喜欢。

 应用实践

1. 5~6个人一组，团队策划一个由5件核心展品组成的展览（推选一名策展人、一名形式设计师、一名教育工作者、一名宣传推广负责人，以及组建一个内容策划团队）。在本课程完成之前提交。

撰写要求：包括展览主题、主题描述、展览结构（展线推进）、展品图片及描述、辅助展品描述；文字包括前言、必要的展板文字、展牌，及其他所需的辅助文字。（另外出具一份简易的形式设计大纲、一个教育项目策划、一个宣传推广方案）。参考书见后。

2. 阅读下面文章，王有亮提到了两种"修旧如旧"的修复观念：一种是以展示为目标，希望恢复原貌；一种是尊重文物当前的状态。对于这两种不同的观点，你怎么看？请通过查阅资料，并结合具体案例来分析。

《我在故宫修文物》之《王有亮：我们永远是修旧如旧》(节选)

"我修过的文物，我都喜爱。你必须得喜爱，要不喜爱，你就对它不珍惜，干出的活也不会太漂亮。"因为《我在故宫修文物》，故宫铜器组现在的非遗传承人王有亮也意外走红，接受媒体采访时，他拿出一张近百年的"传承谱系图"，向媒体讲述故宫青铜器修复从清代"歪嘴于"起至今的师徒传承故事。

他近几年修的一个重量级的文物是春秋蜗形纹青铜卣，碎得厉害，几乎都是蚕豆大小的碎片，"就一点一点弄，费了挺大劲，跟师父学的所有的招数都用上了。"王有亮今年五十二岁，自己早已是位师父，在带徒弟，走到哪儿都是受人尊敬的青铜修复专家，国家级非遗传承人，但他仍然不断提起他的师父，自己手艺的源头。这是个自我的时代，许多人略有所悟就自立门户，展现"我"的聪明及努力，而王有亮的态度里有种笨拙的老实、老实的谦逊，这种风格里有传统文化的气息，隐隐让人想起一个在当下已经"过时"的词——"尊师重道"。"尤其在过去的民间社会，不读书，不进学校，自由从师学习百工技艺为专业的人，终其一生而'尊师重道的精神和行为，比起读过书，受过教育的人，更胜一筹。"（南怀瑾）

做派谦逊，但手艺漂亮，修复的是国之瑰宝，态度是轻松日常，轻松来自大量的经验，"反正干我们这行别偷懒，你干得越少越不行。就得多干，你没悟性的必须得多干，才能找出这个感觉来。"

……

文物修复遵循"最小干预"原则，包括修复的地方跟原件要有区别、有可识别性，这是意大利和日本搞的，叫《威尼斯宪章》，我们倒是不反对你们国家怎么修。意大利那儿修的我们也看了，我和我师哥我们一起去过，它那儿雕塑多，只要能立着，胳膊缺了不配，维纳斯缺了不配，搁咱们这儿的话我个人认为还是不好。如果你有可参考的资料依据你就配上，还是完美的一个再现。可是他们就是有资料也不配,就说你弄上去不是原来的东西了,他就是那么一个概念。然后色还不给人家做好了,就是故意。其实搁我们来讲等于手艺忒差了,等于你做不出来你才……咱们不能挤兑人家,我们就说我们的想法就是修复得越看不出来我们才认可,这是你的手艺。让人能看出来,那太简单了,那活儿还不好干。

有个教堂是地震了还是什么,神父像碎得一塌糊涂,又贴回去了,贴回去多少把眼睛得随上吧,他给你露白,眼睛是白的还有裂缝,多难看,人物首先要看眼睛,你多少给它勾勾。

我们这行,对一个人手艺的最高赞誉是恢复原貌,就等于你所做的让人看不出来。一件青铜器碎一百多片,别说什么了,光焊接上面全是道子,跟蜘蛛网似的,所有焊锡多了得去,少了得补,然后颜色跟两边随,得让它看不出断茬儿来,我们必须这么做。

来源:萧寒主编,《我在故宫修文物》,广西师范大学出版社,2017年1月出版。

阅读书单

陆建松著:《博物馆展览策划:理念与实务》,复旦大学出版社,2016年。
曹兵武、崔波主编:《博物馆展览:策划设计与实施》,学苑出版社,2006年。
姚安著:《博物馆策展实践》,科学出版社,2010年。
郑奕著:《博物馆教育活动研究》,复旦大学出版社,2015年。
张威著:《博物馆展示设计》,中国建筑工业出版社,2015年。
徐纯著:《如何实施博物馆教育评量》,行政院文化建设委员会,1990年。

下编　博物馆与文化

Museums and culture

第五章
卢浮宫
——什么成就了"热门"?

> 蒙娜丽莎……每个人都认识她,但没有人真正了解她,她是经典,也是"网红",大家窃窃私语,不知她是如何一夜成名。
>
> ——胡盈

问题聚焦:
1. 为什么要给古老的宫殿安上"现代的金字塔"?
2. "卢浮宫三宝"要么缺胳膊少腿,甚至还可能"假冒伪劣",凭什么她们那么有名?艺术的价值如何理解?

第一节 ‖ 从私人府邸到公共博物馆：古老宫殿的现代复兴

它是世界上最著名的博物馆，没有"之一"；论其建筑的悠久历史，也举世无双；论馆藏的"受欢迎程度"，也同样无出其右。历史给了这座博物馆丰富的财富，然而很少有人思考这么个话题，它如何摆脱历史的束缚，适应变化的需要，继续走在时代的前列？

建筑就是卢浮宫变迁的见证者。

一、早期卢浮宫

12世纪末，十字军东征，为了保卫巴黎地区，菲利普二世在这里修建了一座通向塞纳河的城堡，用于存放王室的档案和珍宝，这座城堡就被称为"Palais du Louvre"（卢浮宫）。

在以后的几百年中，历朝历代的君主不断完善卢浮宫的建筑，使得卢浮宫有越来越多的精致房间和豪华装饰。似乎每一代君主都要按照自己的审美，在卢浮宫身上留下印记。于是，卢浮宫的建筑风格也就体现着欧洲艺术史风格的变迁。

16世纪中叶，弗朗西斯一世继承王位后，把这座中世纪风格建造的宫殿拆毁了，按意大利文艺复兴时期的风格重建。而等他的儿子亨利二世即位后，虽沿袭了父亲改造卢浮宫的嗜好，但不同意他父亲的审美观。亨利喜爱法国文艺复兴时期建筑艺术的装饰，对意大利式的建筑并不感兴趣，于是把他父亲毁掉的部分又按自己的设想重新建造起来。

亨利四世在位期间，他花了13年的功夫建造了卢浮宫最壮观的部分——大画廊。这是一个长达300米的华丽的走廊，走廊非常长，亨利在这里栽满了树木，还养了鸟和狗，甚至可以在走廊中骑着马追捕狐狸。

等到自称为"太阳王"的路易十四继位，他把卢浮宫建成了正方形的庭院，并在庭院外修建了富丽堂皇的太阳神阿波罗画廊。

图 10　阿波罗画廊　　　　　　　图 11　断头台

历史在卢浮宫的敲敲打打中飞速前进。18 世纪末,法国大革命拉开了序幕。路易十六在卢浮宫的院子里建立了法国革命的第一个断头台。但充满讽刺的是,这位国王自己被革命的群众送上了断头台。

二、卢浮宫的开放

法国资产阶级革命的爆发,撼动了欧洲封建体系,也极大地推动了博物馆事业的发展。1792 年,法国公共教育委员会向国民议会提交的报告中指出,包括博物馆在内的国民教育为国家权力的当然义务。

为了将宫殿改建成博物馆,建筑的内部也要重新调整。作为宫殿的采光并不适宜于博物馆的展示,也会对展出的文物造成损害,于是,窗户被封闭,取而代之的是在顶上装上大玻璃来获得光线,这样的改动曾引起人们巨大的恐慌,担心玻璃会掉下来,或者会使画布干裂,然而,时间证明了它的坚固和耐用,卢浮宫作为博物馆的改造计划终于得以顺利进行。

1793 年 7 月,法国政府决定:巴黎卢浮宫改建为共和国艺术博物馆,组成专门委员会管理。同年 8 月 10 日,卢浮宫艺术馆正式向公众开放,成为公共博物馆。卢浮宫的开放有重大的历史意义,促进了世界上许多博物馆的开放。由此,博物馆工作逐渐成为一种独立的社会职业,博物馆事业成为国家文化教育事业的一个组成部分。

三、"拿破仑博物馆"

1798 年,拿破仑一世搬进了卢浮宫。他亲自策划了卢浮宫历史上规模空前的一次扩建工程,同时战场上的胜利使得他把欧洲其他国家所能提供的最好的艺术品都搬到了这里,他甚至将卢浮宫改名为"拿破仑博物馆"。滑铁卢战败后,拿破仑失势,约有5 000件艺术品物归原主。即使如此,由于法国人的外交手段及说服力,仍然有许多被掠夺的艺术品留在了卢浮宫。

拿破仑的卢浮宫改造计划不得不由另一位统治者——拿破仑三世接着完成。不遗余力的投入使得卢浮宫显得豪华奢侈,此时,距离卢浮宫始建时期,已经前后近600年。

四、"新卢浮宫"改造工程

然而,卢浮宫开放后的日子并不如人们所想的一帆风顺。法国20世纪最伟大的艺术史学家之一安德烈·夏斯特尔曾这样评论卢浮宫:"所有重要的文化机构中管理最差的博物馆",存在着"令人感到羞辱的杂乱无章"。当时卢浮宫的接待条件是"令人发指的":衣帽间、厕所、书店、纪念品销售、团队接待、等待讲解员的区域等,都拥挤在一个厅里。古老的宫殿在期盼新生的改造。

随着卢浮宫影响力的不断扩大,观众如潮水般涌入,馆方决定,必须扩建,将入口移到地下,使人们进入卢浮宫时不至于拥挤在展厅里。如何设计这一新的入口呢?著名华裔设计师贝聿铭被邀请来完成这项设计。贝聿铭提出了"玻璃金字塔"的设想,在这一设想中,新建的地下空间可以获得充足的采光,而地面建筑"玻璃金字塔"作为一种"明亮的象征性构造",也不至于抢尽卢浮宫的风头。金字塔是在最小的材料面积里包裹最大的建筑面积的几何图形,不会太抢眼,而同时,用高科技材料制成的古老形体,其象征意义比卢浮宫更古老,而同时又比卢浮宫更新颖、更现代化。如同任何新生的事物要被接受一样,该方案一提出,便遭到了强烈的反对,有批评家认为,"这座金字塔本身的象征性,向人们暗示着,这座博物馆是一座死人之屋。"更多的人认为它与周边显得不协调。时任法国文化部长雅克·朗格对人们呼吁道,"我们的社会正处于这样一个时代,它必须保持它的根,又要大胆地向其他远景,其他道路开放。"当年对蓬皮杜中心炮轰的批评家们将焦点对准了金字塔的构想,有人说它是卢浮宫大院里的"一颗假钻石"。有的批评甚至针对贝聿铭的非法国国籍。对于种种反对的声音,贝聿铭回应道,"假如每个人都同意一点,就是需要完善博物馆的功能,帮助参观者进行选择,缩短他们的参观距离,营造出一个整体的空间,那么我就有信心了。我坚信,在这样的情况下,我的解决办法是好的。人们将此事变成了政治事件,说了许多并不确切的事情。这样做太不光明正大,我愿意与任何一个提出其他解决办法的人去比较,但没有人提出来。"

最终,在共同的努力下,"金字塔"按照方案建了起来,人们从改建后的卢浮宫看到了实实在在的改善。不出所料,建成后评论家们开始对这个设计赞不绝口,称之为"卢浮宫院内飞来了一颗大宝石"。

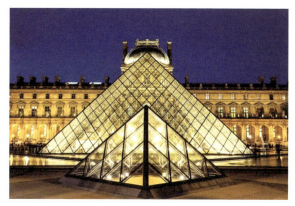

图12 "大宝石"

"玻璃金字塔"的出现,是卢浮宫适应现代需求的产物,也是与时俱进的标志。卢浮宫作为一座古老的宫殿,它见证了人类历史的荣辱兴衰,也见证了博物馆事业的起航和发展。

如今,这座新建的"金字塔"已经成为了卢浮宫不可缺少的一部分。2016年,一位街头艺术家甚至通过仿真图像遮盖,玩起了"金字塔消失"的视觉艺术。金字塔与卢浮宫一起,走进当代,走进未来。

图13—14 "金字塔消失"的视觉艺术

第二节 ‖ 艺术的价值

一、《蒙娜丽莎》

材质：油画

尺寸：77 厘米（高）；53 厘米（宽）

创作者：Leonardo di ser Piero da Vinci（达芬奇）

创作时间：1503—1509（文艺复兴时期）

图 15　每个人都认识的脸

这是一张每个人都认识的脸。如果她出现在里昂火车站，回头率可以超过任何一个时髦的女郎。每天，她接受着人们各种自拍的邀请，她出现在 T 恤、马克杯、纪念币、冰箱贴上……表情和装束被人们随意发挥想象。

20 世纪 60 年代，《蒙娜丽莎》曾罕见地作为文化大使出访美国。每天，来自社会各个阶层的民众排好几个小时的队，只为看她一眼。不断有观众看一眼后，又回到队伍的末端，重新排队。人们看到了什么？

当你凝视这幅画，你看到了什么？画作给你怎样的印象？你又注意到哪些细节？

她并不十分年轻了，但嘴角的微笑使她看起来面容慈善；她鼻梁很挺，但算不上漂亮；没有涂唇膏，也没有戴首饰，她的衣着也并不华丽，一身黑衣，显得庄重素雅，她凝望着你，眼神里似乎有种特别的魔力，使得我们把眼睛从她脸上移开，又忍不住移回来：她的眼神仿佛能够看透你，她在和你对话,她在倾听,她看起来睿智、自信而平和……

她双手交叉,放在木质的栏杆上,在一片开垦过的土地后面是一片原始怡人的自然风光,有一条小路蜿蜒着通向大自然,倒过来看,沿着这条林间小路,就可以到达她的住所。还有一座桥连接着住所和自然,原来她生活在如此惬意放松可以舒展天性的环境里……

《蒙娜丽莎》的神秘面纱始终未曾被世人揭开:人物的身份、画作的委托、绘制的时间,甚至在何种情形下成为了法国王室的藏品,其中许多细节至今未有明证。

然而,通过以上的观察,我们却能得出一些信息。

这是一位平凡的女性,没有显贵的身份。多数猜测认为画中人是佛罗伦萨一位纺织品商人 Francesco del Giocondo 的妻子——名叫丽莎(Lisa),Mona 在意大利语中是"夫人"的意思,因此这幅画也有另一个名字:La Gioconda(孔乔铎夫人)。同时,Giocondo 在意大利语中是快乐、幸福的意思,这也是这幅画常常以蒙娜丽莎的"微笑"来命名的原因。

也许今天看起来为这样一位妇女作一幅以自然风光为背景的肖像并没有什么特殊,然而当我们把它放在时代的背景里来看,就能看到这幅画的时代意义。在文艺复兴到来以前,而古罗马的辉煌又已经过去,中间漫长的中间时期被称为"中世纪"(Middlel Ages)。在这一阶段,教会的力量空前强大,教会和统治者成了艺术最大的"赞助者",而所有艺术的表现也都烙下深深的宗教印记。有人把中世纪称为"黑暗时代",用来和古罗马的辉煌形成对比,这段时期欧洲社会动荡不安,制度的压抑、宗教的迫害加上饥荒瘟疫的肆虐,这些社会的阴影深深地影响着当时的艺术。然而,由于有教会和统治者的赞助,中世纪的艺术仍然给今天带来丰富的遗产、高耸恢弘的教堂、装饰精美的镶嵌画……以及,它暗暗孕育着一个新的时代——文艺复兴。

图 16:《查士丁尼大帝及其随从》

类别:马赛克镶嵌画

尺寸:264×365 cm

收藏:意大利圣威塔尔教堂

创作时间:公元 6 世纪

图 16　查士丁尼大帝及其随从

我们通过一幅中世纪拜占庭艺术时期的镶嵌画来进行对比。和《蒙娜丽莎》明显不同，画中的人物拘谨、严肃，不可亲近。我们从人物的衣饰上可以看出，中间穿紫红色长袍，头戴珠宝镶嵌的皇冠的，就是查士丁尼大帝。他的脑后有一圈光晕，这是中世纪绘画中用于基督和圣徒的。在这里，他自比基督的化身，周围的神职人员和武士刚好十二个，隐喻耶稣的十二个门徒。他手里捧着盛满圣水的器物。他的左边身穿金色长袍的就是大主教了，主教手里拿着一个精美的十字架，衣服上还镶嵌一个。主教的左边站着两个助祭者，一个手里拿着精心装饰的《圣经》，一个提着教会中使用的油灯。当时，查士丁尼大帝大力推行基督教文化，想以此凝聚人心，为恢复古罗马的辉煌而奋斗。整幅镶嵌画背景色彩明亮、醒目，装饰精美，含义明确，主题突出，然而却显得拘谨。所有的人物一字排开，身高几乎一样，站姿也没有太大区别，长相、表情都缺乏个性，身材比例明显被拉长，看上去呆板、不自然。人物的眼睛、鼻子，线条一板一眼，完全的批量复制。我们知道，古希腊有栩栩如生的雕塑、庞贝有鲜活生动的壁画，人类艺术创作的水平早已不在启蒙阶段，让人忍不住问道：为什么在这个时期的艺术会显得如此不生动？艺术的形式为创作目的服务，而艺术的表达与社会的氛围有关。中世纪的艺术家在乎的并不是优美，也不是表现真实，他们要向广大不识字的教友传达宗教故事的内容和要旨，弘扬宗教文化，为政治宣传服务。

然而，时代在变迁。中世纪后期，城市经济的繁荣促使事业成功的富商们更

第五章　卢浮宫——什么成就了"热门"？

相信个人的价值和力量,资本主义的萌芽呼唤着一场提倡人的自由的思想运动,人们希望冲破教会神学的束缚。富起来的意大利人开始追想古罗马的辉煌,罗马曾是世界文明的中心,虽然经过分崩离析,骤然衰败,而现在应该复兴了。这也就是"文艺复兴"(renaissance)名称的来历。

从中世纪的镶嵌画中抬起头,重新注视蒙娜丽莎,我们就会发现她的时代标志性。区别于中世纪作品,画框中的人物肖像是自然的,是真实的,是平凡的,她有着科学的比例,双手刻画细腻,衣服的褶皱逼真精细,她既不置身于宗庙也不是豪华的宫殿,而是随意地靠在意大利的凉廊上,双手搭在栏杆上,背景是原始的自然风光,然而自然却留下了人的痕迹:一条小径蜿蜒于草地山林间,我们能想象车马刚刚驶过,从小桥平稳地度过险滩,人与自然,显得和谐。对人性的关注,对人与自然和谐相处的表现,是文艺复兴"以人为本"的宗旨。

蒙娜丽莎以四分之三的半身侧面角度呈现在我们眼前,呈现出真实的美感。她不再如查士丁尼及其随从一般直挺挺地朝前站立,而且喜欢自拍的人们都知道,这往往是表现人物最美的角度。这种构图方式对后来的艺术创作具有深刻的影响。文艺复兴随科学进步的浪潮而来。文艺复兴所带来的自然、逼真的人像是与科学的成就息息相关的。这时,人们发现了科学的透视法,解剖学的知识,以及古典建筑形式的知识,这些,都是艺术发展的根本。达芬奇本人就是一个全才。他解剖过几十具人体,研究过水波和水流的规律,长年累月地观察昆虫和鸟类的飞翔,设计过大量机械草图。君主和将军们曾想让他去当军事工程师,修建防御工事和运河,制造武器。然而,他却无意使自己被看作科学家,在他看来,他所有对自然的探索,都是为了艺术的需要。

而蒙娜丽莎最吸引人的一点,莫过于她的双眼。她的双眼似乎总有一丝神秘的色彩,引得几百年来无限的猜测。荷兰阿姆斯特丹的一所大学甚至应用"情感识别软件"分析出蒙娜丽莎的微笑包含的内容及比例:高兴83%,厌恶9%,恐惧6%,愤怒2%。而从艺术的角度,这份神秘感又是从何而来呢?

在这幅画中,达芬奇运用了"渐隐法"。我们知道人物的表情往往来自于眼角和嘴角,而达芬奇却使得这些地方轮廓模糊,色彩柔和,仿佛消失在阴影中,给我们流下了想象的余地。这就是她的表情总是让人捉摸不定的原因。并且,达芬奇还大胆地使背景中左边的地平线比右边的低很多,于是,当我们看着她的左边,似乎就比她的右边要高一点,而他的面部好像也随着这种位置变化而变化。这种微妙的平衡需要艺术家极其准确地把握分寸。

总体来说,从这幅画我们能看到时代进步的缩影。《剑桥艺术史》中有这样一段话:"文艺复兴艺术家是在阐述一种转变了的心灵态度,人生在世不仅是为了观赏神的伟大,他更是神本身的骄傲体现……对自然加以考察和理解,通过研究艺术家对自然的各部分作出合理安排,组成可理解的整体。"

文艺复兴时期的另一位巨匠米开朗基罗,为梵蒂冈西斯廷教堂的天顶先后绘制了鸿篇巨制《创世纪》和《最后的审判》(图 17),从中一种新的气息扑面而来:文艺复兴让人认识自己,但对于个人主义的强调已经被超越,艺术家产生了一种更深刻的信念,追问人与上帝和自然的关系。米开朗基罗在造物主的面前表现出的谦恭渺小,预示了下一个世纪的艺术,一种大众寻求慰藉的艺术:巴洛克艺术。

图 17　最后的审判

第五章 卢浮宫——什么成就了"热门"?

二、《米洛的维纳斯》

材质：大理石雕塑

尺寸：2.02米高

年代：公元前1世纪，希腊化时期（Hellenistic Art，公元前3世纪—公元前1世纪）

来源：米洛岛（希腊）

我们来到了卢浮宫第二件广为人知的艺术品前。她是举世公认的美女，但可惜断了手臂，但这并不影响我们欣赏她的美。她有着卷曲的头发，修长的身材，五官立体、线条精致，但却表现出毫无表情、事不关己的平静、淡漠和高傲。她侧着身子向不知何处的远方眺望，两条腿一直一屈地夹紧（如果你熟悉舞蹈，就会知道这是舞蹈中最常见的站位，因为她既优美又文雅，同时，又方便随时开始下一个动作）整个身体呈现出螺旋般的造型，于是她玲珑的曲线被完美地表现出来。衣裙随意地滑落到她的胯上，她半裸的身体充满着诱惑。她的身体既表现出女性特有的柔美，又表现出肌肉的张力；虽然她作为一座欧洲雕塑中的胴体并不十分丰满，身体为了呈现螺旋的造型而被刻意拉长，但这一切丝毫不影响她的完美和诱惑力；她像个刚刚出浴的凡间女子。绕着这尊雕像一周，我们会发现她每个角度都经得起欣赏，雕塑家在塑造她时是全方位考虑的。她光滑的皮肤与下身衣裙上的褶皱形成光滑与繁复的对比，光线照在她的胴体上的反光与衣褶上的阴影形成明暗的对比。

她在看着什么？下一步要做什么？我们无从得知。我们甚至

图18 米洛的维纳斯

105

不知道,她的双手摆出怎样的姿态。希腊雕塑中的神通过手中的象征物来表明身份。如果她手中拿着一把弓箭,那她便可能是狩猎女神;如果她手中拿着一只陶罐,则可能是阿尔戈斯国王的女儿丹娜伊德;她也可能是海神,在米洛岛接受祭拜。然而,从她半裸的姿态和女性化的曲线来看,她更像是爱与美之神维纳斯[希腊神话中称为阿弗洛狄忒(Aphrodite)]。在希腊神话中,维纳斯美丽、高傲、多情,又专断、自恋也容易嫉妒,她的双手可能拿着一只象征献给"最美的人"的苹果,也可能是一面让她自我欣赏的镜子;也有学者认为,这件雕塑可能是维纳斯与丘比特的一组群像,维纳斯侧身而立,正把手伸向她的儿子丘比特。

这一切,今天只能靠想象。这些猜想,给了这尊雕塑以遐想的空间。

古希腊的艺术是整个欧洲艺术史的典范,在后来的艺术发展中,不断被模仿、借鉴。西方美术中崇尚的理想美,即是从古希腊的雕塑开始的。而古希腊雕塑的源头又在哪里?公元前7世纪中叶起,希腊人就开始用大理石雕刻人像。这些早期的古希腊雕塑,其比例、姿态和技术方面与古埃及的雕塑十分相像(图19:《青年男子像》,古希腊(大约公元前590-580年),大都会博物馆藏),埃及人在很多个世纪以前就发明了雕刻石像的方法,希腊人一定是看到了这些石像,并借鉴模仿。然而,埃及雕塑家讲究写实,希腊人却认为雕像不仅应该逼真,还要好看。于是,

 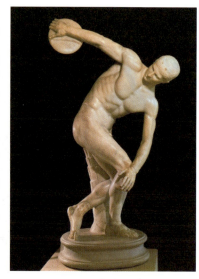

图19 青年男子像　　　　图20 掷铁饼者

他们在雕塑上加入了对称和完美的比例。为了使雕像活起来,希腊人不断地冒险、尝试,希腊雕塑最初的完全对称的平衡被打破了,两条腿不再在同一个平面平分人体的重量;他们创造了动态的平衡,使身体一边收缩、一边拉长(图20:掷铁饼者,罗马复制品,原作作于约公元前450年,罗马国家考古博物馆收藏。)

然而古希腊人对美的追求是无止境的。古希腊著名雕刻家普拉克西特列斯(Praxiteles)创作了"尼多斯的维纳斯"(图21)。她的轮廓流畅起伏,平滑的肉体显出凹凸变化的美,而手里的衣服上的褶皱与光滑的肉体形成复杂与单纯的对照,下垂的衣巾、柔软的人体与刚硬挺拔的陶罐又形成了对比。而这件雕塑除了和谐、平衡(尼多斯的维纳斯体现了普拉克希特利斯独创的"优美的S形样式",也被称为"对立平衡"(肩部与臀部的轴线向相反方向倾斜))以外,一个新的元素出现了——人体的"妩媚":她手里提着刚脱下的衣服,准备沐浴。一只手置于阴部前,仿佛羞涩,也可能暗示着女性力量的来源,伟大的雕塑家把自然的体态与宗教的意义结合在一起。这尊雕像,既体现了人体美,也体现了人性美。

图21 尼多斯的维纳斯(复制品),原作作于公元前370年,罗马梵蒂冈博物馆收藏

米洛的维纳斯一定是受到了这尊雕像的启发,神像的"人性"得到了充分的舒展,半遮半掩的暗示让人想入非非。高傲淡定的表情、匀称柔和的脸部轮廓,都保持着公元前5世纪"古典时期"的审美观;卷曲的头发、精致的胴体都反映了公元前4世纪(古典主义后期)雕刻家普拉克西特列斯的影响,而螺旋式的布局、360度的造型,以及身材的比例,半遮半掩的胴体,都体现了"古典时期"之后"希腊化时期"的特点。

公元前334年,亚历山大大帝开始远征,希腊文化与地中海其他地区的文化有了进一步交流;亚历山大病死在巴比伦,他建立的庞大帝国迅速瓦解,与此同时,罗马的力量逐步增长,到公元前31年,整个希腊世界都兼并到罗马帝国的版图中了。这段时期被称为"希腊化时期"(Hellenistic)。

艺术创作的持续冲动和生命力在于寻找并解决新的问题。善于钻研的希腊人在这一阶段在其他文化的冲击和碰撞下产生了新的灵感,艺术的审美受到各国统治者和私人雇主趣味的影响,艺术家从丰富多彩的现实生活中取材,古典时期的平易、和谐、单纯、节制、静穆减少了,代之以情感的表达,形式的创新和戏剧化的张力,这将在我们随后介绍的一件艺术作品中得到更明晰的体现。希腊诸神已从偶像的地位坠落,成为人类情感的象征。以普拉克希特利斯为代表,古希腊雕像渐渐从程式化的形象中获得了生机,而到了希腊化时期,这些肖像不仅开始呼吸,轻轻地扭动身子,更如同戏剧舞台上的演员,裙裾飘飘,夸张的动作,丰富的表情,上演着一幕幕人间悲喜(图22)。

图22 拉奥孔父子像,作于约公元前1世纪,收藏于罗马梵蒂冈美术馆

回过头来，我们忍不住追问，为什么米洛的维纳斯没有手臂？

这尊雕像是 1820 年于爱琴海中的米洛斯岛被发现的。维纳斯的出现，引起了英法两军的激烈争夺，而维纳斯的双臂，据传是在炮火中被炸碎的。法国在这场争夺中胜出，终于，卢浮宫迎回了新的维纳斯。米洛的维纳斯曾佩戴有项链、耳环和发带，而如今只剩下固定这些配饰的钻孔；白色的大理石可能曾被施以彩绘，如今都已褪色。她的双臂，再也不曾还原。

在恭迎维纳斯入住卢浮宫时，法国方面进行了大幅的媒体宣传，称赞这尊维纳斯的美妙：她的熠熠光彩远胜于曾失去的那尊维纳斯（拿破仑征战意大利，曾将美第奇家族收藏的维纳斯作为战利品带回巴黎，而拿破仑战败后这尊雕像又被索取回去，见图 23：美第奇的维纳斯）；而米洛的维纳斯失去的双臂也似乎更验证了她的珍贵性，于是，她因祸得福，成为了全世界最独特、最著名的维纳斯雕像。

图 23　美第奇家族的维纳斯，现收藏于乌菲齐美术馆

三、《萨莫色雷斯岛的胜利女神像》

材质：大理石雕塑

尺寸：3.28 米高

年代：约公元前 190 年　希腊化时期（Hellenistic Art，公元前 3 世纪—公元前 1 世纪）

来源：萨莫色雷斯岛（位于北爱琴海）

图 24　萨莫色雷斯岛的胜利女神像

这是一尊没有头和手的残缺雕像（图 24），但远远看过去，她依然带来强烈的视觉震撼。灰色的大理石构成船体，胜利女神屹立在船头。她的衣裙随风摆动，而她的翅膀却迎风展开，左腿稍后微微虚点地，从衣袍下露出美丽的线条；右腿像一根柱子般牢牢地钉在地上，她挺起胸膛，在风中宣告着胜利。

女性的裸体在半湿的衣袍下呼欲而出，这是公元前 5 世纪古典时期艺术风格的影响；而上身胸部下方的系带则从公元前 4 世纪开始流行；翅膀向两侧延伸，左腿向后迈出，衣袍裹挟着身体形成旋转的效果，以及 360 度的构图，体现了希腊化时期的风格。那时而紧贴身体时而随风飘荡的衣袍形成了强烈的视觉效果，彰显了艺术家的高超技艺。丰富的细节、巨大的体量，以及强烈的运动感，使它成为罗德岛艺术风格的典型。

胜利女神雕像曾被镶嵌于一座岩石壁龛中，傲视萨莫色雷斯岛上的诸神雕像。这里的神像被建造来保佑出海的人们。而这尊胜利女神雕像，可能是为了纪念一场海战的胜利而作。19 世纪时，法国外交官夏尔·尚普索瓦（Charles Champoiseau）意外地在岛上捡到了胜利女神的残片，他将其悉数收集起来，交给了卢浮宫，而卢浮宫用了十多年的时间将其拼接起来，呈现在我们眼前。

四、《拿破仑一世及皇后加冕典礼》（1804 年 12 月 2 日，于巴黎圣母院大教堂）

尺寸：6.21 米高，9.79 米宽

雅克·路易·大卫 Jacques-Louis David（1748—1825）

创作时间：1806—1807

这幅画大得占据了一整面墙，它是一场重要的历史事件的记载：拿破仑于 1804 年 5 月称帝，同年 12 月在巴黎圣母院以法国君主制和天主教的传统来举办加冕典礼，以此确认他王位的合法性和统治的权威性。这幅画是拿破仑的御用画

第五章 卢浮宫——什么成就了"热门"?

图25 拿破仑一世及皇后加冕典礼(1804年12月2日,于巴黎圣母院大教堂)

师雅克·路易·大卫(Jacques-Louis David)创作的(图25)。在那个没有纪录片和照相的年代,这幅画就是最好的相片。画上有几百个人,皇室成员、宫廷侍卫,以及官员们,每个人衣着、神情各异,共同见证着这一伟大的历史时刻:1804年12月2日在巴黎圣母院隆重举行的拿破仑加冕大典,连画家自己也参与其中。可画中的场景,真的如相片一般准确无误吗?

拿破仑是伟大的政治家,也是野心勃勃的军事独裁者。他穿上古罗马的服装,渴望像古罗马的帝王一样实现扩张。

雅克·路易·大卫出生于巴黎,沉默寡言,少年老成,他在罗马游学期间,被古希腊、古罗马的艺术深深感动,从中寻求美的源泉和理想。他是典型的新古典主义[1]画家,他把古典艺术和崇高的道德价值组合在一起,很适合于表达革命的政治理论。因此,大卫成为了法国大革命期间革命者的宣传喉舌,深得拿破仑的喜爱。

加冕典礼前,拿破仑请来了教皇庇护七世为自己加冕。他知道,自己出身普通,他的王位并非如先前的帝王通过继承那般理所应当,只有借助教皇的巨大号

---

1. 18世纪中叶,庞贝古城的发掘又激起了人们对古典时代(古希腊古罗马艺术)的兴趣;而思想上,也兴起对复兴古代庄重、道德和理想主义等准则的呼唤。新古典主义艺术是对古典时期的复兴式探索,在风格和题材上表现出对古典时期艺术的模仿,借古开今的艺术潮流。

召力，人们才能认可他的"合法地位"。我们看到的画面上，拿破仑已经头戴王冠完成了加冕，此时正颇具绅士风度地为妻子戴上皇冠。约瑟芬皇后恭顺地在台阶上俯下身，双手合十于胸前，看上去端庄贤淑，拿破仑的姊妹们俯身为皇后托起裙摆。教皇抬起手，做出祈福的手势。人群上方端坐着拿破仑的母亲，她平静而欣慰地注视着这一切。整个场景显得圆满和谐。

然而事实上，当人们透过这幅作品看到它底下隐隐包含的草图就会发现，拿破仑从教皇手中夺过王冠，正自己往头上戴，他拒绝跪在教皇面前接受加冕。教皇双手放在膝上，对眼前的一切不情不愿，他并不曾做出祈福的手势。

显然，这样的初稿并不令人满意。拿破仑要求修改教皇，以"避免他大老远地被请来却干坐在那里"，根据拿破仑的回忆录，约瑟芬皇后要求画家将画面改成为她加冕的下半程场景。而拿破仑的母亲被要求添加了上去，因为她并不曾来到现场，她反对拿破仑和约瑟芬的婚姻。

尽管有如此多的改动，这仍然是一幅伟大的画作。画面上，大卫缩小了建筑的结构来烘托人物，人物服装的装饰、质感刻画细腻、一丝不苟，顶上装饰着鹰的皇家权杖高高地立在那里，皇家的尊严得以尽显。所有人的目光都注视着画面的中心，拿破仑高举的皇冠。墨绿色的大窗帘遮住白色柱子，画家用较暗的底色突显金色的皇冠。最后，画家不忘把自己的出席也画在了图上（图26）。

经过了反复的修改，拿破仑对这幅画非常满意，赞叹道："好逼真、好真实啊！

图26　细部图

这简直不是一幅画,而是人走进了画中。"大卫也意识到这幅画日后将会使他青史留名,他说:"我将会跟在我的英雄的影子后面走进历史。"

欣赏完卢浮宫这几件举世著名的艺术品后,你是否心里有一些疑问? 现在,我们来一起思考关于"艺术价值"的话题。

关于残缺、模仿与改制、创新

也许你注意到了,"卢浮宫三宝"有两件是残缺不全的,而米洛的维纳斯也被怀疑为古希腊作品的罗马复制品(原作可能时间更早)。卢浮宫的地下室里有大量的古希腊雕塑,他们大多并非古希腊的原作,而是罗马或者文艺复兴时期及以后的复制品。这个事实也许令你非常失望,我们都期待在艺术博物馆看到真品,这是我们千里迢迢来此的目的。这满目的复制品,或者说,古希腊的"赝品",他们是否值得被一个世界级的博物馆所珍藏?

古希腊距今两千多年,在这漫长的时间里,雕塑可能因为各种原因被破坏。罗马人曾征服了希腊,他们对希腊的雕塑趋之若鹜,为了应对庞大的需求,大量希腊雕像的复制品在罗马帝国时期制作出来,"被征服的希腊用艺术征服了它的粗鲁的征服者"。也许这些复制件的表现力不如原件,但是这些复制件难道不值得被保存、收藏和展示? 在中世纪过去以后,"文艺复兴"时期的人们重新对古希腊、古罗马的艺术、建筑产生了兴趣,大批雕塑又在这个时候被仿制,而这些更近代的雕塑本身不就打上了一个时代的印记吗? 况且,这些复制件,表达了原作想要表达的内涵,复制了伟大的古典艺术规则。我们正是通过这些复制件,了解了古希腊艺术的不朽。

同样的,尽管米洛的维纳斯和胜利女神都由于各自的原因残缺不全,但却并不影响我们欣赏艺术本身的美、领略艺术家的高超造诣,以及感受一个时代的风格。

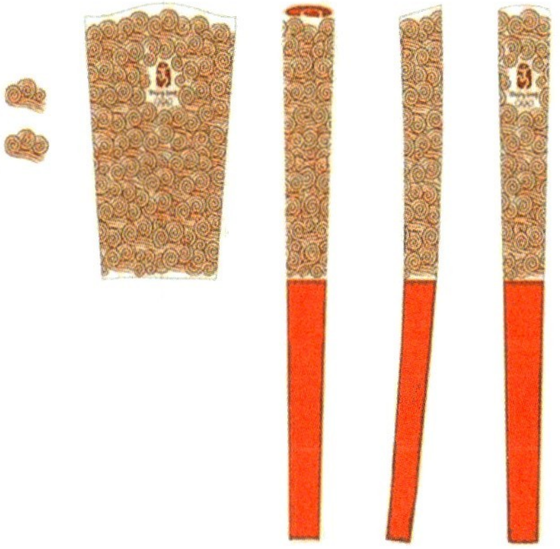

艺术的传承需要不断突破以适应时代的发展,而创作的灵感则必然建立在借鉴、吸收的基础上。2008 年北京奥运会的"祥云"图案便是由中国传统纹饰"云纹"演变而来(图 27:"祥云"火炬)。春秋战国时期即

图 27 "祥云"火炬

产生了卷云纹,出现了后来典型的云纹之"云头"特征,云纹不断在各个时期被改动,运用在不同器物上:玉器、漆器、陶瓷器等。达芬奇的著名素描维特鲁威人(图28:维特鲁威人)甚至为迪士尼动画中的米老鼠造型提供了灵感(图29—30:模仿维特鲁威人的米老鼠),然而这样一个表现人体和抽象几何学的完美组合的形象,达芬奇不可能无端创造。它的基础就是古罗马建筑师维特鲁威曾提出的:人体可以恰好放入一个圆形和一个方形之内,1500年后,达芬奇用视觉形式展示了这个概念。

图28 维特鲁威人

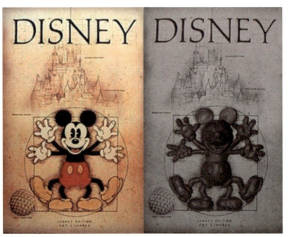

图29—30 模仿《维特鲁威人》的米老鼠

借鉴也可以是不同艺术表现形式之间的互相启发,比如,中国古代著名绘画作品《女史箴图》(后面会介绍到)便是根据前人的文章配成的图画。美第奇的维纳斯形象启迪了文艺复兴时期一位著名画家的创作,那就是波提切利的《维纳斯的诞生》(图31)。这是一幅十分唯美的场景。大海孕育了维纳斯,她被金色的贝壳托举而出,显得美丽而娇嫩,西风之神和他的妻子花神飞翔着将贝壳吹向岸边,时序女神赶紧迎接上来,她戴着花环,系着玫瑰,正为维纳斯披上漂亮的斗篷,有着金色花芯的玫瑰花纷纷扬扬地落下,连岸边的每一片树叶都镶上了一圈金色。维纳斯的眼里透着淡淡的忧伤——羞怯、幽怨、迷茫,尽管刚刚新生,但她好像对未来并不乐观。绘画中,波提切利摒弃了用明暗阴影对身体造型的强调,而用优美的轮廓把她如浅浮雕一般突出,创造了如雕塑一般的形象。

第五章 卢浮宫——什么成就了"热门"?

图 31　维纳斯的诞生

借鉴与模仿为了吸收,也为了突破。超现实主义艺术家杜尚在 1919 年创作了若干幅"带胡须的蒙娜丽莎"(图 32:带胡须的蒙娜丽莎)。经过杜尚的"恶搞",蒙娜丽莎迷人的微笑消失了,变得荒诞不经、稀奇古怪。这样的创作就好像小时候淘气的学生将课本上的诗文、经典原作恶意地改变,以表达叛逆。同样的,杜尚对达芬奇的经典名作进行戏谑似的改造,展示了他藐视传统、无视约束的性格。而从艺术发展的角度来说,他的创作也激发人们突破经典,给后继的艺术运动以新的启迪。

而同一件艺术品,在不同的时期为了适应不同的需求,也会被"改制"成新的形式。乾隆皇帝曾经获得了一件商代的玉璧,"璧"圆形中空,中间的孔周围有一圈突起。乾隆不明白这件古物

图 32　带胡须的蒙娜丽莎,杜尚,1919

原来是作什么用途,但却觉得它形似碗托,于是"自作主张"给玉璧配上了一只宋代定窑生产的瓷碗。乾隆皇帝还为瓷碗和玉璧作了一首诗,请人分别刻上去。"谓碗古所无,托子何从来。谓托后世器,古玉非今材。又谓碗即盂,大小异等侪。

说文及方言,初无一定哉。然而内府中,四五见其佳。玉胥三代上,承碗实所谐。碗托两未离,只一留吟裁。其余瓷配之,亦足供清陪。兹托子古玉,玉碗别久乖。不可无碗置,定窑选一枚。碗足托子孔,圜枘合以皆。有如离而聚,是理难穷推。五字纪颠末,丰城别寄怀。"后署"乾隆庚戌春御题",钤"会心不远"、"德充符"两方印章。于是,这瓷碗和玉璧便因为乾隆皇帝的创作配成了一对,产生了新的美学价值。(图33—图34:乾隆题诗玉璧,乾隆题诗定窑瓷碗)

图33 乾隆题诗玉璧　　　图34 乾隆题诗定窑瓷碗,藏于故宫博物院

"改制"是历史的记录。大英博物馆有一枚看似普通的爱德华七世时期的便士,这枚硬币诞生于20世纪初(插图:带有爱德华七世头像的便士)。这枚硬币带有爱德华七世头像,但他的头部被一行粗糙的大写字母划过:"VOTES FOR WOMAN(女性要有选举权)"。当时,女权运动兴起,妇女要求拥有和男人同样的选举权。单纯地呐喊无法获得进步,女权运动出现了暴力,也充满了牺牲。这枚钱币反映了女性为争取权力作出的抗争。这种做法有效地利用了钱币的广泛传播性,以及一眼无法看到钱币两面的特点,用这种简单而直白的方式表达着决心和愤怒。最终,英国《平等选举法案》赋予了女性与男性同等的选举权。这枚被破坏的硬币,是女性为平等权利抗争的时代缩影。在下一章大英博物馆的介绍中,我们还将看

图35 带有爱德华七世头像的便士

到类似的藏品。

我们从"改制"艺术品中，可以窥见另一个时代（在艺术创作时代之后的另一个时代）的审美。在卢浮宫，还有一件"阿尔勒的维纳斯"（图 36）。这尊维纳斯是普拉克西特列斯盛传于世间的作品的复制品。维纳斯手中的象征物——苹果和镜子是 17 世纪添加上去的。当时崇尚完整，如果米洛的维纳斯在当时被发现，也可能已经接上了手臂，打上了当时的审美烙印。然而，米洛的维纳斯在一个已经提倡"保持原状"的时代被发现，因此，也得以保留它的原貌。

关于创作：迎合与坚守

欣赏《拿破仑一世及皇后加冕典礼》让我们不禁发问：艺术创作中，有多少是画家的刻意迎合？荣获 2017 年多项大奖的电影《爱乐之声》有两句台

图 36　阿尔勒的维纳斯

词令人印象深刻："大家会喜欢吗？""从什么时候开始你在意这个了？"这是艺术创作中永恒的矛盾，绝对的自由是不存在的。一方面，艺术必须迎合市场、迎合雇主（赞助人）的需要，另一方面，艺术家却渴望能坚守内心对于艺术的追求。2016 年诺贝尔文学奖得主鲍勃·迪伦的获奖感言中写道，"我开始想到莎士比亚……他在写《哈姆雷特》时想的是许多别的事情……创意和雄心无疑是他最先要想的东西，但还有一些比较琐碎的事情要考虑和处理。'资金到位了吗？''给资助人提供的好座位够多吗？'……"而如果没有这些琐碎的、艺术之外的考虑，莎士比亚也许没有条件获得今天的成就，迪伦也没有机会获得大众的赏识和诺贝尔奖评审委员会的注意。

然而，在这些妥协之外，所有伟大的艺术作品一定有艺术家自身的坚持。在荷兰画家伦勃朗的杰作《夜巡》中（图 37），伦勃朗并未将画中的人物安排在精心搭建的布景中，而是截取了看似随意的生活场景。射手们在做外出巡逻前的准备，他们看起来并不英姿飒爽，有的窃窃私语，有的嬉皮笑脸，一个个前俯后仰，姿态各异，在光和色彩的配合下，整幅画面像一幕舞台剧。这幅画是受阿姆斯特丹城

射手连队委托的,射手们平摊价钱。在这种情况下,其他画家往往会给予集体中的每个人以不偏不倚的处理,来使大家满意。而伦勃朗却认为,"艺术家的天职是创造美的形象,而不是计算有多少个头颅。"他的这幅违反常规的画虽然达到了极佳的艺术效果,但却让射手们表示不满。他们要求画家重画遭到拒绝后,对他进行了大肆攻击,引起轩然大波。伦勃朗的事业从此走上下坡路。他虽然盛名在外,但请他作画的人却越来越少。这件事正暴露了在艺术追求和赞助人趣味之间的微妙平衡,伦勃朗对艺术追求的执着坚持使得他在晚年不得不靠变卖家产度日。然而,正如欧洲一位评论家所说,"只有他选择以黑暗绘成光明。"时间,终将让艺术的价值获得应有的赞扬。

图37 夜巡,伦勃朗,藏于荷兰国立博物馆

拓展阅读

阅读下面贡布里希的《论艺术和艺术家》节选,思考本章中所列举的这些艺术品,是如何在当时的时代背景下突破传统,并结合你自己的独特感受谈谈你对这些艺术作品的理解。

第五章　卢浮宫——什么成就了"热门"？

论艺术和艺术家（节选）

E. H. 贡布里希

没有艺术这种东西,只有艺术家而已。所谓的艺术家,从前是用有色土在洞窟的石壁上大略画个野牛形状,现在则是购买颜料,为招贴板设计广告画;过去也好,现在也好,艺术家还做其他许多工作。只是我们要牢牢记住,艺术这个名称用于不同时期和不同地方,所指的事物会大不相同,只要我们心中明白根本没有大写的艺术其物,那么把上述工作统统叫做艺术倒也无妨。事实上,大写的艺术已经成为叫人害怕的怪物和为人膜拜的偶像了。要是你说一个艺术家刚刚完成的作品可能自有其妙处,然而却不是艺术,那就会把他挖苦得无地自容。如果一个人正在欣赏绘画,你说画面上他所喜爱的并非艺术,而是别的什么东西,那也会让他不知所措。

实际上,我认为喜爱一件雕塑或者喜爱一幅绘画都有正当的理由。有人会因为一幅风景画使他想起自己的家乡而欣赏它,有人会因为一幅肖像画使他想起一位朋友而喜爱它。这都没有不当之处。我们看到一幅画时,谁都难免回想起许许多多东西,牵动自己的爱憎之情。只要它们有助于我们欣赏眼前看到的东西,大可听之任之,不必多虑。只是由于我们想起一件不相干的事情而产生了偏见时,由于我们不喜欢爬山而对一幅壮丽巍峨的高山图下意识地掉头不顾时,我们才应该扪心自问,到底是什么原因引起了我们的厌恶,破坏了本来会在画面中享受到的乐趣。确实有一些站不住脚的理由会使人厌恶一件艺术品。

大多数人喜欢在画面上看到一些在现实中他也爱看的东西,这是非常自然的倾向。我们都喜爱自然美,都对那些把自然美保留在作品之中的艺术家感谢不尽。我们有这种趣味,而那些艺术家本身也不负所望。伟大的佛兰德斯画家鲁本斯在给他的小男孩做素描时,一定为他的美貌而感到得意。他希望我们也赞赏这个孩子。然而,如果我们由于爱好美丽动人的题材,就反对较为平淡的作品,那么这种偏见就很容易变成绊脚石。伟大的德国画家阿尔布雷希特·丢勒在画他的母亲时,必然像鲁本斯对待自己的圆头圆脑的孩子一样,也是充满了真挚的爱。他这幅画稿是如此真实地表现出老人饱经忧患的桑榆晚景,也许会使我们感到震惊,望而却步。可是,如果我们能够抑制住一见之下的厌恶之感,也许就能大有收获;因为丢勒的素描栩栩如生,堪称杰作。事实上,我们很快就会领悟,一幅画的美丽与否其实并不在于它的题材。我不知道西班牙画家穆里略(Murillo)喜欢画的那些破衣烂衫的小孩子们是不是长相确实漂亮。但是,一经画家挥笔画出,他们的确具有巨大的魅力。反之,大多数人会认为皮特尔·德·霍赫(Pieter de Hooch)那幅绝妙的荷兰内景画中的孩子相貌平庸,尽管如此,作品依然引人入胜……

来源:E. H. 贡布里希著:《艺术的故事》,范景中,译,广西美术出版社,2008年。

观察体验

观察一座你所在地区的博物馆,了解它是怎样在历史发展中改变自己,这样的改变是否成功?

应用实践

1. 观察拉斐尔的《披纱女子像》(图38),与《蒙娜丽莎》在构图与人物表现上有哪些相似点?在艺术效果上又有哪些不同的特点?查阅一定的资料,说明拉斐尔的个人特征。

图 38　披纱女子像，拉斐尔

2. "卢浮宫"三宝的出名，固然有其本身艺术价值的奠定，但也有偶然的因素。《蒙娜丽莎》曾因被盗而轰动，"回国"后的她声名鹊起，享受了国宝级待遇；《米洛的维纳斯》之所以如此有名也得益于法国当局的造势宣传……在你所了解的博物馆的文物中，有没有其他也因为"艺术之外"的原因而变得格外出名？这种对文物价值的"炒作"一定是负面的吗？谈谈它的正面意义。

阅读书单

雅克·朗格著：《新卢浮宫之战：卢浮宫浴火重生记》，董强，译，中央编译出版社，2014 年。

苏珊·伍德福德著：《绘画观赏》(《剑桥艺术史》系列)，钱乘旦，译，译林出版社，2009 年。

第六章
大英博物馆
——国宝争夺战

你必须明白帕特农神庙大理石浮雕对我们的意义。它们是我们的骄傲,是我们的祭品。它们是我们最崇高的卓越象征。它们是对民主理念的致敬。

——希腊文化部长梅丽娜·莫克丽(Melina Mercouri),1986

问题聚焦:
1. 大英博物馆常常面临文物追索的纠纷,"背井离乡"的文物到底该属于谁?
2. 中国的青花瓷曾风靡欧洲,作为一件"全球化"的商品和"made in China"的代表,它的产生有没有受到过其他文化的影响?

第一节 Ⅱ 文物归属的思考：道义、立法、合作与未来

18世纪中期，英国有一位汉斯斯隆爵士。他是世界上"第一个"把巧克力和牛奶混在一起喝的人（这个专利配方给他带来了可观的收入）；他还是一位热爱收藏的医生。他毕生收藏了大量动植物标本、书籍手稿以及各种古物、钱币。当去世前，他把毕生的收藏捐赠给国王乔治二世。乔治二世接受了他的捐赠，英国议会在此基础上决议建立大英博物馆，这就是大英博物馆的由来。

1880年，由于空间的有限，动植物标本被分离出来，成为了伦敦自然历史博物馆的重要馆藏；1890年，博物馆再次重新划分，手稿书籍等组成了大英图书馆。当时，博物馆学的专门化管理与研究也已被提出，经过藏品分类，博物馆的宗旨越来越明确。

重新定位后，又经过一百多年的发展，大英博物馆成为了世界上影响力最大的博物馆之一。它曾经提出一句使命，"of the world; for the world"，来自世界（的收藏），面向世界（的服务）。

对于这一大气磅礴的口号，大英博物馆可谓当之无愧。一方面，它的确以全面、高质量的收藏吸引着世界各地观众聚集到这里，通过在大英博物馆的参观了解整个世界、整个人类文明史。另一方面，大英博物馆也有一个雅号"世界被盗艺术品之都"。近代的战争掠夺造就了西方巨型博物馆的崛起，大英博物馆就是其中最大的受惠者。它在争取世界各地的收藏方面，毫不谦虚；对于这些年来文物原属国的追讨诉求，它也是毫不客气地拒绝。

历史总有清算的一天。1970年，联合国教科文组织通过《关于禁止和防止非法进出口文化财产和非法转让其所有权的方法的公约》。公约要求各缔约国采取措施，有效行使防止文化财产非法进出口和非法转让的职责。这份公约是目前为止，关于文化遗产保护和返还问题的最有影响力的国际公约，有100多个国家已经签署，其中不仅包括中国在内的文物流出国，也包括主要文物输出大国，如美国、英国、德国、法国、日本等。这份公约帮助不少国家讨回了属于自己的文物，也

迫使西方的超级博物馆们开始检查自己的馆藏，并在以后的文物征集中变得谨慎。近些年来，文物流出国追讨文物的脚步也越来越紧，终于，因为历史原因拥有丰富馆藏的西方博物馆们受不了了，他们开始还击了：

2002年12月11日，18家西方博物馆——美国的芝加哥艺术学院、波士顿美术博物馆、纽约现代艺术馆、克利夫兰艺术博物馆、费城艺术博物馆、洛杉矶保罗·盖蒂博物馆、纽约所罗门·古根海姆博物馆、洛杉矶县艺术博物馆、纽约惠特尼美国艺术博物馆、纽约大都会艺术博物馆，德国的慕尼黑巴伐利亚国家博物馆、柏林国家博物馆，意大利的佛罗伦萨乌菲奇艺术馆，西班牙的马德里普拉多博物馆、马德里提森·波里米萨博物馆，荷兰的阿姆斯特丹国立博物馆，俄罗斯的圣彼得堡艾尔米塔什博物馆和法国的巴黎卢浮宫博物馆的馆长在德国慕尼黑联合发表了一项《关于普世性博物馆的价值及重要性的宣言》(Declaration on the Importance and Value of Universal Museums)（以下简称《普世宣言》），全文如下：
"国际博物馆界公认必须严厉阻止非法贩卖考古文物、艺术品及民族工艺品，但是我们应该以不同的感受及不同的价值来看待那些在早期获得的、反映了那个时代特点的作品。那些几十年前，甚至几百年前就已陈列在遍及欧美的博物馆中的文物和纪念作品，是在和现在完全不同的情况下入藏的。

长期以来，无论是通过购买还是通过捐赠等形式获得的文物已经成为保存它们的博物馆的一部分，并已延伸成为它们所在国家的遗产的一部分。今天，我们对作品的原生背景十分敏感，但我们也不应忽视一个事实，那就是博物馆也为那些很久以前就脱离了其原生环境的作品提供了一个有效和有价值的环境。

如果不是世界各地的观众能在各大博物馆欣赏到反映古文明的藏品，对古文明的热爱不会像现在这样普及并深入人心。的确，古希腊雕塑就是这一观点及在公众收藏方面具有重要性的绝佳例证。对希腊艺术的追慕之风古已有之，到文艺复兴时期的意大利又再度兴起并传到欧洲其他地区并远播美洲。世界各地博物馆的希腊藏品体现着希腊雕塑对全人类的重要意义及其对当代世界的持久价值。此外，在这些作品被观摩研究，被用来与其他伟大文明做近距离比较时，这种希腊艺术的典型性体现得更加明显。

呼吁归还多年来一直由博物馆收藏的文物已经成为博物馆面临的一个重要问题。虽需针对个案具体分析，但我们应该承认，博物馆不只为某一个国家的公民服务,还为每一个国家的公民服务。博物馆是文化发展的媒介,它的使命是通过一个不断的诠释进程来增进知识。每一件文物都服务于这个进程。对藏品丰富多元的博物馆的收藏重点进行限制就将是对所有观众的损害。"

《普世宣言》中作为例证提到的希腊雕塑正是这一宣言产生的背景:希腊民间和官方从20世纪70年代开始,锲而不舍地要求英国政府归还一批精美雕刻,该雕塑于19世纪初被英国贵族埃尔金在当时占领希腊的奥斯曼帝国当局形式的同意下,从雅典卫城帕特农神庙拆下运回英国,后出售给英国政府,现收藏于大英博物馆。这一要求在2002年前后,也就是这份普世性博物馆宣言提出的时候,达到高潮。希腊的索还要求获得了国际社会的广泛同情和支持,甚至大量英国民众也赞同在一定条件下归还埃尔金石雕。然而英国政府和大英博物馆拒绝考虑任何形式的归还,比如"搁置所有权,希腊政府从大英借用埃尔金石雕,大英另从希腊挑选一批文物长期巡回展览"或"大英博物馆在希腊新建的雅典博物馆建立一个分馆,双方在此共同掌管埃尔金石雕"等。

大英博物馆之所以拒绝这一请求的原因很简单,那就是"不能开一个先例"。可以想象,如果大英博物馆所有的文物都被归还,那么这座世界上最著名的博物馆将不复存在。这是我们希望看到的局面吗?归还与否,到底怎样才是公正?

先来看一下,埃尔金石雕究竟是一件怎样的作品。

一、《埃尔金石雕》

材质:大理石浮雕

年代:438BC—432BC(古典希腊时期)

产地:雅典

来源:帕特农神庙

埃尔金石雕来自于雅典帕特农神庙,神庙建造于公元前5世纪,供奉着雅典娜女神。整座神庙布满了精细的雕刻,是古典建筑的杰作,每一个见到她的人都会为她的气势恢宏所倾倒。19世纪初,希腊被奥斯曼帝国占领,时任英国驻奥斯曼帝国的大使,埃尔金勋爵,对神庙动了心。

他开始将石雕一块块地往下拆,并且运回英国。他宣称有奥斯曼帝国苏丹王的同意,只要他不破坏古庙的墙体,就可以搬走庙中的任何东西。于是这些石雕出现在了大英博物馆。

前大英博物馆馆长麦格雷格在他的书中写到,"帕特农雕像表现了一个由神、英雄与凡人组成的雅典,日常生活与神话传说中的场景穿插在一起,是世界上最动人、最振奋人心的一组雕刻。"

在这些雕刻中,我们看到斜躺着的酒神(图 39:埃尔金石雕——斜躺的酒神),一手举杯,正凝神看着太阳从地平线上升起,这是在庆贺新生的一天吗?两位骁勇的骑士正快马飞奔,前面一个人突然勒住缰绳,回头对同伴说话,他的披风随风扬起,后面一人为了急刹车而将背弓起,我们能看到他肌肉的紧张,仿佛能听到马匹受惊的嘶鸣声。舒展的披风和人的紧张相对比,马匹向前的动势和人向后的抑制相对比,马身的光滑与衣褶的纹理相对比,马背上竖起的根根鬃毛与二人前方一匹马下垂的马尾作对比,动与静,张与弛,简单与复杂,构成了希腊雕塑的和谐与平衡(图 40:埃尔金石雕——骑手与马)。传说中的希腊民族拉庇泰人和半人马展开激烈的搏斗,拉庇泰人威风凛凛,而半人马的背已经受伤,它的身体正在痛苦地挣扎(图 41:埃尔金石雕——拉庇泰人与半人马的搏斗)。这些雕像不仅反映了希腊人的精神世界,也反映了他们所经历的生活——现实中的战争,用神话的方式表现。

图 39 埃尔金石雕——斜躺的酒神

图 40 埃尔金石雕——骑手与马

图 41 埃尔金石雕——拉庇泰人与半人马的搏斗

希腊雕塑的理想美寄托了古希腊人的精神、古希腊人的追求。雅典领导者伯里克利留下了对雅典黄金时代的经典描述。他在悼念公元前431年因与斯巴达人作战而倒下的雅典将士的葬礼演说中,说到,"……我们喜爱美丽的事物,但我们的趣味很单纯,所以我们修养心性而不丧失男子气概。"

多年来,希腊人始终希望大英博物馆能归还埃尔金石雕。他们认为苏丹王作为占领者,没有权力对帕特农神庙下手。

雅典奥运会前,来自巴尔干各国的文化和体育部长在希腊北方城市萨洛尼卡举行了两天会议。会议结束后发表的一项声明说,部长们支持希腊要求归还存放在大英博物馆的埃尔金大理石雕塑,认为这些大理石雕塑应该在2004年雅典奥运会之前交还给希腊。

对于这样的国际呼声,时任英国首相布莱尔在接受希腊媒体采访时表示,英国不会将著名的埃尔金大理石雕归还给希腊。

布莱尔强硬地表示:"雕塑归大英博物馆所有,我想他们是不会归还这些雕塑的任何一部分……我知道我的回答会让许多希腊人失望。但是大家应该考虑的一个事实就是每年有600万人访问这座博物馆,他们都会欣赏到这些希腊文明的结晶。"

前大英博物馆馆长麦格雷格表示,英国绝不会把曾属于古希腊帕特农神庙的埃尔金大理石雕归还希腊。他在接受《星期日电讯报》采访时说:"我们不会把埃尔金大理石雕还给希腊,甚至也不会借给希腊去展览。"他认为,希腊大理石雕留在大英博物馆是最好的选择。他建议希腊政府接受一个替代品,英国方面可以让科学家根据电脑合成,再造一个希腊大理石雕复制品还给希腊。

英国的"建议"让希腊方面非常不满。希腊认为大理石雕是英国掠夺的,应该归还希腊。大英博物馆方面辩称,"埃尔金大理石雕的确是古希腊帕特农神庙的部分雕刻,但当时希腊人根本没有维护这些文物。19世纪英国贵族埃尔金伯爵把这些文物小心翼翼地运到英国,收藏在大英博物馆内,现在希腊要求取回文物,显然没有道理"。希腊方面谈判官员反驳道:"希腊保存了这座神庙两千年而你却说希腊不能保护好自己的文物?难道这座在希腊存在了两千年的神庙上应该安放一个'假肢',而它原本的一条胳膊或腿却在一座现代化的博物馆里?"

说到文物保护,英国人振振有词,但他们显然忘记了,大英博物馆的馆员曾因不熟悉大理石雕的材质,而使用了强刺激性的清洗材料,导致了石雕表面部分损毁。

国际上,目前还没有一部具有强制力的归还流失文物的国际法规。1970年的公约对1970年前的非法出口文物追讨力度并不大。1995年,国际统一私法协会制定了《关于被盗或者非法出口文物的公约》,这份协议在国际上认可度并不高。即使如此,这项协议也规定任何关于返还被盗文物的请求应"在任何情况下自被盗时起50年以内提出。"显然,类似"埃尔金石雕"这样流失在西方博物馆中的众多珍贵文物早已超过这个公约规定的50年"起诉"期,只能望洋兴叹。

但是,事情毕竟在变化。一方面,博物馆在征集文物中开始态度谨慎,国际上也渐渐有了一些成功追讨的案例。1980年,伊拉克向法国索回了《巴比伦法典》和《汉穆拉比法典》的部分。2002年1月26日,埃及向德国索回了一具3 000多年前的古代埃及法老金棺棺盒;同年5月19日,又成功地从荷兰索回了15年前被盗的古埃及十八王朝著名法老阿门三世的头像。2005年,意大利归还了埃塞俄比亚阿克苏姆方尖碑,2015年,一批藏于法国国立吉美亚洲艺术博物馆的春秋时期秦国金碎片归还我国……然而,对于大部分类似于埃尔金石雕一样的,在近代人类冲突中出口,并已在国外流失超过一百年的文物,追讨的行为举步维艰。

二、《罗塞塔石碑》

制作年代:公元前196年

尺寸:112.3厘米长,75.7厘米宽,28.4厘米厚

铭文:希腊文、古埃及象形文字、古埃及象形文字的世俗体

这是一块制作于公元前196年的大理石碑,看上去并不如其他艺术品一般具有美学价值,然而,正如我们知道刻有文字的商代甲骨意义重大一样,石碑上面密密麻麻的多种文字预示着它的价值。

这是一块刻有古埃及法老托勒密五世诏书的石碑。这样一份诏书就像总统就职演说一样,先叙述了托勒密五世王位之正统,随后列举他采取的许多善行,比如减税、在神庙中竖立雕像等。

而事实上,在诏书颁布以前,祭司们已经为托勒密五世举行了完整的登基仪

图42 罗塞塔石碑

式,而这份诏书的颁布,实际上是履行托勒密五世与祭司之间的协议。托勒密五世即位时,年仅6岁,政局不稳。他的母后被人杀害,宫殿也遭到攻击,全国各地叛乱起伏。此时,没有祭司的帮助,年幼的托勒密五世无法稳坐王位。

诏书上有一条,"祭司不再需要每年去王朝的新都亚历山大港朝拜,而只需前往埃及古都孟菲斯。"这是王室对祭司做出的重大让步。而诏书上提出的减免税收、在神庙竖立雕像等,也是对祭司的重大优惠。

然而,罗塞塔石碑更大的重要性在于,它的内容用三种不同文字构成,人们猜测,三种文字表达的是同样的内容。它们从上到下分别是:古埃及象形文字、象形文字的世俗体,以及希腊文(托勒密王朝掌管埃及,但历代托勒密国王不愿学习埃及语,于是要求全国官员全都讲希腊语)。古埃及象形文字只有祭司才能看懂,早已失传,而罗塞塔石碑的三种文字互相对应为破译带来了可能。

1798年,拿破仑入侵埃及时,在罗塞塔镇修筑防御工事时挖出了石碑,随行的学者立刻意识到这件文物的重要性。然而,法国人把石碑当作战利品,但却始终未能把它带回巴黎。拿破仑的军队在尼罗河战役中被纳尔逊将军打败,法军向英国和埃及投降。在随后签署的亚历山大协议中规定,法国应交回埃及文物,罗塞塔石碑包括在内。

然而,石碑并没有交还给埃及,而是在英法两国之间引起了争夺。法国军官本想把罗塞塔石碑偷偷运出埃及,但被英国发现,后来法国人威胁道,如果英国强行夺走石碑,就将石碑毁掉。双方争抢的结果是,英国同意法国保留所有之前的研究成果和石碑的拓片,而石碑被带回了英国。

石碑一经大英博物馆展出,便引起了全世界的轰动。罗塞塔石碑就像一把打开埃及学研究的钥匙,学者们争相尝试翻译,但都遇到了瓶颈,最终还是法国学者商博良解开了埃及象形文字的秘密。作为古埃及象形文字的破译者,商博良被称为"埃及学之父",他后来成为了卢浮宫埃及馆的研究员。

仔细观察罗塞塔石碑，会发现上面竟然还有第四种文字：英文。在石碑有损伤的边角上，用英文写着：1810年英军在埃及获得。另一个地方写着：英王乔治三世赠。这两句简短的英语，解释了为什么这件埃及文物会来到英国，并存放在大英博物馆。这件文物已经不止镌刻了古埃及的一段历史，还记录了近代战争的故事。岁月除了磨损了这件文物的外表，也为它的历史价值增加了新的内容。

罗塞塔石碑，从学术的意义来解读，它的历史价值胜于艺术价值，它是一把打开埃及学研究的钥匙。然而，从另一角度来释读，它的文化意义同样价值巨大。罗塞塔石碑制作之时，埃及已被希腊统治了一百多年，而之后，托勒密王朝的统治又延续了一百五十年；希腊的文化、语言影响了埃及；没有希腊语的对照我们无法破解这块石碑。最终，石碑上的文字被法国人破译，石碑在大英博物馆向全世界展示。没有上述文化的交流与碰撞我们无法认识罗塞塔石碑；没有文化的互相借鉴也无法促进发展和进步。

如今，罗塞塔石碑被用来隐喻要解决一个谜题或困难事物的关键线索或工具。美国人一款非常受欢迎的多国语言学习软件，以"罗塞塔石碑"来命名；2014年，欧洲航天局的彗星探测器"罗塞塔"号向太空进发，协助人类了解太空的奥秘。罗塞塔石碑从走出埃及那一刻起，成为了世界性的热点和时尚，协助着全人类的创新和进步。

三、《女史箴图》

材质：绢本设色，卷轴画

尺寸：343.75厘米高，24.37厘米高

年代：344—405（传：顾恺之作品）

在大英博物馆还有一幅神秘的画作。它一年只展出一个月，且即使展出也并不起眼，昏暗的灯光下，它静静地待在那里，述说着来自遥远东方的故事。

它就是《女史箴图》。女史是宫中的女官，待在皇后身边，制定宫中嫔妃应遵守的规章制度。箴，是规劝的意思。《女史箴图》是对妇女言行的规劝而作的图。

据记载，西晋惠帝司马衷无能，皇后贾氏飞扬跋扈，荒淫放荡，引起朝中众臣的不满。于是，大臣张华收集了历史上各代先贤圣女的事迹，写成《女史箴》，以示劝诫。东晋时，顾恺之便根据此文分段配画，绘成《女史箴图》。

绢是丝织品。除了壁画，丝织品是中国绘画最早的载体。相比其他文物，书画不易保存。如今大英博物馆收藏的《女史箴图》并不完整，十二幅场景仅剩9幅，且可能是隋唐时期模仿顾恺之的画作。该图被八国联军中的英国军官盗往英国，曾长期藏于大英博物馆库房而不引人注目，一个偶然的机会，南京师范大学敦煌学研究中心艺术研究室主任谢成水发现了它。

《女史箴图》充满谦卑守礼的儒家思想，它教导女性比"修容"更重要的是"饰性"（"人咸知修其容，莫知饰其性"）；规劝女子谨言慎行（"静恭自思，荣显所期"），教导后妃不应嫉妒子孙繁盛……我们来举几个例子。

《班姬（婕妤）辞辇图》

画中央有一顶大轿子（图43），被轿夫们抬着，掀起的帷帐中坐着的正是皇帝，他正回头恋恋不舍地望着跟着轿子步行的女子。这位女子看起来气度不凡，裙带迎风飘扬，她正是汉成帝的宠妃——班婕妤。

这个故事中，汉成帝为了能够时刻与班婕妤形影不离，特别命人制作了一辆较大的辇车，可当成帝命她同车出游时，这在宫女眼里是求之不得的大好事，不料却被班婕妤正色拒绝。她委婉地对成帝说："赏评古代留下的图画，圣贤之君，都是大臣在旁边陪同，亡国之君才与嬖幸的妃子一起就坐。如果今天要我与你同车进出，岂不和亡国之君一样了吗？"汉成帝一细想，班婕妤说的很有道理，于是长叹了一口气，同辇出游的愿望只好作罢。

图43　女史箴图——班姬辞辇图

《冯媛当熊》

《女史箴图》中所赞扬的女性形象虽谦卑，但并不柔弱。在这个故事里，有一次,汉元帝在虎圈观兽搏斗,一只黑熊突然失控向皇帝扑来。嫔妃们大多花容失色转身欲跑,太监们手忙脚乱地阻挡黑熊,汉元帝拔出宝剑惊慌失措。然而,此时妃子冯媛却临危不惧,迎上前去,挡在了汉元帝前面。这个故事颂扬了女性的忠勇和牺牲精神。我们可以在图画中看到,当其他妃子女眷都纷纷后退时,冯媛却挺胸向前,面对黑熊,毫无惧色,用身体挡在皇帝前面(图44)。

图44 女史箴图——冯媛当熊图

《女史箴图》不仅包含对妇女的劝诫,也有对男性(帝王)的教导。下图中,一个打扮精致、裙裾摇摆的女子款款向一位男子走来,而男子却转身做出了拒绝的手势,女子立时神情暗淡。插图箴文写到,"欢不可以渎,宠不可以专……"而这也从一个侧面教导女性不要专注于争宠,而应该更多地检点自身,以慎言善行(图45:女史箴图——女子遭拒)。

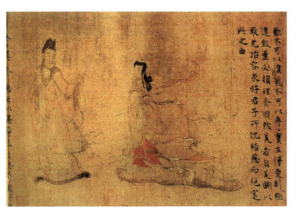

图45 女史箴图——女子遭拒

《女史箴图》中的女性一律方形脸、小眼睛，与我们今天的审美似乎并不一致。然而，这组画重在表现含义，虽未勾勒人物特点，但捕捉了人物神情，这正是中国画"重立意、重神韵"的特点。国画虽不像西方绘画那样追求光影变化与造型写实，但却注重线条的表现。画面上，人物衣纹飘飘，线条循环婉转，体现了流动的线条美和运动感。这种连绵不断富于流动的线条，有人把它称之为"春蚕吐丝"，是中国艺术当中的"气韵美"。

　　六朝画家谢赫在《古画品录》中提出，"画有六法"，其中第一条就是"气韵生动"。对于人物画，气韵指人的气质、风度，"形神兼备"中的"神"；南朝王微著有《叙画》，提到，对于山水画，"气"指的是山水的气势，托物言志，"望秋云，神飞扬；临春风，思浩荡"。唐代荆浩在《画山水录》中指出，"气者，心随笔运，取象不惑；韵者，隐迹立形，备仪不俗。"当代学者伍蠡甫在《中国画论研究》一书中解释："气——画家有度物取真的认识力或审美水平，它便随着笔墨的运使而指导着创作全程——这个贯彻始终的'心'力或精神力量，称为'气'；韵——风韵、韵致的表现，时常是隐约的、暗示的，并非和盘托出。"

　　气韵是中国艺术的核心，书法、绘画、诗歌、音乐、舞蹈等都讲究"气韵"。在书法创作中，讲究"线条美、章法美、结构美、墨色美、布局美"，"气"正是通过点画线条、字体结构、墨色浓淡、章法风格与谋篇布局来实现，达到上下贯通、一气呵成的效果。而在中国音乐中，当代学者刘承华先生在其《中国音乐的神韵》一书中指出，"中国古琴的音迹是抛物线型的，这种抛物线型的音迹不同于西方音乐的链条型，链条型音迹可以用形式逻辑加以分析、解剖，而抛物线型音迹不可分析、解剖，其运行轨迹牵引着你去追寻、去探究、去捕捉，但又总是捕捉不到，若有若无，若即若离；捕捉不到，但又并非一无所获，正是在这种追寻、探究和捕捉中获得一种似是而非的满足。"

　　对于《女史箴图》的欣赏，还可以从它的形式上展开。这是一幅卷轴画，美国著名艺术史学家高居翰曾提到，随着卷轴的打开，观众就像阅读连环画一般依次看到每个故事的展现，在这种独特的绘画形式中，时间顺序与空间延展有效地结合，就仿佛看电影，观众可以随心所欲地暂停、加速、放慢或前进、后退，这是镶嵌在画框中的西方绘画所不能企及的。

　　《女史箴图》曾被乾隆皇帝所收藏，并题写道，"顾恺之画女史箴并书真迹。内府珍玩神品。"画上还有 37 个收藏印章。诗、书、画、印俱全的形式是中国绘画体系相比西方绘画体系的一个明显特点。四者有机结合，相得益彰，共同构成了中国绘画的审美价值。

四、《戴维德瓶（对）》

材质：瓷器

尺寸：63.6 厘米高，22 厘米最大直径

年代：元代（至正时期）

产地：江西景德镇

这是大英博物馆的又一件中国文物，一对青花瓷瓶（图 46）。这对瓷瓶的名字以它的收藏者——戴维德爵士命名，被称为"戴维德瓶"。

与前面三件文物的获得不同，这对花瓶由英国收藏家戴维德爵士购买而得，戴维德不仅是个商人，也是一个中国艺术的研究学者，他曾为紫禁城文物的展示提供了经济上的支持，并参与了故宫文物的研究工作。1929 年，故宫聘请戴维德担任故宫博物院顾问，不少故宫展览的设计与说明牌的标签都是在戴维德的指导下进行的。1935 年，他发起组织了伦敦中国艺术展，聚集了来自世界各地的海外中国文物，为推动中国文化的传播起到了重要而积极的作用。

图 46　戴维德瓶（对）

这对瓷瓶有六十多厘米高，造型优雅。凑近一看，这对瓷瓶的颈上，少见地印有叙述性文字，"信州路玉山县顺城乡德教里荆/塘社奉圣弟子张文进喜舍香/炉花瓶一付祈保合家清吉子女平安/至正十一年四月良辰吉日舍/星源祖殿胡净一元帅打供"。另一瓶颈部铭文略同，仅"良辰谨记"换为"吉旦捐"，其余文字完全一

样。两瓶的署款人都是"张文进"。从题记我们知道,"元代至正十一年,即 1351 年,农历四月的一个黄道吉日,一位来自信州路玉山县名叫张文进的男子将这一对花瓶和一樽香炉供奉给星源的一间祖师道观,以祈求合家平安。"

之前,人们只知道中国的瓷器从明代开始生产,瓷器因大量外销而举世闻名。这对青花瓷瓶,是元代已经生产青花瓷器的明证。由于它带有纪年款,成为了陶瓷界公认的"至正型"元青花断代标准器。不仅如此,由瓷器上的文字可见,在元代,青花瓷不仅用于皇家,也用于普通百姓。

瓷瓶周身布满白底蓝花的装饰,瓶颈有一对象耳,挂着瓷环,精致完整。

这就是家喻户晓的青花瓷器。相比陶器,瓷器烧造温度更高,因而黏土和表面釉层的结合更稳定,表面更光滑,叩之清亮有声。陶器在不同文明都有发现,有至少一万年的历史,而瓷器,才是真正的中国制造。

瓷器的英文 porcelain,来自意大利语"porcellana",小猪的意思,指一种像小猪一样蜷起的紫贝壳的俗称。13 世纪,马可波罗来到中国,看到了前所未见的瓷器,他被中国瓷器坚韧的质地、贝壳般的光泽所吸引,于是就描述瓷器为"china"。

青花是瓷器中的一种装饰,诞生于景德镇,在洁白的底上绘制蓝色的花纹,它洁白坚硬、半透明的光泽及绚烂流动的蓝色图案,令欧洲人为之疯狂,称之为"blue-and-white"。青花成为了中国元素的代表,它使瓷器成为中国的代名词,然而,它的诞生,却并不是那么纯粹的中国式,而是文化融合的例证。

它的烧造原料钴来源于西亚,中国人称为"回回青","回回"是穆斯林的别称,而这种蓝白配色也并非中国的传统,同样来自于中东。

七百年前,成吉思汗的铁骑缔造了横跨欧亚的庞大帝国。他的孙子忽必烈在中原建立了元朝(他的几个亲戚建立了其他几个蒙古国)。蒙古帝国的疆域随着丝绸之路延伸,保障了沿途的安全。元代鼓励商业贸易,因此,这一时期中西交流十分繁荣,中东成了新兴的中国出口市场。中东人奉行伊斯兰教,《古兰经》禁止家庭中使用金银器,使得富人们希望使用精致昂贵的生活用器,且同时要被古兰经所许可,而精致耐用的中国瓷器正好符合他们的需求。于是,中国的工匠们为了迎合当地的风格,就使用从伊朗进口的颜料——蓝色的"钴料",绘制当地人喜爱的白底青花,烧造瓷器。穆斯林喜欢大盘大碗,装饰繁密,因此,元代瓷器体型较大,图案繁密分层,这些都来自于伊斯兰世界的审美。青花瓷烧造之初,成批定向销售到伊斯兰世界。

戴维德瓶的制瓷工艺是中国的，形态是中式青铜器和西域审美的结合，青花颜料和图案又来自于西域的颜料和中式花卉的结合，上面刻着的中国字记录了烧造的年代和原因：由一个汉族人供奉汉族的神灵——道教的神。而最终，这件瓷器，被欧洲人收藏，作为中国文化的代表，存放在一个英国的博物馆里。

然而，青花瓷的"国际化"路线才刚刚开始。它作为文化融合的产物和民族特色的标志，还推动了全球性的贸易，见证了世界格局的变化。

当阿拉伯商人把青花瓷带到欧洲，马上引起了欧洲人的喜爱。他们把瓷器看做"水晶"，认为它是神器，一旦被投入毒物就会碎裂。欧洲人不再满足于通过与阿拉伯商人的陆路贸易获得瓷器，他们探索海外远征，渴望亲自到达传说中富裕神秘的东方。15世纪以后，大航海时代来临。欧洲人漂洋过海来到了中国，终于亲自带回了梦寐以求的青花瓷，而同时，青花瓷在欧洲引起了疯狂的迷恋。当时，欧洲的贵族以拥有中国青花瓷为骄傲。青花瓷成为了欧洲贵族宅邸的尊贵摆设。

明代，景德镇出口的瓷器，开始趋向于欧洲的审美和需求，比如有带家族纹章装饰的瓷器、油醋瓶、马克杯、瓷质色拉壶等（图47：青花油醋瓶）。16世纪，中国自给自足，不接受其他货币，欧洲人只能用白银来交换各种中国物品：瓷器、丝绸、茶叶，白银成为贸易的唯一媒介。去哪里获得白银呢？于是，最先获得海上霸权的葡萄牙人和西班牙人将美洲作为殖民地，在那里大肆开采银矿，又将白银运到中国来换取欧洲流行的奢侈品。在肯尼亚，也曾发现过带有中国陶瓷的遗址，陶瓷贸易是全球性的，而当时中国与世界的贸易是顺差。可以说，中国货币白银构建了那个时代世界的货币体系。

图47　青花油醋瓶

回到本章开始时提出的问题。在本章中介绍的四件物品,他们的身世、来历各不相同,他们的共同点是,都离开了文物的原生环境;而大英博物馆得到它们的方式却大相径庭。大英博物馆的宝藏是无穷的,《流失国宝争夺战》的作者,美国的自由撰稿者莎朗·韦克斯曼(Sharon Waxman)在书中提出,"在过去的两个世纪,值得欣慰的是,公众始终能够自由地欣赏、谈论那些收藏在西方耀眼文化圣地的文物……然而,难道只有无知的人才会在凝视大英博物馆中的拉美西斯二世半身像时,会问出它怎么会竖立在那里?难道只有没有接受过教育的人才会在观察纽约大都会博物馆中高耸的阿尔忒弥斯神庙廊柱时,才会疑惑为什么它们会出现在那个地方?……同样的,古埃及的方尖碑又是怎样找到去梵蒂冈和巴黎中央广场的路呢?奇怪的是,没有任何一家博物馆愿意提供这方面的信息……"

在讲卢浮宫时,我们提到了那件著名的胜利女神像。如今,卢浮宫用一本小册子详细介绍了这尊雕塑的历史,并将它翻译成6种语言。我们只知道,它是法国驻土耳其领事夏尔·尚普索瓦(Charles Champoiseau)在萨莫色雷斯岛偶然发现的,当时岛上并没有居民,他在地下发现了胜利女神的碎片。但小册子并没有告诉我们,尚普索瓦并没有得到当局的允许就带走文物,而法国也欣然接受了这些碎片。而卢浮宫告诉大家的却是,他们的工作人员花了15年的时间慢慢把200多块碎片粘合,恢复完善。这尊雕像从此被安放在卢浮宫,至今受到无数游客的赞叹。

另一方面,文物流出国虽然有丰富的文化遗产,但往往在文物保护方面做得非常逊色。在伊拉克,伊斯兰国武装分子摧毁了大量摩苏尔博物馆的文物,古亚述都城尼尼微城遗址也遭到了破坏。土耳其政府曾不断向大都会博物馆施加压力,成功追讨了一批吕底亚文明的遗产,并将其放置在乌纱克博物馆。文物的回归并没有激起观众的参观兴趣,整整五年去土耳其参观吕底亚文物的观众数量还不及大都会博物馆一个小时的观众数目。更严重的是,辛苦追讨回来的镇馆之宝——黄金海马胸针,被游客发现已经是赝品,博物馆高层被怀疑监守自盗。这些事实让西方国家的博物馆们抓住了把柄:文物回归,是否是对文物命运最好的安排?

你也许没去过埃及,你也许没到过罗马,但在大英博物馆明亮的殿堂里,你看到了整个世界的坐标。那些来自于你的祖国的文物和全世界最珍贵的文物摆放在一起，让你得以对人类历史鸟瞰、对文明长河有了百科全书式的了解。大英博物馆 2013 年有 670 万观众，卢浮宫 2014 年有 930 万观众，如果文物都回到他们的原属国，我们何以在同一时间，集中见识到如此多的珍宝，埃尔金大理石雕、单德拉星座石板以及飘零在孤岛上的胜利女神？

然而，正如韦克斯曼提到的，"当你旅行到单德拉神庙，你会发现那里少了一块天花板；而在赛特神庙，一整面墙都消失了。"这些触目惊心的场面让我们看到了战争和人类冲突的野蛮，也让我们不禁要问，难道文物应该离开他们的原生环境吗？希腊文化部长梅丽娜在 1986 年曾说过，"帕特农神庙的大理石雕是我们的骄傲，是我们的祭品。它是我们最崇高的卓越象征，是对民主理念的致敬。"

更让西方国家们义愤填膺的是，虽然近些年来文物流出国追讨文物的呼声越来越高，然而本国的猖獗盗墓依然存在。对于一件被盗文物，如果最终能走进博物馆，应该是这件文物的幸运。

文物追讨的是与非，似乎难以有客观的立场和标准答案。埃及罗塞塔石碑的秘密在法国被破译；女史箴图在大英博物馆沉睡多年后被中国的学者在异域唤醒。错误需要纠正，未来还要面对，知识的增长、文化的交流是无国界的。我们只能呼吁国际上有更有实效的立法，文物原属国能有更完善的文物保护和开发机制，国际上的学术交流能够增加，因为我们的目标是共同的：让祖先留给我们的文化遗产能更好地保存下去，能更好地为人类的进步服务。

因此，对于文物归属的思考，我们不仅应厘清过去，更应该思考的话题是：怎么做才对未来更有益？博物馆作为公益机构肩负着社会责任，在藏品收藏、维护方面应该是道德的典范，为此，我们如何放下一时的利益而恪守道德的戒律？为了杜绝文物的非法盗墓和出口，在立法上和国际协议方面我们还应做哪些合作？今天，为了避免对文物更多的伤害，我们应如何防微杜渐？为了共同的未来，如何抛弃各自的立场，立足于全人类的需求？这些努力和探求，是当代人应尽的责任。

对未来的思考立足于今天的自省。让我们最后用一个故事来结束这一话题。

在纽约曼哈顿的中央公园,坐落着一座埃及方尖碑。方尖碑是古埃及文化的象征,也是埃及的标志性建筑。1869 年,时任埃及总督为了讨好美国,为了利益而谄媚地将方尖碑拱手送人。然而,纽约的暴风雨和各种污染把这座纪念碑上的象形文字侵蚀得一干二净,它再也没有了往日的光辉。人们匆匆从中央公园穿过,并没有多少人会注意到这个事实,它曾经完好无损地在尼罗河畔保存了 3 000 多年,而如今却在曼哈顿的高楼林立中光泽全无……

第二节 ‖ 艺术的产生——融合与影响

图 48 佘盆梅海特木棺

像"青花瓷"这样由文化的融合而产生的艺术突破还有很多例子。大英博物馆 2017 年在中国国家博物馆展出中,有一件展品——一套属于古埃及女贵族佘盆梅海特的木棺(图 48:佘盆梅海特木棺),这是一件制作于公元前 600 年的木棺,初看起来和人们常见的古埃及木棺并无二致,但是经过分析研究人们发现,它的全部材料都来自埃及以外的地区:木料来自于黎巴嫩,黄金来自努比亚,青金石来自阿富汗,沥青来自两河流域。

文化在交融碰撞中发展,而艺术也在融合影响中进步。在上一章的专题中,我们讲到艺术发展中纵向的借鉴:古希腊、古罗马的艺术是整个西方艺术史发展中不断汲取精华的源泉;而横向的吸收同样是创新的基础。比如我们介绍过古希腊的雕塑受到了古埃及雕刻的影响;再比如,中国国画尽管有自己独特的艺术工具、媒介和呈现方式,但到了一定的阶段,再要发展就要寻求新的突破。以吴冠中先生为例,他的绘画融合了"西方的形式规律"和"东方的意境韵味",铸造出融贯中西的艺术之桥(图 49:三美图)。这样的例子,我们在之后的博物馆巡礼中还会遇到很多。

图 49 三美图

阅读下面的文章观点,辩证地谈谈你对文物归属的看法和解决之道。

从全球掠夺到全球合作

塔拉特·哈尔曼

尊敬的女士们、先生们,我谨在此向各位请罪。我是埃尔金爵士当年戏称的"为了无谓的愉悦而拆毁帕特农神庙的土耳其恶人"

的后代。

在此我要声明，无论如何，今天我们土耳其人已经重新理解了文化遗产。我们决意坚守所拥有的一切，决意讨还帝国主义分子和超级大国盗走的一切。如今，我们"无谓的愉悦"已经被痛苦、良心的煎熬与无计可施所替代。

我的使命是代表土耳其，作出属于"来源国"，即"一个盲目被盗的国家"的回应。土耳其是痛苦之源，因为它曾经被、现在也仍然被悍然掠夺着；它是愤怒之源，因为它挥霍了相当部分的遗产资源，在奥斯曼帝国时期尤其如此；它是焦虑之源，因为它坚持索还被盗财产，从而动摇了帝国主义的根基；它是忧心之源，因为它正快速成为走私艺术品与古董的交易国。

尊敬的女士们、先生们，请不要认为我在此只为发泄对掠夺者的怒气。我自然不会赦免骗子和强盗头子，但我更希望与大家一起探讨、阐明一个新体系的前景，或许我们可以像不同的文明共享光与果（译注：拉丁谚语，"光出东方，果出西方"）的好处那样，共享世界多元文明。我演讲的题目表明了我的主张：从全球掠夺到全球合作。这一主张是面向全球共同遗产的新呼吁。它无关爱国主义。在艺术品与古董走私领域，每个人都是错的，但同时每个人也都是对的。我强烈地感到我们必须摒弃文化沙文主义，转向共同欣赏艺术与考古。我们当前的态度建立在文物大国的独占专享和文物贫瘠国家的贪婪眼热之上。于此世纪之交，我们却依然生活在分裂的民族主义的阴霾里，生活在对单一民族国家的盲目狂热中……

我的脑海里浮现出关于文物的"十诫"，虽然这只是一家之言：

第一诫：不可犯文化盗窃罪。

第二诫：不可搜括或洗劫。如若发生，须归还。

第三诫：不可进行考古掠夺，此举亵渎神灵。

第四诫：不可否认合法拥有者索还的机会。

第五诫：不可掠夺，否则上帝将把你四分五裂。

第六诫：不可贪图你的殖民地的遗产。

第七诫：不可盗窃，掠夺是最深的堕落。

第八诫：你若将一个国家置于贫困，必须偿还。

第九诫：不可掠夺别国土地，否则你的灵魂将不得祝福。

第十诫：你应谴责盗墓者，公然反对强盗大亨。

……

来源：约翰·亨利·梅里曼编：《帝国主义、艺术与文物返还》，国家文物局博物馆与社会文物司，译，译林出版社，2011年，第39—42页。

 观察体验

关注最近的新闻报道，了解我国有哪件（批）文物正在与其他国家处在所有权纠纷或追溯中，了解事件进行到哪一步，为何会有这样的进展。

 应用实践

大英博物馆"100件文物中的世界史"巡展来到中国，于2017年先后在国家博物馆、上海博物馆展出。该展览每到一个地方，都会在当地征集第101件文物，代表当下的世界。比如，在国家博物馆展示的第101件展品是《宣布中国重返世贸组织的木槌和中国重返世贸组织的签字笔》。上海博物馆在展览开幕前几个月，也向社会征集过展品。以下是征集要求：

对于媒介并没有限制，可以是艺术品也可以是科技产品。具体要求：

▶ 与当代中国密切相关，由中国创作/制造/研发，能突出上海特色为佳。

▶ 可展示或演示，如果是无形的概念，则需要有形的媒介。可以是静态的，也可以是动态的。

▶ 可实现，规模适合博物馆有限的展厅空间要求，展品的长＜4 m，宽＜2 m，高<2.5 m。

▶ 不涉及商业品牌。

这是一道开放题。大英博物馆表示,当办满了一百场巡展,这 100 件"第 101 件文物"又可以做一场展览,展示人们对当代世界的理解。你心目中的第 101 件文物应该是什么呢? 给出你的理由。

注:上海博物馆最后选中的第 101 件展品是:二维码。

阅读书单

韦克斯曼著:《流失国宝争夺战》,王若星,朱子昊,译,浙江大学出版社,2014 年。

约翰·亨利·梅里曼编:《帝国主义、艺术与文物返还》,国家文物局博物馆与社会文物司(科技司),译,译林出版社,2011 年。

Murphy, Bernie L. ed. *Museums, Ethics and Cultural Heritage*, New York: Routledge, 2016.

International Council of Museums, *Countering Illicit Traffic in Cultural Goods: the Global Challenge of Protecting the Wolrd's Heritage*, Paris: The International Council of Museums, 2015.

第七章
大都会博物馆
——"热钱"成就的千秋伟业

> 把你们那些无用的黄金变成活生生的美物,这些美物将在今后数千年为所有美国人民带来愉悦。
>
> ——《商人与收藏：大都会艺术博物馆创建记》

问题聚焦：
1. 为什么一座私人创办的博物馆能与那些以举国之力兴建的博物馆并驾齐驱？
2. 艺术的风格会不会"跨界"？

第一节 ‖ 现代博物馆的建立与运营

虽然它常常与卢浮宫、大英博物馆齐名,但它在他们面前,却常常缺乏底气。大都会博物馆没有卢浮宫那样历史悠久的宫殿建筑,它早期的建筑就像一座"红砖砌成的谷仓"一样缺乏品味;它也没有王室的捐赠,作为一座私立博物馆,政府没有在它的藏品征集方面投入过"1美元的公共资金"。如果说卢浮宫和大英博物馆就像"蓝血的贵族",那么大都会博物馆则如它的美国身份一般,是典型的"暴发户",它由一批手捏刚刚从印刷机里印出的、发烫的美元的商人发起,它的一切从零起步,并非"继承"获得。

它也许缺乏贵族气,但它充满自信。它从设立到成长完全是自发的,华盛顿有强大的史密森学会和骄傲的国家美术馆,大都会博物馆并没有先天骄傲的资本,它是在与本国的众多博物馆的竞争中脱颖而出的。它诞生于一个拜金的社会,一个并没有悠久的艺术传统、并不以艺术品位为荣的城市。是什么成就了大都会博物馆呢?

一、《丹铎神庙》

时代:罗马时代,奥古斯都统治时期(公元前15世纪)

地理:埃及,努比亚,丹铎,尼罗河西海岸

材料和尺寸:砂岩,庙宇长(从门厅到后部)24.6米

来源:埃及政府于1965年因阿斯旺大坝重建而赠予美国,被置于大都会博物馆。

从大英博物馆走出,我们还沉浸在不同的国家为那些断垣残片争执的场景中。然而,大都会博物馆却很"奇怪"地拥有一座完整的、无争议的埃及神庙(图50—53)。它是如何让埃及人拱手相送的呢?

这并不是古埃及最著名的神庙,但它却有着太多神秘的色彩。

图 50、51、52　丹铎神庙

图 53　丹铎神庙

这是世界上唯一一座不在尼罗河畔的、但完整留存的古埃及神庙，它是如何千里迢迢来到纽约的呢？

它不是仿品，它是真正的埃及神庙，它是被迫加入美国籍的吗？

如果它是合理合法地来到美国，那为什么又是在大都会博物馆呢？为什么不是在华盛顿？

这是一座古埃及的神庙，然而，它却供奉着一位罗马的皇帝。这又是为什么呢？

古代近东地区是早期文明的发源地，即今天的中东一带：美索不达米亚、古埃及、古伊朗、小亚细亚、以色列巴勒斯坦地区及阿拉伯半岛等。"古代近东文化"创造了许多重要的文明成果：城市化、科学、金属加工，等等。

这一地区的人们相信死后灵魂的世界，因此他们用各种方法祭祀先人。族长或统治者，通过兴建庙宇来使得自己被长久地膜拜、祭奠。这座神庙就是其中的一个例子。

当时，艺术并非为了艺术的缘故，工匠们的作品技艺精良，但他们的创作并非为了理念上的创新或发展，他们的名字却并不为人所知。同时，工匠们的创作常常和宗教仪式相联系。有时，在一件雕塑即将完成时，工匠们在仪式中通过特定的步骤来完成对雕塑嘴和眼睛的塑造，使得雕塑变得具有生命力，能真正代表它所表现的神、人、生物或其他。

埃及人认为，宇宙间的一切都由神主宰。因此，埃及人通过大量精心的仪式和丰富的祭品来取悦神灵，而君王的重要职责就是向神灵献祭来维持宇宙间的秩序。这座神庙刻画的君主就是大名鼎鼎的罗马皇帝奥古斯都。

奥古斯都不仅英勇善战，且有治理国家的雄才大略。他统治埃及后并没有像一般统治者那样，把自己的信仰强加于被占领的民族，他允许埃及人保持自己的风俗，并着眼于与埃及人在价值观上的共同之处。在罗马人眼里，埃及是一个农业大国，奥古斯都需要埃及的农业资源为罗马世界服务。他把自己的神庙建成埃及人的式样，使得埃及人能对他的统治更心悦诚服。他还允许埃及人在神庙里祭祀当地酋长的两个儿子。至于为什么这两个人会在神庙中被祭祀，一种可能是他们在尼罗河中溺水而亡，因为在埃及人眼里，凡在尼罗河里溺死者都会被神圣化，于是，这两个人被当作圣人供奉在神庙里。

神庙里精心装饰的每块砖石的意义不仅在于那些精美的刻画，更在于它们所代表的神秘的宗教文化。在古希腊人的眼中，这座神庙本身就是自然世界的缩影。尼罗河之神哈皮（Hapy）象征河水，从神庙基石上升起的莎草、荷花，仿佛就像长在河水里一般。两根巨大的立柱伸向天空，上面雕刻着莎草花，在顶端盛放。神庙入口的上方是浅浮雕的太阳神荷鲁斯（Horus），它张开双臂托起太阳。"天空"上还翱翔着一只秃鹰，它张开翅膀，根根羽毛在太阳的照射下熠熠生辉。

"天"、"地"之间的外墙上是皇帝奥古斯都正向神灵们——生命之神伊西斯（Isis）和她丈夫冥界之王奥西里斯（Osiris）献祭。奥古斯都头戴皇冠，一手拿着权杖，一手拿着象征生命的安可架。他头部上方的椭圆形标记是埃及象形体文字中书写法老名称的方式。人物线条用（减地）浅浮雕突显，当尼罗河上方的太阳照射在这座神庙上时，投射在人物边缘的阴影就会强化人物的轮廓。在神庙上，我们还看到两位兄弟分别向两位神灵献祭的图案（被部分损毁）。

在古埃及人的观念当中，图像具有变成现实的魔法作用。神庙墙上描绘的君王向神灵献祭的场景不仅传达了君王维持宇宙秩序的权利由神灵赐予的概念，还具有将这种天赋权利和宇宙秩序变成现实的作用。而雕像中的人和现实中的人的区别在于，在雕塑中，人获得了永生。

埃及人描绘形体的方式是标准化的。比如，人的身体总是正面的，两条腿总是一前一后，而使得它们能同时出现在图像上，脸通过侧面的轮廓表现，但眼睛看上去却好像是从正面看到的，因此，整个头看起来好像既能看到正面又能看到侧面。著名艺术史学家贡布里希曾说过，"埃及人画他们所知道的，希腊人画他们所看到的，在中世纪，艺术家画他们感觉到的东西。"

事实上，到底是画"知道的"，还是"看到的"，或是"感觉到的"，是艺术家们永远思考的困惑。我们后面会发现，印象派的画家们正是不满于学院派总是画固定的、"知道"存在的事物，而选择画"看到"的光线和色彩，而为此不得不牺牲了物体清晰的轮廓。而到了后印象派，梵高为了用色彩和形状表达他所"感受到的"，而牺牲了物体准确的形状……一个问题的解决总会带来新的问题，而正是艺术家对创作不知满足地探索和创新推动了艺术的进步。

这座神庙在尼罗河边屹立了两千年，直到20世纪60年代，埃及在尼罗河上建造阿斯旺大坝时，许多神庙都将被上升的河水淹没而需要重建。美国为重建阿布辛贝神庙捐助了1 600万美元，为表示感谢，埃及承诺将丹铎神庙送给美国，条件是，这座神庙必须允许所有人参观。因为，如果神庙不被转移，也将永远被尼罗河淹没。

于是，丹铎神庙被一块砖一块砖地小心翼翼地拆下来，每一块砖都做好标记记录它的位置，然后储存在尼罗河边上的一个小岛上。可这座神庙运回美国之后应该放在哪里呢？为此，美国召开了听证会，包括大都会博物馆、华盛顿史密森尼国家博物馆群、波士顿美术馆等，都参与到这场竞争中。

由于美国与埃及气候不同，如果将神庙露天放置，必然很快会受到雨雪的侵蚀。大都会博物馆提出，将把神庙放在室内，用玻璃墙阻挡，前面有人工水池。如此，神庙依然可以沐浴在阳光与星夜下，而人工水池则用来模仿它屹立在尼罗河边的场景。最终，大都会博物馆对神庙恰当地保护、展示和利用的方案使它赢得了这场竞争。

二、《明轩》

时代：（仿）明代(1368—1644)，17世纪风格

文化：中国

类型：园林建筑

图 54　明轩（外景）

图 55　明轩（内景）1

图 56　明轩(内景)2

在大都会博物馆里,还有另一座"进口"的建筑。它是从中国出口的庭院建筑——明轩(图 54—56)。明轩是一座仿苏州园林网师园"殿春簃"建造的中国庭院,它有三间厅屋,一个庭院。院内有假山、清泉、半亭、曲廊、门厅和门廊。院内种植有竹、梅、枫、芭蕉、黄杨、芍药等中国传统观赏植物。匾额"明轩"采用的是明代苏州大文豪文徵明的笔迹。明轩除了用来展示大都会博物馆收藏的明代家具以外,其本身就是一件艺术品。

20 世纪 70 年代后期,大都会博物馆从一个美国古董商那里购买到了一批中国明代的家具,为了给这些明代家具寻找一个陈设的背景,博物馆董事、阿斯特基金会负责人文森·阿斯特夫人愿意出资建造一座中国式庭院,此建议得到博物馆主任托马斯·霍文的支持。起先,大都会博物馆准备自己找人设计。然而,各种方案都无法让其满意。时任大都会博物馆东亚艺术馆艺术顾问、普林斯顿大学艺术考古系主任方闻,给中国国家文物局发来一封请求帮助建园的信函。最终,经国务院批准,苏州园林管理处为大都会博物馆仿照网师园建造了一座中国庭院。

"明轩"工程开始时,中国和美国刚刚建立正式的外交关系。此时,国际上冷战还没有结束,我国还没有实行改革开放。明轩的"出口",是我国文化交流国际合作的创举,被称为"中国古典园林艺术首次进入国际市场"。

明轩不仅为大都会博物馆的家具收藏提供了展示背景,更展示了中国的园林艺术。谈到园林艺术,我们似乎非常熟悉,那些半山湖石、亭台楼阁,在今天的公园里依旧随处可见,并不像其他文物一般,和当今普通人的生活距离甚远。然而,在历史上,中国园林艺术影响了欧洲,影响了日本,寄托了中国文人的雅趣,是中国艺术的重要代表。

英国女诗人蒙太古(Mary Wortley Montago)于1740年写到,"我们厌倦了古希腊的优雅和匀称,哥特式的壮丽和宏伟,我们必须寻找属于外邦的俏丽的中国趣味。"18世纪是中国风尚在欧洲流行的时代,欧洲人愿意相信神秘的中国在任何方面都很优秀,园林也不例外。

"移步换景"、小巧精致的中国园林就像中国传统卷轴画一样,在时间中展开,观赏者仿佛在山峦湖水中游历,曲径通幽,柳暗花明,无法一览全貌;而欧洲园林则像观看一幅风景油画一般对于美景一览无余。中国园林崇尚自然,表面随意,实则用心精巧,曲折变化,虚实相生;西方园林讲究对称、构图规整严密,表现对自然的征服。

中国园林的美学思想受到传统文化中哲学思想的影响。《周易》中重视人与自然、人与人之间的和谐统一关系,因而"崇尚自然,师法自然"也就成为中国园林中一条重要的根本原则,把建筑、山水、植物有机地融合为一体,在有限的空间范围内用框景来以小见大,用山石的巧妙布局来扩大空间。利用自然条件,模拟大自然中的美景,把自然美与人工美统一起来,营造出协调共生、天人合一的环境。而儒家的比德思想也对中国园林的主题元素产生一定的影响,自然景物被看作是品德美与精神美的象征。中国古典园林重视寓情于景,比物为德,常见的梅、兰、竹、菊、山、石等,都是君子比德的象征物。唐代,禅宗美学兴盛,而中国园林中的疏、淡、简、拙的风格,即受到了禅宗的影响。文人园林中以小见大、咫尺山林的园林空间,都体现了由"画境"转入"意境"的审美特色。

而园林中墙体的黑与白的对比,假山与湖水的对比,亭台与倒影的互相映衬,以及半遮半掩的隔断景色,体现了"虚实相生"的意境。不仅如此,中国园林的意境美更体现在与诗书画的结合上。在明轩入口处的门洞上方,匾额题字"探幽",好像一位文人正邀请游客,往园林深处游览。园林是文人的归隐之所。在这里,他们寄情自然、托物言志、寄托理想、陶冶性情,过着恬淡的归隐生活。在大都会博物馆,收藏着明代大才子文徵明的《拙政园八景图册》,每一幅都配上了亲笔书写的诗,正是表现了文人厌倦官场,潜心书画,于园林中修身养性的心境。

中国的园林呈现出一种安定、自足而幸福的生活状态。古时，上至帝王，下至生活富足的百姓，人们在园林中听政、宴客、游戏、读书、对弈、品茶、吟诗、作画，而今天，人们在园林里谈天、聚会、下棋、跳舞、散步，园林始终是中国人生活的一部分。

日本的园林艺术受到中国园林艺术的影响，二者之间不同的是，中国的园林更多的是用来提供一种闲适的心情，而日本园林则隐含了禅宗精神的修炼。禅宗在 13 世纪时由中国传入日本，与日本本土的神道教教义有非常相似之处，于是禅宗在日本被迅速接受并推崇。禅宗和神道教的融合使日本审美更趋向于禅的空寂与枯淡。为反映禅宗修行者所追求的"苦行"及"自律"，园内常常使用松柏、苔藓、沙砾等静止、不变的元素营造寺庙园林的氛围，以达到参悟的目的。白砂铺成的地面象征湖泊，白砂上的石块象征山峦，使小小的庭院蕴含深远的意境。

三、《舞蹈教室》

材质：油画

尺寸：83.5 厘米宽；77.2 厘米高

创作者：Edgar Degas（德加）

创作时间：1874

观众被这一群芭蕾舞女孩儿吸引了，她们看起来放松又随意，画面似乎也很零散，我们看看这个，看看那个，不知到底该把注意力放在哪个女孩儿身上。

19 世纪末，一些艺术家们发现，物体在自然光照射下的明暗的变化，并不常常像传统学院派画家们所表现的那样均匀。这些艺术家们也厌倦了学院派的绘画程式和固定主题，他们希望走进自然，捕捉自然界光线

图 57　舞蹈教室

瞬间变化的色彩。当他们扛起画架来到室外，提笔落彩，他们发现，变幻莫测的大自然并不像之前那些能一动不动好几个小时坐在室内给他们摆拍的模特儿那样有耐心，自然的光线是瞬息万变的。为了抓住某个瞬间，呈现总体效果，根本顾不上一层层地把色彩画到画板上，只能迅速地作画，把颜色直接涂上画布。然而，这种缺乏修饰、看起来草率模糊的画让保守的批评家们吓了一跳，称这样的画为"印象主义"（impressionism），意思是他们竟然不依靠可靠的知识，而仅凭瞬间的印象作画。

印象派画家们的作品没有能入选学院派沙龙，于是，他们自发成立了落选者沙龙。他们在咖啡厅里畅谈交流，自成一派。印象派在绘画史上具有重要的意义，它打破了传统的绘画模式，开创了新的局面。那些跳动的笔触打散了古典意义上事物结实的形体，赋予了画面前所未有的明亮色彩、诗意的朦胧美，及光的真实性。画家们笔下的画粗看仿佛是抖动的快门，但那一下颤动之间却把瞬息万变的自然光线和缤纷色彩扑在了画布上。在莫奈的画中，我们看到日光和星辰闪烁下睡莲千变万化的光彩（图58：一池睡莲上的桥）；在雷诺阿的笔下，少女和孩子们洋溢着青春生命的快乐（图59：钢琴前的两个女孩儿）；而在德加的画板上，少女们翩翩起舞。凝视画作，你仿佛可以感受到趾尖立起，轻盈如蝴蝶的旋转。

图58 一池睡莲上的桥，莫奈，大都会博物馆藏

图59 钢琴前的两个女孩儿，雷诺阿，大都会博物馆藏

这幅画描绘的是老的巴黎歌剧院的排演厅,这座建筑后来在大火中烧毁。画中离我们最近的女孩儿正在专注地低头整理裙子,她身后还站着几个女孩儿,姿态各不相同;画面中心,一个姑娘摆好了姿势,正接受芭蕾大师的考试,我们顺着动作各异的女孩儿们往后,看到了角落里的太太们,她们是芭蕾女孩儿们的母亲。德加将每个人的神情、动作都刻画得精细传神,显示了他出色的素描技巧。

和莫奈等印象派大师不同,德加不愿因为色彩的因素而削弱了事物的结实形体,他认为印象派的致命弱点是过于忠实自然;他注重观察过程中的想象,强调用记忆的方法作画,而非完全对景写生。同时,德加突破了古典主义的视觉中心在画面中心的禁锢,他大胆地切割画面,使画面更具有现代感、真实感。在观看德加的画作时,我们的视线并不像古典画作一样聚焦于一点,而是跟着画中人物的姿态左右游移。

印象派的构图受到了当时日本浮世绘版画的启发。就像印象派的画家厌倦了学院派的题材和方法,浮世绘版画家们也抛弃了中国艺术带来的传统母题,他们从平凡的市井生活中选景,构图上也有所突破,从各种意外的角度去领略这个世界。图中是世界上最著名的日本彩色版画之一《神奈川冲浪里》,它是葛饰北斋的《富岳三十六景》中的一幅。画面色彩简单,但却非常有表现力。宁静的富士山在巨浪的翻滚下远远露出一角,渔夫驾着一叶小舟在波涛里颠簸,强烈的对比,渲染了画面紧张的气氛,表现了抗争的精神。

图 60　神奈川冲浪里,葛式北斋

印象派画家们的创新，也和当时照相技术的问世有关。在照相机高速快门诞生以前，相片要经过长时间的曝光，这时如果物体移动，它就会在相片上留下模糊的影像。德加自己就有一台照相机，他喜欢照相，把在相机里看到的感觉带入画中。

德加的一生画过无数芭蕾舞女演员在排练时的场景。（图61：在舞台上的芭蕾排演）他喜欢画芭蕾女孩儿，却并非因为她们的美貌，德加说，"人们称我是画舞蹈女孩儿的画家，他们不知道，舞蹈女孩儿于我只是描绘魅力的纺织品和表现运动的媒介罢了。"他观察舞女的眼光是冷静的、客观的。他看中的是明暗在人体上的相互作用，并通过这些人物来表现运动和空间。他评价自己是"运用线条的色彩画家"，他向学院派证明了，新的绘画原理并不一定要牺牲线条的表现，他展现了作为一个极其高明的素描大师对这一问题的解决。

图61　在舞台上的芭蕾排演，德加，大都会博物馆藏

在德加对于芭蕾舞女孩的观察中，还带有一种父爱般的关怀与慈悲。他喜欢表现芭蕾舞女孩儿排演时的细节，比如在后台疲倦地喘息，等待考试的焦灼……（图62：两名舞者在更衣室内）在当时，这些芭蕾舞女孩儿大多来自贫苦的家庭，进入芭蕾舞学校表演也为了补贴家用。德加曾创作过一件著名的雕塑《十四岁的小舞女》（图63），这尊雕塑上的女孩儿十分瘦弱，肩膀下削，容貌并不出众，她的脚

摆成芭蕾中的四位脚,仿佛练习时的片刻休息,仰起头正聆听音乐。这件雕塑的特别之处在于,竟用到了真正的毛发,女孩的芭蕾舞衣和舞鞋也是布做的。她的原型是一个叫玛丽·冯·哥泰姆的女孩儿,父亲是裁缝,母亲是洗衣女工。于是她和她的两个姐妹一起进入了歌剧院,成为了舞蹈班的学员。她既参加演出,又为艺术家摆造型,为家庭增加了不少收入。然而这个女孩子最终沦为了妓女。她原本是尊蜡像,被浇铸成28件青铜作品,成了各大博物馆中最重要的藏品之一。20世纪末,巴黎歌剧院根据这座雕塑及其背后的故事,排演成了一部当代芭蕾舞剧。

图62 两名舞者在更衣室内,德加

图63 十四岁的小舞者,德加

相比之前介绍过的所有作品,德加的芭蕾舞女孩儿系列似乎是"最容易被看懂的"。因为它和我们所熟悉的场景,是如此地接近。画面中的舞蹈女孩儿们,穿着我们如今所看到的轻盈的芭蕾服装,而不是芭蕾刚刚发源时笨重华丽的鲸骨长裙;摆脱了宫廷传统的束缚,芭蕾成长为了一门独立的真正的艺术,它的美才得以体现。这正如绘画在此时所经历的一样,艺术家们越来越关注"我想画什么",而不再屈就于"别人要我画什么",这种现象孕育了20世纪的创作自由和百花齐放。不仅绘画,舞蹈、音乐,都是如此。风格之间互相借鉴,地域不再限制交流,形式更加大胆,我们很难再用一种统一的风格来归纳一段时期的艺术创作。

德加的作品，及其所属的风格，在刚开始并不被认可，但却代表了艺术发展历史上的重要革命。此后，传统被打破，个性更突出，用今天的话来说，一切都有可能。而这不正是我们所处的时代所宣扬的精神吗？

然而，21世纪的时代精神，不仅体现在自由；自由的背后是改变、是适应。如果说艺术家们不再需要迎合某一个赞助人——需要他来资助学业供养生计，那么他们需要迎合的是一个更大的"主人"——市场。不仅对于艺术家如此，对于博物馆也一样。启蒙运动以后，博物馆都渐渐向公众敞开了大门。博物馆的学者们在一个多世纪的时间里，终于意识到，曲高和寡的展览、态度傲慢的陈列，是无法继续生存的，博物馆的受众者早已不是少数的贵族或专业人士，而是极为广泛的、各个阶层的公众。博物馆是向大众提供教育、消遣、娱乐的地方，不讨公众喜欢的冰冷面孔是注定要被时代淘汰的。这一点，以大都会博物馆为首的美国博物馆比欧洲博物馆更早地意识到。

大都会博物馆本身就是由公众养育的。它是美国人自发建立的博物馆。19世纪末，商人们萌发了为祖国建立一座艺术博物馆的想法。当时的美国，财富快速增长的同时也导致了道德沉沦、各种社会问题的暴发。在政府无暇顾及艺术和美育的时候，富起来的商人们却看到了一种迫切的需要：他们愿意用自己从铁路、矿藏中挣来的钱，建设社会的精神家园。在筹建大都会博物馆的会议上，纽约一位文化泰斗布莱恩特说道："在急速发展的纽约，我们应抵御、阻止诱惑，提供单纯的、具有教育意义的娱乐活动。"而艺术是精神的导师，能够扬善去恶。

于是，以"普及教育"为使命的大都会博物馆成立了。它是最早开放至夜间的博物馆之一，为了让工人阶级能在下班以后到博物馆来休息陶冶。它从成立之初就致力于积极推出针对各种层次的观众的教育课程、互动体验和丰富多彩的普及教育活动。而最近，它又将大量的藏品照片免费公开在网上，以供人们随时、自由地下载与使用，它并不歧视任何观众，相反，它不屑于墨守成规，而是积极跟上时代的潮流。它虽然没有王室捐赠和宫殿建筑，但它的理念让它获得了巨大的社会支持。它的藏品由公众捐赠而来，像滚雪球一样越滚越多；它的建筑也在地产商人们的共同努力下在中央公园拔地而起，成为一座专为博物馆量身定做的现代化建筑。和欧洲的博物馆相比，它也许缺乏底蕴，但它并不缺乏底气，靠着众人拾柴的努力它发展迅速，在时代的大浪淘沙中脱颖而出。

依靠公众的养育也就意味着它的展示必须接受公众的检验。在策展方面,大都会博物馆动足了脑筋。2015 年是大都会博物馆亚洲艺术部成立 100 周年的纪念。大都会博物馆两大策展部门,亚洲艺术部联同服装艺术部,合作推出了年度大展:《中国:镜花水月》(China: Through the Looking Glass)。这场展览,旨在表现中式审美对西方时尚界的影响,以及几百年来"中国意象的迷人回想"。展览将传统与时尚结合,把中国古代文物与时尚服装设计融合在一起,并请到了著名导演王家卫担任展览艺术总监。王家卫让这场展览又增添了许多电影元素。

在精巧的灯光下,汉代陶俑、青花瓷、佛像等文物,与 Chanel、Dior 等国际时装大牌的设计一起出现,龙袍、修身长衫、中山装等与融合了中式元素的西方时装互相呼应,大都会提供了一场符合现代审美的视觉盛宴,也满足了人们对遥远东方的想象;而电影提供的虚拟场景为展示更增添了如梦如幻的效果。

大都会博物馆是一座从不落伍的古代艺术博物馆。它每年举办的年度慈善舞会,是时尚界最高规格的舞会,2015"亚洲艺术年"的舞会,入场券高达 25 000 美元。国内一线明星,巩俐、倪妮、赵薇、范冰冰……都盛装出现在舞会上。

大都会博物馆的崛起就仿佛美国的西部牛仔传奇,靠努力、靠智慧。身为一座艺术博物馆,它本身就是最成功的"服务公众"案例,它证明了一个道理:博物馆的建设不仅是国家的事业,而是每个公民的社会责任。

第二节 ‖ 艺术的风格——时代的烙印与不同形式间的借鉴

在讨论艺术的时候,我们常常会说到"风格"这个词。它不是个别艺术作品的特色,而是艺术作品在整体上呈现的面貌和规则,是一种相对稳定的、有一段时间持续的表达方法。

艺术作品的风格除了艺术创作者个性化的特点外,必然受到地域和时代的影响。在同一时期同一地区所产生的艺术作品的风格,并不局限于某一种形式的表达,我们常常可以在各种形式中看到这种风格的体现,也可以从不同形式的互相对比中理解一个时代的艺术风格。

在19世纪下半期,巴黎产生了一种新的音乐风格——印象主义音乐。它受到了印象派绘画的影响,其音乐形式、表现手法、基本美学观点及所追求的艺术目的都和古典主义音乐有很大的区别。在旋律方面,印象派作曲家的器乐作品中往往没有大段的旋律,而是一些互不连贯的短小动机的瞬息自由飘浮,其中变化多于稳定,正如德彪西所说,旋律的连绵进行从不被任何东西打断。和声被广泛运用,呈现平面的、绘画式的并列。印象派作曲家为了突出音乐的恬淡、纤巧、妩媚,爱用弱奏和极弱奏,乐曲中的力度高潮大多只是短暂的闪现。印象派音乐的这些特点正如印象派绘画所呈现的模糊、视觉的游移和诗意的朦胧美。

又比如,明代大量诗画名家主持造园,文人士大夫绘画上的审美趣味在园林设计上得到反映。文人画中强调的"天趣"、"淡"、"自然"、"天真"等审美观影响了园林,而"片山多致,寸石生情"、"一峰则太华千寻,一勺则江湖万里"等绘画理念与造园理论完全一致。叠山造型以按山水画技法"皴"的形式来表现。这些,都是"风格"的体现。

在之前的专题中,我们谈到艺术家通过纵向模仿借鉴获得突破,而同样,艺术发展横向之间不同形式的互相启发也同样为艺术的创作带来灵感。

因此,在对创作者个性化的探究之前,了解一个地区在特定时期发生的社会转折和社会心理,有助于我们在时代的语境下"解读"艺术,理解特定艺术"风格"的产生。

 拓展阅读

饱受非议的大都会艺术博物馆馆长被迫辞职

在经历了数月的质疑和争议之后,饱受非议的纽约大都会艺术博物馆馆长托马斯·坎贝尔(Thomas P. Campbell)今日宣布辞职。

第七章 大都会博物馆——"热钱"成就的千秋伟业

坎贝尔自 2009 年初起开始担任该机构馆长一职,而他将于 6 月 30 日正式离职。

据《纽约时报》报道,大都会的董事会成员直到当天下午才得知这个消息。在这个一小时前才召集的董事会电话会议上,坎贝尔馆长在董事会主席丹尼尔·布罗斯基(Daniel Brodsky)的开场白后,用"颤抖的声音"念完了这份辞职信。

在这一震惊艺术界的新闻发生前不久,坎贝尔在《纽约时报》发表了一篇广受议论的文章,题为"大都会博物馆是'一个正在走向下坡的庞大机构'吗?"。这对一个参观人数屡破纪录甚至被其他机构艳羡无比的美术馆而言,无疑是一次严酷的拷问。

大都会美术馆去年举办的时尚大展"手工 x 机器"(Manus x Machina)吸引了超过 75 万名参观者,成为该馆有史以来参观人数最多的展览之一。同样是 2016 年,大都会成为仅次于卢浮宫之后全球范围内在 Instagram 上曝光最多的博物馆。

然而,在如此繁盛的景象背后,大都会美术馆一直以来都在被每况愈下的财务状况所困扰,还要经受数百万美元的赤字、重建带来的强大后坐力以及扩张计划遭遇推迟的考验。2016 年,当全新的大都会布劳耶当代艺术分馆(Met Breuer)热火朝天开幕的同时,该馆却不得不解雇了几十名员工,给公众留下了岌岌可危的印象。

在大都会发布的一份声明中,坎贝尔对自己所取得的成绩这样总结道:

"就任馆长和首席执行官期间,大都会所取得的成就都让我感到无比自豪。在董事会、策展人以及整个机构间的紧密合作下,大都会业已成为了学术和认知力的标杆,惠及的不仅是来到我们纽约博物馆的访客,还有通过数字平台以及领导力互换等更多项目延伸到全球的访客。当下,艺术和文化在缔结相互理解中扮演着尤为深远的角色,我们在美术馆历史上实现了前所未有的访问量和多样性,我为此深感自豪。与此同时,我们的财政已经稳定地走上了正轨,也为前路打下了坚实的基础。"

博物馆董事会发表的声明表示：

"汤姆(译注：Thomas 的别称)任期中为博物馆取得的成就,我和所有董事会领导层都感到无上的骄傲——参观者增长破纪录,多个新展厅的落成,世界性的数字领袖,无与伦比的策展团队,继续推出实力展览和扩大馆藏,当然,还有大都会对现当代艺术项目扩张的决心,最引人注目的当属大都会布劳耶分馆的建成。在汤姆的领导下,大都会朝着正确的方向发展,而我们也期待在接下来的几年中在他和他的团队带领的领域中继续前进。"

在媒体声明中,坎贝尔表示"离任本身就是一个艰难的决定,尤其是在这样一个关键紧张的时刻。可以说,是当下的多变性使得此时此刻成为一个正确的时机。我一直以来都在努力工作,而我认为我的努力已经获得回报。"

坎贝尔于1996年以策展人及挂毯艺术专家的身份加入大都会美术馆。目前,他尚未完全脱离美术馆的工作。大都会美术馆董事会主席布罗斯基宣布委任大都会现任总裁丹尼尔·韦思(Daniel H. Weiss)担任过渡时期的执行长官,他将与坎贝尔一起制定期间的策展及行政管理方案。

据《纽约时报》称,2015年博物馆对韦思的任命很大程度上是为了弥补坎贝尔管理经验的缺失。韦思上任后很快指出,大都会如果不迅速采取措施开源节流,将会面临超过4 000万美元的财政赤字。

然而,博物馆内外的声音对大都会董事会的角色也提出了质疑。毕竟,它们不仅为坎贝尔主张的耗巨资开设的布劳耶分馆分担支出(这个租赁的场馆前身是惠特妮美国艺术博物馆,重新整修花费了1 500万美元,每年的运营费用为1 700万美元),并且支持了坎贝尔迅速扩充数字部门的决定。

对于这所可能是世界上最权威的艺术机构的接班人会是谁,外界猜测纷纷。洛杉矶郡艺术博物馆(LACMA)的馆长 Michael

Govan，以及现代艺术博物馆 MoMA 的馆长 Glenn Lowry 的名字都在可能的候选人之列。然而，根据一位知情人透露，博物馆理事会将接下来的几个月作为代理执行长官韦思的考察期，用以决定他是否可以胜任未来的馆长一职。

来源：和讯网，"饱受非议的大都会艺术博物馆馆长被迫辞职"，2017 年 3 月 1 日，获取于 2017 年 5 月 1 日，http://news.artron.net/20170301/n912064.html

在博物馆里健身是一种怎样的体验？

有多少次我们走进博物馆，一再被告知要轻声细语、稳步慢行？纽约大都会艺术博物馆在刚刚过去的冬天开设了"博物馆健身课"，允许参与者在每天开馆前，于专业教练的带领下在博物馆里的艺术空间里感受心律的提升。

这一节 45 分钟的"博物馆健身课"允许参与者穿着运动服按照既定路线穿梭在 35 个展室的艺术空间，油画、雕塑、盔甲以及各种艺术珍宝近在咫尺。

据外媒报道，一场彻夜暴风雪也没能阻止次日早上报名参加健身课的 15 个参与者。课程从热身开始，在博物馆的大理石铺就的入口，进行小腿的拉伸，然后伴着 Bee Gees 乐队节奏劲爆的 Stayin' Alive 乐曲慢跑，在不同展室进行一系列的有氧动作，比如在美国著名画家约翰·辛格尔·萨金特（John Singer Sargent）的《X 夫人的肖像》前做上 20 个蹲起动作，在亨利八世的金属盔甲前做单腿支撑平衡，赤身裸体的罗马猎神狄安娜铜像前跳爆竹，背景音乐是节奏强劲的迪斯科曲风，运动的同时还穿插收听插画师兼作家 Maira Kalman 对艺术品的解说。

一位参与者，同时也是纽约一家健身公司的经营者 Oliver Ryan 说，"这是一个有趣的体验，肢体拉伸环节是在一个巨大的雕像前，宇宙之子珀尔修斯举着美杜莎的头颅。"打动大部分参与者的都是这种在运动瞬间与艺术作品的对视。

大都会艺术博物馆的展览大厅共有3层,分服装、希腊罗马艺术、原始艺术、武器盔甲、欧洲雕塑及装饰艺术、美国艺术、R·莱曼收藏品、古代近东艺术、中世纪艺术、远东艺术、伊斯兰艺术、19世纪欧洲绘画和雕塑、版画、素描和照片、20世纪艺术、欧洲绘画、乐器和临时展览18个陈列室和展室。

当世界级的艺术遇见伸展的四肢,人们最担心的是安全,无论是运动者还是艺术品。Monica Bill Barnes Dance Company负责这个创新的项目规划运营,Monica Bill Barnes和她的舞伴Anna Bass负责设计舞蹈动作 Barnes则表示,"参观一家博物馆的一贯指引是,保持安静,行动缓慢以及轻声细语,但健身课的体验完全颠覆了这一概念。""我们做的都是创新的事情,"她补充到,"我们把舞蹈带到本来可能不属于舞蹈的地方。"Bass说,团队时刻在注意与艺术作品保持至少1米的距离,健身课程中设计的所有动作都不包括疯狂的旋转或者抡胳臂踢腿。

环绕在众多的古希腊雕塑前,肌肉的线条丝毫不逊于时髦健身房里的各种肌肉明星照片,同样它让人们想起运动的久远联系:它不仅是当下社会的时髦生活方式,也是人类进化以来持久的基本需求。"在做一个拉伸后背的瑜伽动作时,你的眼睛要向前看,向远处看,向上看,没有什么比盯着一件艺术品更享受的动作了。同样效果的还有本来枯燥的蹲起。"

课程的最后,所有人都躺在了地上,紧闭双眼。这个瑜伽放松术旨在放松从精神到身体,并从运动活力中继续汲取能量。在人们静卧的上方,是奥古斯都·圣·高登的古老神明——华丽镀金的狄安娜,箭在弦上。

博物馆健身课的第一期是从1月19日到2月12日,售价为75美元,课程在一个月前就售罄,没有想到人们对这样的课程如此感兴趣,第二期课程到3月9日,同样售罄。报名参加课程的人,从13岁到85岁。艺术空间为健身运动所用,纽约大都会艺术博物馆设计的这套"艺术体操"在卢浮宫或是史密森尼博物馆行得通吗?

来源:新浪时尚,原标题:"在大都会博物馆里健身是一种怎样的体验",2017年2月28日,获取于2018年7月13日,http://fashion.sina.com.cn/l/ds/2017-02-28/1021/doc-ifyavvsk3684938.shtml

 观察体验

走进一家你附近的民营博物馆,观察它的运营情况(观众人数、开放时间、日常维护等),并尝试了解它的运作机制。

 应用实践

"梵高和莫奈可能是拉斯维加斯赌场里的王牌景点,而美术馆却在费劲展示摩托车、时尚设计和星球大战之类的流行电影。"这句话摘自(美国)詹姆斯·库诺编的《谁的缪斯:美术馆与公信力》,反映了当代的现象。请就你的参观体验,对博物馆"流行大展"进行评价。

 阅读书单

霍文著:《让木乃伊跳舞:大都会艺术博物馆变革记》,张建新,译,译林出版社,2012年。

汤姆金斯著:《商人与收藏:大都会艺术博物馆创建记》,张建新,译,译林出版社,2014年。

苏利文著:《东西方艺术的交会》,赵潇,译,上海人民出版社,2014年。

第八章
艾尔米塔什博物馆
——浴火重生

> 当它的文化和历史活着，这个国家才活着。
>
> ——阿富汗博物馆门前石碑

问题聚焦：
1. 我们在艺术作品中看到大量宗教的影子，宗教对艺术产生了怎样的影响？
2. 在二战中，圣彼得堡陷入火海，艾尔米塔什博物馆也是军事目标，艾尔米塔什博物馆及其藏品为何能幸免？为什么博物馆会是人类冲突中的打击对象？

第一节 || 艺术与宗教

坐落于俄罗斯圣彼得堡的艾尔米塔什博物馆,是世界上最大、最古老的博物馆之一。它有超过300万件藏品,由六栋建筑组成,其中五栋向公众开放:冬宫、小艾尔米塔什、旧艾尔米塔什、艾尔米塔什剧院、新艾尔米塔什。

1754年,彼得大帝的女儿伊丽莎白女皇下令建造一座皇家宫殿,用来做冬天的住所,所以称为"冬宫"。这一建就是八年,从伊丽莎白执政时期一直延续到彼得三世。伊丽莎白女王希望把这座宫殿建得无比富丽堂皇,超过欧洲的皇家宫殿。最终,这一目标达成了,冬宫的富丽堂皇不亚于任何一座欧洲的宫殿。

冬宫是一座典型的巴洛克时期的建筑。巴洛克建筑起源于17世纪的意大利,将原本罗马人文主义的文艺复兴建筑,添上新的华丽、夸张及雕刻风气,彰显出国家与教会的专制主义的丰功伟业。这种新式建筑着重于色彩、光影、雕塑性与强烈的巴洛克特色。巴洛克时期的建筑物,一方面有着更强烈的情绪感染力与震撼力,另一方面引人注目、炫耀教会的财富与权势。其目标是增进宗教的普遍与虔诚。17世纪中叶,巴洛克风格转而表现于豪华宫殿上。

建筑的主色调由蓝绿、白、金色构成,宫殿四周有两排柱廊,气势雄伟。这里以各色大理石、孔雀石、石青石、斑石、碧玉镶嵌,以包金、镀铜装潢,以各种质地的雕塑、壁画、绣帷装饰,色彩缤纷,气派堂皇。

然而,这座建筑并没有按照最初的计划完成。新继位的凯瑟琳大帝——叶卡捷琳娜女王,喜欢新古典主义的风格,于是她又让建筑的风格向新古典主义靠拢。新古典主义是古典主义在当代的诠释与表现,相比巴洛克风格,它提倡理性,更简洁、典雅、庄重、规律、和谐。

叶卡捷琳娜女王建造了艾尔米塔什、小艾尔米塔什和剧院。"艾尔米塔什"是"幽居之宫"的意思。她的"私人博物馆"就设在小艾尔米塔什。如今,这座私人博物馆成了世界上规模最大、最著名的博物馆之一,有约270万件藏品。

第八章 艾尔米塔什博物馆——浴火重生

艾尔米塔什，是"幽居之宫"的意思。与卢浮宫、大英博物馆等相比，同样得益于皇室收藏。然而，它的独特之处却在于，支持它的最大收藏家是一位女性收藏者：叶卡捷琳娜二世——凯瑟琳大帝。

叶卡捷琳娜女王功勋卓越、野心勃勃，她在位期间，俄国疆域快速扩大，俄国成了欧洲最强大的国家。她曾扬言，"假如我能够活到两百岁，整个欧洲都将匍匐在我脚下。"叶卡捷琳娜二世除了延续彼得大帝的军事、行政、经济、技术改革，而且深入到俄罗斯精神层面的改革。女王对艺术十分热爱，她在位期间的收藏奠定了今日艾尔米塔什博物馆的主要基础。她希望让俄罗斯人都能感受到当时西方最先进的艺术与文化。她积极倡导平民教育，花重金聘请了大量欧洲的学者来到俄国，她为俄罗斯艺术与文化的发展做出了巨大贡献。

同时，女王不断派出外交官，去收集欧洲的绘画和雕塑。她与英国首相谈判，用自己的肖像画换来了大批艺术珍品；又趁着普鲁士国王弗雷德雷克二世破产，将商人们为弗雷德雷克二世准备的大批收藏购入囊中。她热爱艺术，同时，作为一个女性统治者，她也十分孤独。德国是她的故乡，然而她不敢离开俄罗斯，怕会有人篡权，于是，她只能借助艺术来旅游、消遣。

俄国十月革命后，冬宫正式开放，原本的幽居之所"艾尔米塔什"成为了开放的博物馆。然而，战争对于文物的考验，才刚刚开始。

一、《浪子回头》

材质：油画

尺寸：262厘米宽；205厘米高

作者：Rembrandt Harmenszoon van Rijn（伦勃朗）

时间：1668年

这是一个非常生动的画面，但暖色调的运用透出温暖的气息。一个年轻人正跪在地上，顺从地依偎在老父温暖的怀抱里。年轻人衣衫褴褛，只穿着一只鞋子，可以想见他经历的磨难。而身披红袍的老父，神色平静，脸

图64 浪子回头

上透着无限的慈悲与关怀。他的双手慈爱地搭在年轻人的背上,仿佛传递着无限的力量与温暖。这就是著名画家伦勃朗的《浪子回头》(图64)。

《浪子回头》的故事源于《圣经》"路加福音"十五章中的段落:一个富裕的人有两个儿子。有一天,小儿子对父亲说,"父亲,请你把我应得的家业分给我。"父亲就把产业分给了他。小儿子于是就带着这一切远远地离开家,到远方肆意挥霍。财产被挥霍尽了,小儿子只能去给人放猪谋生。他恨不得吃猪所吃的豆荚充饥,却也没有人给他。饥饿困苦之中,他终于悔悟过来,"我父亲有这么多雇工、多余的口粮,我难道就在这里饿死吗?我要回到父亲那里,向他赎罪,我不配为子,请父亲把我当一个雇工吧!"于是他起身回家。父亲慈爱地搂着他,并吩咐仆人给他穿戴整齐,并宰了肥牛,载歌载舞地庆贺。这时,大儿子在田里,听见家里作乐跳舞的声音,便询问仆人是怎么回事。仆人说,"你弟弟回来了。你父亲因为他无病无灾地回来,宰了肥牛庆贺。"大儿子听了很生气,不肯进门。父亲出来劝他,他对父亲说,"我服侍你这么多年,从没有违背过你的命令,你从未为我宰过一只羊羔,让我和朋友一起开心;但这个儿子和娼妓吞尽了你的产业,他一回来,你却为他宰了肥牛犊。"父亲说,"儿啊,你常和我同在,我的一切所有都是你的。只是你这个弟弟是失而复得、死而复活的,所以我们理当欢喜作乐。"

《浪子回头》描绘的正是小儿子衣衫褴褛、蓬头赤脚地回来,与父亲相遇的场面。小儿子衣不蔽体,十分狼狈;而父亲却毫不嫌弃,把他拥到怀里。小儿子自知有罪,跪倒在父亲面前;头埋在父亲身上,接受了父亲的宽恕。红色的袍子映衬了父亲的伟大。这对父子沐浴在金黄色的光线中,映衬出爱、慈悲、善良的光辉。边上站着的几个人如同雕像一般注视着这神圣的场景。父亲对浪子的宽恕就好像上帝对每一个忏悔的人的宽恕一般。整幅画没有声音,但强烈的戏剧效果和情感的深度却蕴藏在静默无声之中。

有人猜测说边上一个穿红衣的年轻男子正是大儿子,他怔怔地望着这一切,有不解,有震撼。后面还有几个人,默默地注视着这个感动的场面。其中,有一个隐匿在阴影中的老妇,脸上露出慈祥宽慰的笑容,这个旁观者的笑容为这幅充满宗教意味的画增加了世俗的温馨。

伦勃朗完成这幅画时,正是他辞世的前一年。伦勃朗晚年,他不再是风行一时的成功者,他的作品越来越多地表现出深刻人情味的主题。慈父的爱、怜悯和宽恕，是伦勃朗最后一幅，也许是最伟大的一幅宗教主题作品。这个回头的浪子，也许是画家对人生的回顾。人之初时，命运赐给他天才的能力和无限的荣耀，然而，随着妻儿的亡故，曾经的荣耀与风光也因为一幅《夜巡》而突然离去，晚年生活困顿。在悲苦、疲倦之中，伦勃朗完成了这幅《浪子回头》，仿佛预感到自己将不久于人世，对于毁誉参半、饱尝人间痛苦的一生，希望能得到上帝的宽恕与关怀。

伦勃朗善于通过光线与色彩表达事件的含义。在黑褐色或浅棕色的背景上，将光集中于人物，面部用精确的三角立体光，勾勒出人物的轮廓线，让其余部分隐藏于光暗之中，这种方式被称为"伦勃朗式用光"。他擅长表现人物之间的关系及烘托环境气氛，他的画，有种"直指人心的力量"。伦勃朗出生在一个中产阶级家庭，早年过着富裕的生活，然而，到了晚年，伦勃朗声名下滑，儿子也去世了，他负债累累，孑然一身，在艰难中画出了一生中最伟大的画作。晚年的伦勃朗历经世事沧桑，他的画中反而更具有深刻的人性关怀。正如这幅《浪子回头》，伦勃朗在晚年表现出了浪子的大彻大悟，及父亲伟大的包容。

这幅作品创作于17世纪，当时，欧洲强权扩张，掠夺海外殖民地累聚巨富，生活上提倡豪华享受，因此对建筑、音乐、美术也要求豪华生动、富于热情的情调。同时，艺术家们意识到，"文艺复兴"风格中的平衡、和谐的风范已经成熟，艺术要想继续发展必须另辟蹊径。他们开始更多地用光和色彩来表达情感，表现逼真的效果。强烈的明暗对比、夸张的动感、绚丽的色彩、情感的表达，构成了"巴洛克艺术"的风格。同时，天主教会在变革之后变得活跃强大，激情的巴洛克艺术为宗教增加了说服力和感染力。

二、《法利赛人西蒙家的盛宴》

材质：油画

尺寸：189厘米高，284.5厘米宽

作者：Peter Paul Rubens（鲁本斯），Anthony Van Dyck（凡·戴克，鲁本斯的学生、助手）

时间：1618—1620

图 65　法利赛人西蒙家的盛宴

　　这幅画中的故事同样来自于《圣经》"路加福音"（第七章），讲的是一个叫西蒙的法利赛人邀请耶稣吃饭的故事（图 65）。圣经中的法利赛人是一批地位很高，受到人们尊敬的人。他们对传播律法非常热衷，然而他们却并不能取悦上帝，因为他们往往能"说"却不能"行"，又喜欢炫耀自己，是上帝眼中"假冒伪善"的人。

　　这天，西蒙听说耶稣是个先知，并且能使瞎眼看见、起死回生，就很好奇，请他到家里吃饭。耶稣就来到西蒙家坐席。人们听说西蒙请来了先知，都很好奇，纷纷来围观。城里有个犯了罪的女人，名声不好，她也拿着盛香膏的玉瓶来了。她怯怯地站在耶稣背后，挨着他的脚哭泣，眼泪打湿了耶稣的脚。于是她慌忙俯下身用自己的头发把耶稣的脚擦干，又连连亲吻他的脚，并抹上香膏。（《圣经》中的受膏者往往是给君王或是祭司等身份享有殊荣的人的。）

　　西蒙对这个女人感到鄙夷。然而，耶稣却举了个例子说，如果两个人同时欠一个债主的债，一个欠的钱多，一个欠的钱少；两人都因无力偿还而被债主赦免时，欠钱多的人反而可能更感激债主。耶稣以此比喻上帝对世人的宽恕，并指出这个妇女虽然犯了罪，但她充满了谦卑、懊悔和虔诚，因此应当被宽恕。

　　这就是基督教中"因信称义"的教义。故事也讲了基督教中"原罪"的概念，每个人生来有罪，也都会犯错，唯有心怀谦卑、心怀感激，信仰坚定，才能被赦免。

鲁本斯将耶稣和法利赛人性格的不同用绘画的语言表现出来。耶稣的表情是正义、光明磊落的，他的手向着跪在他面前的妇女伸出，充满了关切和慈爱。而法利赛人却是困惑不解的、苦恼的甚至带有愤怒：为什么这个女人能被赦免呢？

画中，法利赛人佝偻着背，面部扭曲，构成他的线条是紧张的、不平衡的；而耶稣则坦荡地端坐着，表现他的线条是放松的、平缓的，他沐浴在光中，身上的红色斗篷更凸显了人物的重要。背景中的人物神情姿态各异，西蒙身后有个妇女对他投以不屑的眼光；一个老头推推眼镜，吃惊地望着耶稣；一个年轻单纯的洗衣女工用有力的胳膊把衣服举过头顶，她正出神地望着远方，沉思着，憧憬着整个场景；那些坐着的先生们窃窃私语着，怀疑着，为眼前的一切感到匪夷所思。整幅画充满了强烈的冲突和对比，仿佛一幕生动的舞台剧，而这正是巴洛克艺术"戏剧化"的特点。

相比伦勃朗，鲁本斯是个幸运的画家。他性格温和，生活幸福，经济宽裕，是个天生的外交家。他的作品色彩丰富，运动感强，人物丰满有力，画面饱含真诚与活力，是弗兰德斯画派[1]巴洛克美术的代表人物。

在宗教题材的画中常常会运用一些象征物。

艾尔米塔什博物馆收藏的另一件画作，来自另一名弗兰德斯画派的重要画家安东尼·凡·代克：《逃亡埃及路上的休息》(Resting on the Flight into Egypt，图66)。这幅画中的场景就是表现耶稣和玛利亚在被希律王追捕时，逃亡埃及路上时小憩的场景。

画上，小天使们用笨拙的舞姿为这一家人解闷。画家为这一神圣的场面添加了许多通俗的象征物。圣母身后的苹果树象征着玛利亚克服了原罪；边上的向日葵，以及树上停着的鹦鹉，象征了玛利亚童真女受孕的圣洁。树后的白玫瑰和百合花代表着玛利亚的纯洁、美丽。正往远处飞去的鹧鸪象征着罪恶与放荡因玛利亚的到来而远去。在玛利亚脚边的水果当中，石榴象征着贞洁和复活(《圣经》记载，耶稣将死后复活)，葡萄象征着基督的宝血。这幅画虽然描述的是圣子耶稣的一段经历，但画面上的众多象征物却用来烘托玛利亚的高贵，这一点，我们也可以

---

1. 弗兰德斯画派：15世纪早期至17世纪佛兰德斯地区（今比利时西部、法国北部、荷兰沿海部分地区）美术的通称。代表人物有勃鲁盖尔、鲁本斯、凡·戴克等。对欧洲美术的发展有很大影响。

从艺术家对光线的运用、画面的布局及玛利亚身上鲜艳的服装看出。相比之下，约瑟被安排在次要位置，正偏着头看着圣母母子。

图 66　逃亡埃及路上的休息，安东尼·凡·代克，藏于国立艾尔米塔什博物馆

在基督教绘画中，除了上述提到的，还有其他一些常用的象征物，比如鸽子象征圣灵、橄榄枝象征和平、喷泉象征永生、硬币象征虚荣、狮子象征复活……

象征物的使用并不仅仅在基督教绘画中才有，我们很快会在下一件中国艺术品中看到象征物在佛教中的运用。

在艾尔米塔什博物馆，有一批特殊的中国藏品。20 世纪初，俄国探险家科兹洛夫率领一支探险队，走进了内蒙古腹地荒漠之中，发现了一座废弃的古城遗址。经过数次疯狂地挖掘后，他用 40 头骆驼从这里运走了 2 万多卷文书和大量唐卡、佛像等精美文物。文物运回俄国后，辗转来到了艾尔米塔什博物馆。

经学者们研究发现，这座废弃的古城叫黑水城，建造古城的是宋元时期活跃在我国西北边疆的西夏民族党项人。党项族原来居住在四川松潘高原，唐朝时迁居陕北，被封为夏州节度使。公元 1038 年李元昊称帝建国，即夏景宗，西夏正式建国，都城在现在的银川。西夏文物与安阳出土的甲骨文、新疆发现的居延汉简、敦煌莫高窟,并称为"20世纪中国四大考古发现"。

三、《双头佛造像》

材质:黏土彩绘雕塑

尺寸:62厘米高

文化:中国,西夏

时间:13—14世纪

西夏人对佛教十分虔诚。在留下的大量佛教造像中,最有名的就是这尊彩绘的双头佛造像(图67)。佛像高约60厘米,双头佛造像十分罕见,在敦煌莫高窟第237窟的瑞像图中也有绘制。传说,有一个虔诚的穷人看到富人画佛像凿石窟祭拜佛祖,于是辛苦劳动攒了一枚金币,也想请画工画一尊佛像,来超度自己。画工答应了,事实上,一枚金币还不够买颜料的钱。这时,另一个穷人也拿了一枚金币请画工画佛像,于是画工就把这两枚金币,及两人的虔诚心愿融合到一起画了一幅画像。两位穷人来拜佛时看到只有一幅画像,觉得疑惑,这时,佛像突然显灵,幻化为了一尊有双头四臂的佛像。三人被佛祖的神力所感动。这个故事体现了佛祖的慈悲和"心诚则灵"的佛学观念。

图67 双头佛造像

这尊佛像原本镀金并施有彩绘,随着时间的流逝彩绘逐渐剥落。佛像面部圆润,整体线条流畅优美,无论是佛像面部的五官还是身上的衣纹,柔和富有动感。双头神情微微变化,分别向左右微倾,四只手臂各作姿态,体现了西夏时期造型艺术的成就。

四、唐卡

唐卡是用彩缎装裱成的卷轴画,是藏族文化中独具特色的绘画艺术形式。唐卡历史悠久，绘制复杂，用料考究，色泽艳丽，经久不退，具有浓郁的雪域风格。唐卡的题材虽然包罗万象，但大部分是宗教绘画。正如中世纪镶嵌画为基督教艺术的普及作出巨大贡献，唐卡也对佛教文化的传播起到重要作用。

眼前这幅唐卡被命名为《金刚座上的佛》(Buddha in Vajrasana，卷轴画；中国，西夏，12—13 世纪，74×55 cm，图 68)。画上，佛及其弟子端坐或站立，表情平静，排列有序。这幅画表现的是佛掌握世间最高智慧的佛教概念。

画中，佛身着标志性的红色长袍，脑后有光晕闪闪发亮，他右手向下掌心向内，表示请土地见证佛的智慧；左手掌心向上置于腹前，双腿盘坐，眉眼低垂，神态安详，四周

图 68　金刚座上的佛

被大大小小的佛像环绕。边上站立着佛祖的两个弟子。两个弟子上身都不着衣，下身着短裤，佩戴项圈，飘带缠身，姿态优美。在佛祖的头部两侧和下方，各有一些舞蹈的佛像，腰肢柔软，轻盈欢快，使人联想到宝莱坞电影中的印度舞。

藏传佛教艺术受到印度的影响，而舞蹈在印度人的生活中起着非常重要的作用。印度教中最著名的神之一，湿婆，就是一个舞蹈家，他体态婀娜，载歌载舞。印度人在祭祀湿婆时，通过跳舞让湿婆开心。人们用舞蹈庆祝节日，男女互献殷勤。印度人通过舞蹈表达对世界的理解。

这幅画体现了唐卡对称的韵律美。每一排的佛像都是以中心为轴，数目和造型上两边对称的。在鲜艳的色彩与对称的构图中，展现了和谐、和平的景象。

艾尔米塔什博物馆里的另一幅唐卡名为"阿弥陀佛迎接教徒前往西方净土的路上"(Greeting the Righteous Man on the Way to the Pure Land of Amitabha)，(卷轴画，中国，西夏；13 世纪；142.5×94 cm)则展现了佛教中的一个故事场景，阿弥陀佛正超度一个好人的亡灵前往西方极乐世界。这幅唐卡中，阿弥陀佛和他的

两个弟子站立于云端,正超度亡灵。阿弥陀佛脚踩莲花,左手拇指与食指围成环,另三个手指自然展开,象征佛的智慧和说法;右手掌心向外,自然下垂,象征众生所祈求之愿都能实现;两个弟子手捧莲花宝座,用来盛放死者的灵魂。左下角有一棵树,树下端坐着刚刚圆寂的和尚,他的灵魂在一股青烟里冉冉升起,青烟在空中划过一道优雅的曲线,一直延伸到佛祖的眼睛,象征着这一切都早已被佛看到、照应到。阿弥陀佛头顶上方有一片彩色祥云,象征着西方极乐世界(图69)。

图69　阿弥陀佛迎接教徒前往西方净土的路上

在佛教中,有"因果报应"的概念。凡人会根据生前所做的善事和恶事在六道间轮回,而通过诵读佛经、念阿弥陀佛,多加修行,就能脱离轮回进入没有痛苦、清净平等的西方净土,又称"极乐世界"。这与上文提到的基督教教义相类似,同样是鼓励行善,强调修行,就能赎罪、摆脱痛苦。

从伦勃朗、鲁本斯的绘画到唐卡艺术,都来源于宗教题材。宗教与艺术的关系自古非常密切,两者都寄托了人类的情感,传递着精神层面的思考。从最早的岩画开始,人类就将对自然的敬畏、对神灵的崇拜用刀刻在石头上,用艺术的形式将原始的信仰记录下来。

一方面,宗教为艺术提供了丰富的题材和内容。在欧洲,从古希腊古罗马的雕塑到中世纪艺术到巴洛克风格;在中国,从三皇五帝、女娲补天的故事到道教艺术的兴起到佛教艺术的引进和发展,宗教为艺术注入了灵感和激情。宗教影响着艺术的审美。宋元时期兴起的中国文人画追求的高洁、宁静、幽远的意趣,深受禅宗和道教的影响。

另一方面,艺术是宗教的重要传播手段。艺术为宗教提供了具象、可感的形象,帮助民众接受宗教的思想。哥特式教堂高耸入云的形式,肋拱券的运用使内部的空间显得宽广而壮观,马赛克玻璃透出的迷幻色彩,使人产生脱离尘世的幻觉,更容易感受到宗教的伟大。清代,郎世宁等一批基督教传教士不是靠手里的圣经,而是靠自身的艺术与科学才能叩开了中国的大门。艺术需要被供养,而宗教是最大的赞助人。没有宗教的支持,不会有炫目的中世纪镶嵌画、富丽堂皇的巴洛克建筑、气势恢宏的石窟造像、鲜艳多彩的唐卡艺术。

然而,凡事都有两面。当宗教对艺术的控制过多,就会限制艺术的表现,遏制艺术的自由发展。回顾本书所提到的各个艺术时期,有没有过这样的现象发生呢?

第二节 ‖ 战火的考验:文化的存亡

第二次世界大战时,希特勒下令对列宁格勒(现在的"圣彼得堡")疯狂轰炸,"要从地图上把这个城市抹去"。整个城市陷入火海,宫殿被炸得粉碎,艾尔米塔什博物馆也成为轰炸对象。为了保护文物,博物馆的管理员们制定了精心的藏品保护计划,把大部分的藏品都打包装箱,准备撤离。工作人员夜以继日地工作,仅用了六天时间,将50件藏品精心打包,装进板条箱,送上专列,运到乌拉尔山区隐蔽的地方。剩下的藏品都搬到新艾尔米塔什博物馆的一楼,上面的巨大穹顶十分牢固。文物撤退后,博物馆馆员们继续留守在博物馆,他们住在博物馆地下的防空洞,这里没有电,缺少各种生活设施然而博物馆工作者们在这里继续工作,守护剩余的藏品和博物馆建筑。炮弹不断袭击博物馆,每一扇窗户都被炮弹炸碎,华丽的装饰都被炸得面目全非,管理员们随时都有生命危险。然而,他们每天都会登上屋顶检查是否有燃烧弹引起的火苗;每次轰炸后,要把地上残存的碎片都小心地清理掉,卫兵们站在哨岗里,提防德国伞兵掉落到院子里。

在长达900多天的时间里,超过50万俄罗斯人丧生。然而,因为有博物馆工作人员不惜以性命为代价的保卫,艾尔米塔什博物馆幸存了下来。战争结束后,这里恢复了原状,藏品都安然无恙地回到了这里。

第八章　艾尔米塔什博物馆——浴火重生

然而，并不是所有的文物都能那么幸运。

2015年8月18日，83岁的叙利亚著名考古学家哈利德·阿萨德因为拒绝向伊斯兰国极端分子ISIS透露帕米尔拉古城文物的下落，而被残忍斩首。如今，帕尔米拉古城中保存最完好、最壮观的神庙巴尔夏明神庙已被ISIS极端分子炸毁。此前，ISIS还通过推特，发布了大量以大锤和电钻疯狂砸毁文物的视频。

2013年，大马士革老城在叙利亚危机中被袭击，炸弹在极富历史意义的老街上爆炸……

同年，埃及马拉维博物馆被前总统支持者的叛乱分子洗劫焚毁……

2003年，伊拉克战争爆发，在战争开始前，美国一批考古学家向五角大楼开出一份伊拉克重要文物名单，共有4 000多个博物馆、遗址以及考古发掘地列在其中。而一张路透社公布的照片，却显示美军坦克曾开进了伊拉克的博物馆……

2001年，塔利班将阿富汗最著名的世界文化遗产巴米扬大佛摧毁……

究竟是什么让人们把枪口对着不会说话的文物、对着全人类共同的遗产？

在中学历史课本里，"火烧圆明园"的故事记忆犹新。烧毁文物的火把似乎从来没有熄灭过。

从什么时候起，毁灭旧有文明开始被纳入社会革新的一部分？砸烧抢掠文物成为入侵者宣示力量的手段？

有些错误，我们的人生经不起，我们的社会经不起，我们的文明经不起。

历史大概记不住那些抢砸博物馆的人，但它会记得博物馆心碎的声音。

让我们感动的是，邪不压正，总有一种力量，在与之对抗。

1978年，传说中的阿富汗"巴克特里亚"宝藏被发现，宝藏中古希腊的硬币、中国汉代的铜镜、印度的象牙梳子，以及大量的黄金制品……这批文物，显示了阿富汗作为古代丝绸之路的枢纽地位。（图70：巴克特里亚宝藏组图）然而，宝藏发现之时，阿富汗已陷入了战争。与前苏联的十年战争后，阿富汗又陷入了内战。巴克特里亚宝藏被秘密转移到了中央银行地下三层的金库。宝藏成为了塔利班分子的觊觎目标，然而，宝藏的守护者们对宝藏的下落守口如瓶，他们誓死捍卫宝藏。银行工作人员受到威胁、甚至有职员被打死，但是人们仍然拼死抵抗，保卫宝藏。2003年，宝藏的大门终于被打开，如今，这批宝藏被阿富汗国家博物馆收藏。在博物馆大门前的一块石碑上写着，"只有它的文化活着，这个国家才活着。"

图70 巴克特里亚宝藏组图

文化的宝藏,精神的守护

曾经的阿富汗国家博物馆(National Museum of Afghanistan)因为战火蒙受了巨大的损失,许多珍贵的馆藏毁于一旦。而本次在故宫午门展出的,全部都是拼死保护下来的阿富汗国宝。

总共231件反映了公元前2100年至公元2世纪的阿富汗古代文明的宝藏,如今在世界范围内巡展到了中国北京,是阿富汗政府与博物馆共同策划的事业。

在中东那些饱受战争之苦的国家中,阿富汗的文物古迹被摧

第八章　艾尔米塔什博物馆——浴火重生

毁的情况是最严重的，而阿富汗人所经历的惨痛也是最恐怖的。

为了保护被视为当今世界最伟大的考古发现之一的巴克特里亚文物，阿富汗人几十年来因为始终拒绝透露国家宝藏的下落，而被严刑拷打、被阉割、被杀害、尸首被示众。

此次来中国展出的这批"宝藏"到底经历了怎样的磨难，又是几经波折，才得以重见天日，一起来看看下面这个惊心动魄的故事。

在与前苏联的十年战争后，阿富汗又陷入了内战，文物屡遭毁灭。军阀占领们占领了国家博物馆，随意出入，拿走文物和巴克特里亚金币。

阿富汗历史学家心痛地指责："过去阿富汗人只埋葬自己的儿女，现在他们埋葬自己的文化和历史。"但对于战火中的阿富汗而言，一切无济于事。

1996年，塔利班武装分子控制了阿富汗，激进分子大肆破坏阿富汗文物，首当其冲的便是国家博物馆。

巴克特里亚宝藏当然没有被忘记，甚至成为了塔利班分子的首要寻找目标。然而，在25年里，宝藏莫名消失了，就如同当年被百般寻觅却毫无踪迹。

但很快，阿富汗就卷入了长期的战争旋涡，该宝藏一度下落不明，人们对其命运曾有种种猜测，有的说宝藏已被前苏联官员偷运到莫斯科，还有的说随后控制阿富汗的塔利班政权找到了宝藏，并把古老珍贵的黄金制品偷偷熔化成了金条。

实际上在1989年，随着战争威胁的增大，当时在位的阿富汗临时总统纳吉布拉命令警察转移"巴克特里亚宝藏"。

随后成箱的宝藏装在七辆闷罐车里，从喀布尔国家博物馆运送到当时看来最安全的地方——阿富汗总统府。宝藏被藏到了总统府达努拉曼宫的地下拱顶中，宝库有七扇钢铁大门，每扇大门上都挂着一把厚实的大锁。

当时的阿富汗总统纳吉布拉将这七把钥匙分别交给了七名可

靠的阿富汗中央银行职员来保管,他们都发誓愿以生命为代价守护宝藏。穆斯塔法就是其中之一,唯一幸存的"巴克特里亚宝藏"的守护者。

1996 年,塔利班政权统治喀布尔后,一直试图找到这个宝库。一天,得到一些线索的塔利班派了 10 名毛拉和一些珠宝商来到总统府达努拉曼官,他们把冰冷的手枪顶在阿斯克扎伊的头上,命令他带他们去寻找宝库。

穆斯塔法回忆说,当时的情况非常紧张,但最后,他只给他们打开了宝库的很小一部分,让他们见到了一些黄金制品,真正的大部分宝藏其实藏在另外一个地方。

塔利班人显然不满足,他们一再追问还有没有其他黄金或宝藏,但阿斯克扎伊始终一言不发。恼怒的塔利班后来把他投进监狱,关了他 3 个月零 17 天。那段日子里,阿斯克扎伊饱受折磨,多次被塔利班严刑拷打,然而,即使被打得昏迷过去,他也一直没有说出宝库的任何秘密。阿斯克扎伊说:"我并不害怕,我当时没有在意我的生命。"

当年的"宝藏守卫者"却为此付出了许多,七个人中除阿斯克扎伊外,有的已经死亡,有的一直下落不明。

而纳吉布拉作为总统,以及最后一个看到宝藏的人,被塔利班分子严刑拷打,甚至被残忍地阉割,最终,纳吉布拉被活活打死,尸体被吊在城市广场上示众。

2003 年 8 月 29 日,消失了 25 年的巴克特里亚宝藏重现天日,巴克特里亚文物被视为当今世界最伟大的考古发现之一,其重现的一刻也颇为戏剧化——阿富汗总统府达努拉曼官地下的一处秘密金库前,站满了紧张的阿富汗政府官员,面对即将打开的金库大门,所有人都屏住了呼吸。

阿富汗人为守护艺术而不惜献出生命,正如他们所坚信的那样:"只要文化活着,国家就活着。"

改编自:搜狐网,原文标题"阿富汗人冒死守护 25 年的宝藏首度来中国",2017年3月23日,获取于2018年7月13日,http://www.sohu.com/a/129940463_582880

 观察体验

参观一座博物馆的宗教文物,看看它们在艺术表现上有哪些特点。

 应用实践

采访一位经历过"文化大革命"的博物馆工作人员,了解特殊时期文物的保护工作。

 阅读书单

宫下规久朗著:《这幅画原来要看这里》,杨明绮,译,湖南人民出版社,2016年。

马季著:《消失的文化遗产》,中国城市出版社,2009年。

第九章
两岸故宫
——一个甲子的聚散离合

> 两个故宫,与其说是外形相似的双胞胎,还不如说是一张分裂的地图。
> ——《两个故宫的离合》

问题聚焦:

1. 为什么会有两个故宫?两岸故宫藏品"孰优孰劣"?
2. 从帝王住所到开放的博物馆,从古建到现代化公共场所,故宫面临哪些挑战?
3. 在当代,传统的中国书画又有怎样的创新与发展?
4. 网红"白菜"和"红烧肉"有什么内涵?

第一节　|| 博物馆的文化象征——分离与合作

一、文物南迁

1911年辛亥革命胜利后,清王朝政府宣布退位,故宫文物全部收归国有,1914年成立了古物陈列所。1924年清逊帝爱新觉罗·溥仪被逐出宫禁。1925年10月10日在乾清门前广场举行了盛大的建院典礼,宣布故宫博物院正式成立。

1931年,日军发动"九一八"事变,华北形势告急。眼看故宫文物有在战火中被毁的危险,国民政府决定,将故宫文物挑选南迁上海。于是,故宫闭馆,大量棉花、空木箱等运进神武门,准备装箱打包。

对于文物即将面临的长途跋涉,沿途各种情况未知。装箱打包尤为重要。故宫请了琉璃厂的老古玩商传授文物装箱技术。装箱原则是:每个器物与器物之间必须隔开;箱子要装实,使东西在箱子里不会晃动。工作人员用大量棉花将文物层层包裹,再垫上纸,箱子里垫满稻草,木箱外包上铁皮条。将装箱技术反复进行空中落下实验,确认安全无误,才为箱子贴上封条。同时,点校登记工作也一丝不苟地进行,装箱单一式两份,一份放在箱子里,另一份装订成册便于查阅。打包装箱进行了整整一年的时间。

1933年1月,山海关落入日军手中,京津地区危在旦夕。故宫理事会决定,将已经装箱的文物分批南迁上海。

消息传出,社会哗然。有人认为,故宫文物在兵临城下之时运出北平,势必会动摇人心,引起社会不安。反对故宫文物南迁的人成立了北平市民众保护古物协会,公开反对文物南迁。他们认为,"文物一散不可复合,决不可轻易他迁,以免散失。"面对聚众集会、游行等群众阻挠,国民政府公开表态:故宫文物是国家数千年的文化结晶,毁一件就少一件。人民留在北平可以协助政府抵御日寇,文物留在北平只有被掠夺和毁灭的可能。国亡还有复国之日,而文化一亡,将永无补救。

第九章 两岸故宫——一个甲子的聚散离合

与此同时,一些故宫职员纷纷收到恐吓信,信中扬言,如果担任文物押运,则"当心你的命",并威胁如果文物运出北平,"则要在铁轨上放炸弹。"此时,战争形势越发紧张,故宫的工作者们在内忧外患的双重压力下紧张地完成文物清点装箱工作。

为了防止文物破坏工作,北平市公安局出动特警,将组织聚众阻挠的周肇祥秘密逮捕。2月5日晚,在军警的护卫下,第一批南迁文物悄然运抵火车站。南京行政院密令京沪铁路沿线派军警保护,其他列车一律为故宫文物专列让路。车行沿线两旁,还有马队随车疾驰护卫;专列在夜间行进,不敢鸣笛,遇重要关口熄灯驶过;车上所有司员,夜间和衣而卧,以便随时起身应对不测。在一些地方,当局还先和埋伏在附近的武装盗匪打了一仗后,专列才通过。

文物辗转来到上海,在上海的临时仓库保存了四年,期间还挑选了八十箱文物前往英国参加"伦敦中国艺术国际展览会",轰动一时。1936年11月,政府在南京建立了故宫博物院分院,依山建成朝天宫库房,文物分批从上海运到南京。然而,次年七月"卢沟桥事变"爆发,北京沦陷;八月,上海沦陷,南京情况危急。于是,文物又踏上了漫长的迁徙之路。故宫文物分成三批,南路由南京到长沙经贵阳来到安顺;中路从南京出发经汉口、宜昌、重庆到达乐山安古镇;北路由南京出发经郑州、西安、汉中到达峨眉。一路行,一路躲,故宫文物穿越了大半个中国,在途中,遭遇过轰炸、盗匪、翻车、大雪封路等各种困境,却几乎毫无损害地保存了下来。"文物有灵",有时文物前脚离开,后脚敌机就轰炸过来。文物到达湖南大学,本以为能在此歇脚,然而敌情传来,文物只能继续踏上逃亡的道路。文物刚离开湖南,湖南大学就被轰炸,湖南大学图书馆等都被夷为平地。文物到达汉中时,汉中被炸,只得立即离开汉中继续西行;文物刚离开,汉中储藏文物的库房就全被轰炸。就这样躲躲停停,负责文物押运的工作人员一路提心吊胆,克服了各种困难,熬到了抗战胜利。

1947年12月,文物回到了南京。内战中,国民党势力节节败退,国民党政府眼见形势危急,决定抢运文物到台湾。1948年12月22日,满载文物的"中鼎号"起航了。船上装着的文物分别来自故宫博物院320箱、中央博物院筹备处212箱、中央图书馆60箱、中央研究院历史评议研究所120箱,以及外交部重要档案60箱,经过了4天的海上漂泊,终于到达台湾基隆港。随后,满载文物的海沪轮、昆仑舰又从南京下关码头起航,去往台湾海峡。从此,故宫文物流离失散,相隔两岸。1965年12月,台北故宫博物院正式成立,从此,原本为一体的故宫隔着浅浅的台湾海峡一分为二。

二、藏品特色

从整体的数量上说,台北故宫博物院收藏有约70万件藏品,而北京故宫如今的藏品数量超过了180万件。

从文物内容上说,两岸故宫的收藏各有千秋。由于迁台学者认为金石重器是国家的象征,因此,台北故宫有不少青铜器的精品;另外,由于书画、小件工艺品便于携带,因此,宋元山水画是台北故宫的收藏特色,以及各类工艺品,是台北故宫为人称道的收藏精华。然而,北京故宫的绘画种类更为全面,并有相当多的人物画珍品,在工艺品和青铜器的收藏上,北京故宫也有不少经典的收藏。

对于北京故宫而言,其藏品在原有清宫旧藏的基础上有机会不断完善增加。中华人民共和国成立后,被末代皇帝溥仪倒运出宫的精品文物有相当部分又回到了故宫博物院,如《清明上河图》、《韩熙载夜宴图》、《五牛图》、《伯远帖》、《中秋帖》等,还有机会不断征集。

然而,确切来讲,两岸故宫本来相连却遭分离,因此两者的收藏都不完整。比如著名的三希堂帖,北京故宫藏有"二希",而台北故宫藏有其中的"一希"。

三、新千年的合作

新千年以来,两岸故宫开始破冰,陆续在台北故宫合作举办展览。其中最为著名的便是2011年在台北故宫举办的"山水合璧——黄公望与富春山居图特展"。分别来自两岸的《富春山居图》两部分终于合在一起出现在人们眼前。

《富春山居图》

作者:黄公望(元)

尺寸:

《富春山居图剩山图》(藏于浙江省博物馆)纵31.8厘米,横51.4厘米

《富春山居图子明卷》(藏于台北故宫博物院)纵33厘米,横636.9厘米

《富春山居图》是元朝书画家黄公望为郑樗(号无用师)所绘,表现浙江富春江沿岸的景色。

第九章 两岸故宫——一个甲子的聚散离合

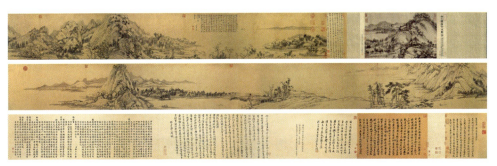

图 71　富春山居图（合璧）

这是一幅长卷轴画。观画时，随着卷轴缓缓拉开，人的眼前如放电影一般看到移动的山水渐渐展开，这是中国绘画所特有的呈现方式。画中山峦起伏，景物排列疏密有致，墨色浓淡干湿并用，极富变化。用披麻皴法皴画山石，运笔时快时慢，线条有长有短且不平行排列，所以有巧妙的交错组合。虚实相生，土石相间，矶头累累，灵活生动地表现了江南山峦质地松软、烟雾迷蒙的特点。

元代不少文人因不满于外族统治，转而寄情于山水。包括黄公望在内的"元四家"在绘画中既表现出山水天地间的雄伟浩荡，又充满着对平静和谐的追求。文人画不追求写实，而在于表现心灵的寄托。富春山居图看似表现富春景色，实则是画者心中世外桃源的展现。"远山长，云山乱，晓山青"，这是苏轼《行香子·过七里濑》中的诗句。苏轼也是文人画的重要推崇者，他提出"士人画"的概念，倡导诗画结合。而几百年后，文人画创作的继任者用长卷的形式把它的诗境表现了出来。

《富春山居图》还有一个摹本，叫《子明卷》，乾隆皇帝曾将其视为真迹以至于当看到真正的富春山居图时却认为后者是伪本。子明卷虽然山体勾勒与原作大致相同，但用笔上披麻皴一用到底，缺乏变化；而原作则能看出构思时的痕迹和逐渐添加的浓淡干湿、富于变化的用笔。

《富春山居图》明朝末年传到收藏家吴洪裕手中，吴洪裕因为十分喜爱此画，在临死前下令将此画焚烧殉葬，被侄子从火中抢救出，但此时画已被烧成一大一小两段，在后来的岁月里，两段《富春山居图》流离失散。较长的后段称《无用师卷》，现辗转藏于台北故宫博物院；前段称《剩山图》，收藏于浙江省博物馆。2011年6月，两段"富春山居图"象征性地"合璧"展示。

何时，两岸故宫才能更加开放地进行交流，本属一家的文物能更多地合璧展示，让两岸的观众都能更多地欣赏到国宝呢？我们都期待着这一天。

第二节 ‖ 中国传统书画的审美与"中西结合"

一、三希堂三帖：《快雪时晴帖》《中秋帖》《伯远帖》

故宫养心殿有一座西暖阁，冬暖夏凉，是清高宗乾隆皇帝的书房。"三希堂"命名源于北宋周敦颐提出的儒学观念"士希贤，贤希圣，圣希天"（士人希望成为贤人，贤人希望成为圣人，而圣人希望成为知天之人），同时也因为这里收藏了乾隆皇帝最喜欢的三幅书法作品：王羲之《快雪时晴帖》、王献之《中秋帖》、王珣《伯远帖》（图72—75）。乾隆皇帝亲笔题写了"三希堂"匾额。每年冬天，他都到这里来读书习字，欣赏临摹他的"三希"帖。

图72　伯远帖

图73　中秋帖

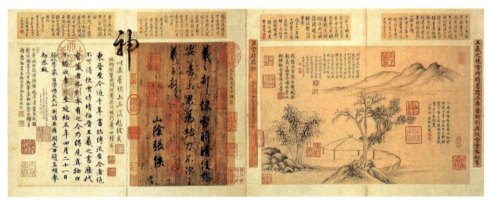

图 74　快雪时晴帖（局部装裱）

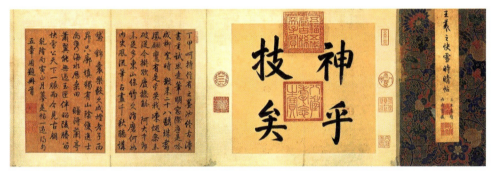

图 75　快雪时晴帖（局部装裱）

这三件书法作品都是书法家们在日常生活中随手写就的书信。《伯远帖》表现了东晋书法家王珣对故友的思念，《中秋帖》则是王献之对朋友无法相聚的感慨，而《快雪时晴帖》则是王羲之在见到大雪初晴时急于与友人分享心情的愉悦。

对于这一类书法作品，又称为"尺牍书法"。尺牍，原指汉代时书写于一尺长的木简上的文书，后来虽然书写媒介发生了变化，尺牍被广泛用于指代"书信、信札"。尺牍书法是作者自然状态下的创作，并不刻意求精，反而能真实地反映出书写者的真正水平与实际风貌。尺牍书法往往融情于字，是作者当时精神状态的自然流露。从字体上，尺牍书法兼容可读性与书写的随意性，以行书居多，透露出率真自然与潇洒随意。在内容上，尺牍也遵循书信的格式，如王珣和王羲之所用的"顿首"是开头的"具礼"，表示对对方的尊敬。

书法，作为汉字的一种表现形式，是如何体现它的艺术性呢？汉代杨雄说，

"书，心画也。"在书法的创作中，情感既由汉字的内容来表现，也通过书写来体现。汉字从象形图画发展而来，具有不同书体丰富的写法，也具有点画形式的多变，这些都为书法的创作提供了基础。书法的书写工具是毛笔、墨和宣纸。毛笔在商代就有了，它的柔软弹性，用笔时随着提按顿挫变化，能写出不同形状和质感的点画；而磨的墨浓者近，淡者远，能在纸面上创造出立体的纵深效果；宣纸则吸水量大，渗透能力强，行笔慢则化，快则干，枯湿变化，虚实相生，体现出书写的节奏感。书法将这三者结合，使得文字的书写变得灵动而富有生命力。

一件好的书法作品，力求达到线条美、结体美、章法美、墨色美，而其中最重要的是神韵。线条美指的是字体的点画线条，或坚实厚重，或温润含蓄，或潇洒灵动；结体美是指疏与密、正与侧等的组合与呼应；章法是指作品整体的谋篇布局，行列有序、行气贯通；墨色美则是指用墨的燥润枯湿所体现的韵律美。而书法作品的神韵，是"以形写神"，表现作者的心境，文人的风骨。

今天，当我们欣赏一件书法作品，与其装裱、历代鉴赏者的题跋书法，甚至配图，以及盖章钤印等，共同构成了书法作品的艺术价值。在三希堂三帖上，能看到赵孟頫、董其昌等著名书法家的题跋。尤其是《快雪时晴帖》，原是一张比 A4 尺寸略小的书法作品，经过漫长岁月不同人物的收藏，装裱形式有所不同。乾隆皇帝将其以册页形式装裱呈现，总长 5.5 公尺，快雪时晴帖只占 28 分之一，其余几乎都与收藏者乾隆有关，册页之首"神乎技矣"的题字，共有 70 多册题记，配有两幅图画，并加盖多枚收藏印章。乾隆借用南朝梁武帝对王羲之的书法评价"龙条天门，虎卧凤阁"来形容王羲之兼具纵意与雄劲之美。每年冬春交替之际，乾隆皇帝就在西暖阁欣赏他收藏的书法，五十多年每年如此。

三希堂三帖，本是紫禁城的收藏，如今却散落两地。《中秋帖》和《伯远帖》现存北京故宫博物院，而《快雪时晴帖》现在台北故宫博物院。2015 年值台北故宫 90 周年院庆之际，三希堂三帖以三帖合一的方式"合璧"出版。随着书写工具的变化，书法从一种实用的信息记载方式逐渐向纯粹的艺术呈现方式转变。现代书法艺术家徐冰创造了"新英文书法"（图 76），他的作品结合英文的符号和汉字的结构，获得了被称为艺术界的"美国诺贝尔奖"的麦克阿瑟奖，俗称"天才奖"。他的书法作品被国外很多餐馆的招牌使用，外国人喜欢中国书法的艺术性，十分喜爱这种中西结合的表现方式。

图 76　徐冰书法《Learning from the past, moving forward in time》(从过去学习,在时代中进步),2009

二、《平安春信图》

作者:郎世宁(清)

纸本设色

尺寸:纵 68.8 cm,横 40.8 cm

这是一幅关于乾隆皇帝的画像,用色显得和传统绘画十分不同(图 77)。作品色彩明丽,画中,在青竹、寒梅以及湖石点缀的田园环境中,两个男子,一个年轻一个年长,身着汉装,正以梅枝相递送,表达平安吉祥的意境。画幅上方的乾隆题诗使得这幅画更像是一个谜语:"写真世宁擅,缋我少年时。入室幡然者,不知此是

图77　平安春信图

谁？壬寅暮春御题。"下方是乾隆皇帝"古稀天子"朱文方印和"犹日孜孜"白文方印。"壬寅"为乾隆四十七年（1782年），乾隆皇帝时年72岁。画幅上方钤"八徵耄念之宝"、"古稀天子"、"太上皇帝之宝"。

通过这首诗，我们了解，尽管当时乾隆已是古稀之年，但画幅中的青年人正是乾隆小时候的样子。乾隆皇帝喜爱诗文、收藏中国古代文物，也喜欢请画师画他身着汉服的样子。清朝时，满族统治汉族，尽管仍常常有文化的冲突，然而满族统治者仍然接受了汉族文化，康熙皇帝要求皇族子嗣学习儒学经典；准许满汉联姻，吸纳汉族官员，在统治政策上也延续了不少汉代原有的制度。满汉文化的融合使得清朝延续了三百多年的统治。

至于画中的年长者，有的说是乾隆的父亲雍正皇帝，也有的说是乾隆本人的"时空穿越"——中年的乾隆与青年自己的"对话"，理由是若画中有雍正，则乾隆本人"古稀天子"的印章便显得不尊重。乾隆在诗中调侃，"入室幡然者，不知此是谁？"到底是谁呢，需要我们自己猜测。

画上的诗作和印章不仅为画作的内容平添了趣味，也是构成画作审美的重要组成部分。"诗书画印"的结合，是中国古代文人画的特色。中国古代艺术的要旨在于"意境"，书画本同源，诗与画的结合，更丰富了作品的意境美；而"印"最初只是身份、信誉的表现，由于水墨画黑白两色略显沉闷，于是出现了朱文印章，成为烘托画面气氛的一部分。印章在篆刻时讲究字体、刀法、风格，是一门独立的艺术。但是印在画上，就成为了画面不可分割的部分了。因此，盖印的时候要考虑与画面构图、色彩的配合，要起到呼应、对比的作用。有时候画的一面空了些，另一面又重了些，显得有些不稳，在显得空的一面适当地盖上一印，用朱红的色彩一压，画面就稳住了，会起到意想不到的"点睛"效果。

虽然这幅画没有作者的题名，但从乾隆的诗中我们得知，这幅画的创作者正是清代御用画师郎世宁。郎世宁本是来自意大利的传教者,为康熙皇帝所欣赏,因而成为一名侍奉清廷三代的宫廷画师。

郎世宁的绘画融合了西方焦点透视与中国传统绘画的意境,为宫廷绘画带来了斑斓的色彩和更逼真的形象。《平安春信图》中,就体现出夕阳绘画的凹凸感和工整富丽的画风。郎世宁曾参与设计了圆明园的建筑,对西洋技法在中国的引入具有杰出贡献。

第三节 ‖ "珍玩"——取材生活与文人情志

2002年,台北故宫曾举办过网络票选,请观众选出最受欢迎的十件文物,其中"翠玉白菜"赫然位于前列,"肉形石"和"橄榄核雕小舟"也同样位列前茅(图78—80)。

图78 翠玉白菜

图79 东坡肉形石

图80 橄榄核雕小舟

这三件文物有个共同的特点,那就是与日常生活息息相关。用西方艺术史的观点,它们属于"装饰艺术"(decorative art);用中国器物学的分类,叫做"杂项文物"。这三件文物都是因材施形,利用玉石或天然玛瑙的成色,以及橄榄核本身的式样,进行艺术创作。这些装饰器物,代表了人对自然的改造,从自然中创造美、享受美的天性。

同时,这三件器物也融入了中国式的审美和精神品德。君子比德为玉,以玉为高洁的象征。"翠玉白菜"本是光绪皇帝的妃子瑾妃的嫁妆。"白菜"谐音"百财",有聚财、招财的吉祥寓意;而同时,白菜的颜色和外形,也寓清白、贞洁之意。我国不少地区的老百姓在过春节的时候,都要吃两道常菜,即长叶白菜和青菜,寓意天长地久、清清白白。翠玉白菜上雕刻有两个小虫,寓意多子多福。这件由天然翡翠玉材精心雕刻的作品,是父母对出嫁女儿的美好祝福。

橄榄核雕小舟则是取材于苏轼泛舟赤壁的故事创作而成。方寸之间,不仅舟上门窗具备,开阖自如,舱篷上雕刻席纹,舟上桅杆直立,旁备绳索与帆,舱内桌案上杯盘狼藉。人物有苏东坡、客人、客妇、艄公、书童等八人,每人神情各异。舱中凭窗而坐的是苏东坡,头裹巾子,宽衣博袖,静静地看着窗外,似在品味山高月小、水落石出的景象,又似在耳听清风徐来、江流有声;艄公似不忍橹声打扰游客的清兴,故意摇慢以便让客人饱览水光月色。舟底刻有苏东坡《后赤壁赋》全文三百余字,下有"乾隆丁巳五月臣陈祖章制"款,如此精雕细作,于方寸之间展现"反而登舟,放乎中流"的文人雅兴,令人叹为观止。

像橄榄核雕小舟、翠玉白菜这样巧夺天工、精雕细作的文物又叫"珍玩",在两岸故宫还有很多。它们出自内务府造办处,在这里,全国各地具有特殊技能的工匠集聚在这里,为皇帝制作各种精巧的作品。"珍玩"往往小巧,可以放在手里"把玩"。中国人特别讲究"把玩"的情志。一块玉,经过长年累月的把玩,会变得越来越温润,经过氧化,表面形成一层包含人体油脂的"包浆",这是"珍玩"的拥有者对珍玩的"再创造"。核雕经过"把玩",会产生深橘红色或紫檀色的包浆。不少古玩商为了创造"包浆"不惜作伪。这些小小的珍玩,亦琢亦磨,虽不具有实用价值,但融合了古代工匠的能工巧思和拥有者的文人志趣。它们从生活中取材,饱含对美好生活的祝愿和向往,是人们精神的寄托。

第九章 两岸故宫——一个甲子的聚散离合

 拓展阅读

1. 故宫是一座历史悠久的古代建筑群。当它改建为博物馆，不仅存在着故宫原有空间如何适应展示空间的问题，还有着故宫本身作为一座古代建筑的保护问题。我们通过下面的文章阅读，思考古建保护的原则，在不同国家的观点及故宫所面临的考验。

谈谈故宫的修缮保护工作
单霁翔

最近，国家文物局经过专家论证，同意在故宫博物院设立明清官式建筑研究和保护国家文物局重点科研基地。我认为这是非常正确的决定。故宫是世界上完整保留至今的最大规模的古建筑群，故宫博物院有义务和能力担此重任。在这次评审明清官式建筑研究和保护国家文物局重点科研基地时，有的专家对故宫古建筑修缮工程，特别是太和殿修缮工程提出质疑，我们做了一些解释工作，强调近年来故宫博物院已经对故宫整体修缮工程进行了分析研究，将会更加理性地、更加科学地开展后续各项古建筑修缮工程。

欧洲的保护理念之争

自从故宫整体修缮工程开展以来，就一直存在着不同保护理念的争论。实际上，这一争论在国际文物建筑保护领域已经进行了上百年，首先在欧洲展开，欧洲学者在19世纪上半叶开始探讨保护文物建筑的理论。根据陈志华教授的分析，在这一探讨过程中，欧洲曾经产生过三个主要流派，即英国派、法国派和意大利派。英国派过于迷恋"富有诗意的死亡"，陶醉在废墟前的伤感情怀之中，因此不赞成对古建筑进行修缮。法国派关注的是杰出建筑物的雄伟壮观，主张将古建筑维修得完完整整，"像它应该的那样"，

197

甚至"比原来的更好",希望文物建筑修缮以后风格更统一,功能更合理。

意大利派则重视古建筑的历史文化意义。他们既不赞成英国派那种任凭古建筑走向"有永恒之美的自然死亡"的态度,主张要千方百计制止它们的"死亡",同时也不赞成法国派那种主观地"改造"、"提高"古建筑的完整风格,导致它们携带的历史信息混乱甚至消亡的思路。他们主张尽可能多地保护古建筑的真实性。意大利派提出文物建筑是文明史和民俗史的重要因素,是珍贵的历史资料,既不能任它败坏,也不能随意修改,而要保护住它的"现状",包括它存在过程中所有的改变,不可以"恢复原状"。

在欧洲,关于文物建筑保护的系统性理论,通过 1964 年 ICOMOS 的《威尼斯宪章》比较完整地表达出来。《威尼斯宪章》提出"保护与修复古迹的目的旨在把它们既作为历史见证又作为艺术品予以保护""决不能改变该建筑的布局或装饰"。"不能改变"是其中的关键词。1975 年联合国教科文组织策划了"欧洲文物建筑年",进一步把《威尼斯宪章》传播到全世界。从此《威尼斯宪章》基本上奠定了它的主导地位。文物建筑保护从此成为一门独立科学,不再等于"古建筑修缮",它把保护文物建筑所携带的历史信息放到第一位。100 多年的探索过程说明,文物建筑保护科学的建立和推广,需要社会有很高的文明程度,需要国际的交流和合作。但是遗憾的是,长期以来国际社会关于文物建筑保护理念的建立和推广,始终没有离开欧美语境,而很少把目光关注东方,特别是早期古建筑最为丰富的中国。

中国"不改变文物原状"原则

21 世纪初,关于故宫和天坛、颐和园的文物建筑修缮工程,曾经引起国际文化遗产保护领域的关注,为此 2007 年 5 月 25 日,来自 20 多个国家和地区的 60 余位代表,参加了由中国国家文物局、联合国教科文组织世界遗产中心、国际文物保护与修复研究中心、国际古迹遗址理事会共同主办,北京故宫博物院承办的东亚地区

第九章 两岸故宫——一个甲子的聚散离合

文物建筑保护理念与实践国际研讨会。这次研讨会经过现场考察和深入研讨达成基本共识,在会议上我也代表国家文物局进行发言,在阐述中国文物建筑的历史性、丰富性、礼制性的特点之后,重点强调了中国文物建筑的脆弱性、整体性、延承性的特点,旨在说明中国木结构古建筑与欧洲以砖石为主的历史建筑之间的不同特点。

首先是脆弱性。中国文物建筑尤其是木结构文物建筑具有比较突出的易损性和脆弱性。中国古代建筑最常见的两种材料,即木和土,尤其木材是中国古代建筑中最为重要的材料,从材料的寿命来看,木材易被雨水、潮湿等侵蚀而糟烂,被虫蛀而空朽。为了更好地延长木构架的寿命,建筑内外檐的油饰彩画既有装饰作用,也有保护木结构材料的意义,而墙体更是木构架的维护结构语言。为了防潮,建筑下部的台基使用石材,亦需要经常性的保养。

其次是整体性。中国文物建筑的每个局部都发挥着重要而独特的作用,局部残损可能危及整体安全。屋顶是保护建筑木构架、墙体以及建筑基础安全的最重要部分,是木构架的主要维护语言。屋顶受损会逐渐导致木构架残损,影响建筑的建构和整体安全。中国文物建筑易受自然风雨损毁,常见现象是屋顶漏雨逐渐侵蚀梁架、墙体,最终导致整体建筑坍塌。所以,防止木结构建筑局部损害危及整体,日常保养和局部保护加固显得十分重要。

第三是延承性。中国文物建筑具有鲜明的时代延承性,单体建筑建成于一个时代,但是不乏以后历代添加的修缮加固痕迹;群组建筑则历时较长而成,这种延承性体现出中国古代建筑工匠对前人的尊重、传承和发展,同时也客观保存了文物建筑全部历史过程的真实性和完整性,体现出真实而不断发展的文化价值。这种延承性决定了中国文物建筑的保护维修,首先应该是使之"延年益寿"、长留人间,并尽可能保护一切历史信息。

1992年,在中国召开的全国文物建筑保护维修理论研讨会上,有专家提出应建立有中国特色的文物建筑保护理论与实践科学，认为古建筑的价值在于历史的原貌，古建筑保养维修目的是延年益寿，要避免维修对古建筑造成破坏。古建筑修缮应坚持"四保存"原则，即保存原来的建筑形制、保存原来的建筑结构、保存原来的建筑材料和保存原来的工艺技术。古建筑维修的科技创新，不是替换原材料而是加固补强。专家们认为当代只是历史的传承者，以崇敬前人、相信后人的负责态度，在保护前人建筑成果的真实性和完整性的同时，也将建筑的延承性忠实地留传给后人，是当代责无旁贷的职责。

2002年，新修改的《文物保护法》规定：对不可移动文物进行修缮、保养等，必须遵守不改变文物原状的原则。不改变文物原状的原则可以包括保存现状和恢复原状两方面内容。保存现状应主要使用日常保养和环境治理的手段，对于出现险情的文物建筑局部可使用防护加固和原状整修手段。恢复原状指出于为文物建筑整体或残存局部的安全考虑而使用重点修复手段。在实际的文物建筑保护维修中，正确把握恢复原状与保存现状之间的尺度极为重要。

不改变文物原状的原则，有利于保护文物建筑的真实性和完整性。古建筑是历史的物证。不改变其原状，是谨慎保存历史空间和文化记忆的上策，宗旨是保存我们了解历史、今古对话、时空跨越的媒质，就像保存时间隧道，便于我们借此追寻文脉、感受历史，明确未来发展的方向。看似只是古建筑修缮的具体理念和实施原则，实则关系到我们对待历史与未来的态度，关系到文化传承的前途。因此，不改变文物原状是一种历史责任。古建筑是历史的物证，在对木结构文物建筑进行加固排险保护时，小心翼翼地不改变原状将意味着严肃、谨慎地保存所有的历史。

在故宫博物院设立明清官式建筑研究和保护国家文物局重点科研基地，进而建设中国古建筑保护国家基地，有现实合理性和历史必然性。我们不但拥有世界最大规模的官式木结构古建筑群，而且拥有数百年故宫古建筑保护修缮的丰富经验，特别是面临国务院批准的故宫整体修缮工程的实践机遇,这些是故宫博物院得天独厚的优势,也是我们不能回避的历史责任。目前持续至2020年的故宫整体修缮工程,已经走过了11年的历程,按计划将在2020年竣工。今后7年,我们应以怎样的正确理念推动此项工程开展,问题十分具体,也十分现实,我们必须对此做出回答。

目前,故宫博物院正在对历经几百年风雨的古建筑群进行前所未有的大规模修缮。实际上,这一整体保护修缮工程需要投入的精力和智慧,并不比重建整座紫禁城宫殿的困难和难度小。一方面,现在的古建筑材料供应市场上已经难以购得所需优质传统材料,更加上实施政府采购,按照一般标准控制经费,更难以保证故宫古建筑修缮所需传统材料的质量。另一方面,在传统技艺传承方面存在危机,一些施工技能只有那些有着长期实践经验的传统工匠才能掌握。但是这些身怀绝技的传统工匠目前已经难以寻觅。

面对这一情势,持续至2020年的故宫整体修缮工程,是按照原定"一年修一座大殿"的计划进行,还是实事求是地对目前材料、工艺、方式等条件进行全面分析,制定更为科学合理的保护修缮计划,需要我们面对现实作出抉择。实际上,在当前的条件下,一方面应加强古建筑群的日常维修保养,通过系统的"岁修"和"零修",尽量保持每一幢古建筑的健康状态,延长它们的应有寿命。另一方面应加强古建筑传统营造技艺的传承和工匠的培养,为早日实现高质量的保护修缮积极创造条件。

岁修——事半功倍的保护效果

在现行的《文物保护工程管理办法》中,将文物保护工程分为:"保养维护工程""抢险加固工程""修缮工程""保护性设施建设工程""迁移工程"等。其中对保养维护工程给出了明确的定义,即"针对文物的轻微损害所作的日常性、季节性的养护。"保养维护工程是一种特殊的工程,介于事先保护与事后维修中间。它不同于事先保护之处在于,要对建筑进行一定程度的修修补补,如屋顶除草、补漏、疏通水道、散水补砌、地砖补齐等，具有一定的工程量，它不同于事后维修之处在于工期很短、频率较高、工程量较小等。

文物建筑的自然损坏是难以避免的，损坏出现后，如不及时处理，可能会加速文物建筑的老化。例如我们每天在故宫博物院内巡查，经常看到古建筑的屋面长出杂草，看似只是很小的问题，但是如不及时清理这些杂草，便会造成瓦片松动，进而导致望板糟朽，再进一步就是屋面漏雨、梁架受损。如果一开始就及时将杂草进行清理，此后的一系列问题便不会发生。所以保养维护工程就是在问题刚刚出现时便对它进行处理，使问题不能扩散、病害不能发展，不至于造成更大的破坏力，延长古建筑的应有寿命。

事实上，对建筑进行经常性的保养维护，是人们的本能和使用的基本需要。历史上无论是皇家宫殿还是民间建筑，都会经常进行保养维护。对故宫古建筑进行保养维护，保持其良好状态，有着长期形成的传统，有着极其重要的意义。清代《钦定宫中现行则例》中专有"岁修"一章，规定"凡乾清宫三年一次粘补渗漏，拘抿墙垣，修饰地面之事由宫殿监预先奏准……"由此可见，通过保养维护来使古建筑保持良好状态，在紫禁城里有着悠久历史，其作用也经过了充分的实践检验。

经常进行古建筑保养维护工程，就优点来说，一是可以使古建筑较长时间地保持良好状态，减少修缮次数，从而使古建筑的真实性得以最大程度地保存。二是古建筑修缮所需资金较多，而保养维护工程所需资金较少，勤保养维护而少修缮，则可以大大减少古建筑修缮资金的投入。三是保养维护工程具有工程量小、周期短等优点，可一年一次、一年数次或根据需要随时进行，方便灵活掌握。当然，保养维护工程再小，也是在文物建筑本体上实施工程，如果没有完整的配套措施，也会出现种种意想不到的问题，甚至会对古建筑造成不可逆转的损害，因此必须结合故宫古建筑的特点和要求，制定出切实可行的古建筑保养维护工程策略和制度。

《文物保护工程管理办法》对保养维护工程也有具体的规定：

"保养维护工程由文物使用单位列入每年的工作计划和经费预算,并报省、自治区、直辖市文物行政部门备案。"但是这仅仅是一个概括性的政策,远不能起到规范保养维护工程的作用,具体执行时还要涉及很多问题,还需要制定详细的配套政策来保证实施。例如保养维护工程需不需要设计方案,用不用审批,是否对施工单位进行资质要求,保养维护工程的具体范围包括哪些,保养维护频率有没有硬性规定等,这些都需要我们和文物管理部门进行沟通,逐步加以明确。

过去,当国家财政投入不能满足古建筑修缮时,文物部门曾就古建筑保护提出"不塌不漏"原则,这主要是一种抢险性的处理。近年来,经济状况好转以后,各地纷纷对古建筑进行修缮。但是,修缮以后的古建筑如果没有得到很好地保养维护的话,几年以后将面临再次修缮,如此反复实施,古建筑的真实性将荡然无存。今天,我们有能力也有责任,将古建筑的保护思路变为以日常保养维护为主,尽量减少主动修缮。但是,保养维护毕竟只能处理那些看得见的问题,必须对古建筑保护状况进行日常监测,该进行抢险修缮的还是要及时进行修缮。

将"古建筑修缮工程"上升为"古建筑保护研究"

国家文物局在故宫博物院设立明清官式建筑研究和保护国家文物局重点科研基地,是我们一个新的起点,要努力将"古建筑修缮工程"上升为"古建筑保护研究"。必须要将明清官式建筑研究和保护国家文物局重点科研基地,真正建设成为在国际上具有一定影响力的中国古建筑保护国家基地,彻底改变中国文物建筑保护理论在国际领域缺少话语权的状态,承担起故宫博物院应尽的中国责任、世界责任。

为此,我们要有实际行动,一是建议在故宫研究院成立古建筑研究所,深入开展古建筑保护理论和实践研究。二是系统整理紫禁城古建筑保护历史文献,包括正在进行的《宫廷建筑大事史料长编》编纂工作,在编纂《明代宫廷建筑大事史料长编》的基础上,启动《清代宫廷建筑大事史料长编》的编纂工作。三是对故宫整体修缮工程进行研究,及时编辑整理出版各项古建筑修缮报告和工程实录。四是建设古建筑修缮技艺传承基地,部分恢复"造办处"功能。目前修缮技艺部所在地是原内务府造办处,清代造办体系分为两个机构,一个是专供宫中用度的"养心殿造办处",另一个是设于内务府北侧的"内务府造办处",又称"匠作处"。据记载造办处在最鼎盛时,下设24个作坊,每个作坊都荟萃全国各地的能工巧匠。这些能工巧匠囊括了朝廷几乎日常生活中的各个方面,当时民间把这个造办处叫做"百工坊"。今天,将修缮技艺部"造办处"定位于开放式的官式古建筑技艺传承平台。五是在东华门区域建设故宫博物院古建筑馆,在故宫博物院90年院庆前对外开放。同时在銮仪卫库房区域建设室外古建筑石构件仓储式展示区。六是在故宫博物院北院区建设宫廷园艺研究中心,争取明年局部对外开放。

　　来源:单霁翔,"谈谈故宫的修缮保护工作",《中国文物报》,2014年3月21日5版。

2. 阅读下面的文章,思考"非遗"保护在当代的挑战。

柴窑,要不要烧?

　　日前,国务院办公厅转发了文化部等三部门联合制定的《中国传统工艺振兴计划》。计划进一步明确了在时代发展的大背景下,我们应该如何看待和推进传统工艺的传承与振兴。一直以来,对于传承和振兴,每个人的理解其实不尽相同。以陶瓷的烧成工艺为例,尽管当下"活着"的柴窑数量并不多,但近年来在陶瓷界却有意无意地流行起"柴烧热",柴烧作品再次成为各地陶瓷欣赏和收藏的新宠,有的地区还计划新建柴烧窑炉。然而,对于复烧柴窑,陶瓷业界一直存在着不同的声音。

第九章　两岸故宫——一个甲子的聚散离合

"雨过天青云破处,这般颜色做将来。"这句话出自后周皇帝柴荣对瓷器颜色的描述,我们很难判断这是他自己的一种美好向往,还是对已有瓷质釉色的赞美。但是,为烧出这般颜色,无数陶工潜心努力,不断用技艺去突破和诠释。

陶瓷是泥与火的艺术,借助陶工的智慧和双手使其成了联结自然与人类生活的产物。随着时代的发展,人们取土炼泥、火中求宝的技艺也变得更加多样化。其中最为突出的表现之一,便是窑炉和烧成工艺一直跟随着历史前进的脚步不断发生变化。

从松柴到煤炭,再到液化气、天然气,新型燃料的使用为窑炉结构和烧成制度的革新提供了更多可能。如今,绝大多数的手工陶瓷从业者已经从过去投柴观火、不眠不休地守候在柴窑旁的辛劳中解脱出来,转而选择可以严格控制烧成时间、温度并且保障成品率的气窑。

根据记者的采访统计,在江西景德镇上千个窑口中,只有20余个柴窑,所占比率不超过2%;而在河南的钧瓷、汝瓷产区,河北的定瓷产区,浙江的龙泉青瓷、越窑青瓷、婺州窑陶瓷产区,福建的建窑建盏产区,云南的建水紫陶产区,这一比率更低,有些地区仅有零星的三两家在做柴烧,而有些地方的柴窑已经不再工作甚至彻底消失了。

装窑,就是将装有器坯的匣钵送入窑内。这一工序看似简单,却是柴窑烧制技艺中很关键的环节。装窑好坏,直接关系到窑内作品烧制的成败,一般窑师若无十几二十年烧窑经验,是码不好窑的。

传统工艺 VS 环境保护

从业者说:

建水紫陶烧制技艺省级代表性传承人田静的工坊——陶茶居田记窑多年来一直坚持柴窑和气窑"两条腿"走路。他们每年会烧七八窑柴烧,不计破损,每窑大概能产出100多件作品,烧窑的成本每年为几十万元。谈起柴窑和气窑的区别,田静打了个比喻:

"简单地说就是砍柴烧火煮饭与电饭锅煮饭的区别,一个成败就在天、人和一把火,而另一个更快捷和可控。即使用同样的米,二者烧出来的味道也是截然不同的,柴烧对于个人的技术能力和经验要求都是极高的。"她很确定,"泥与火的艺术才是陶的生命历程,当前很多陶瓷类的项目都是以烧制技艺来评选和命名非遗的,因此作为非遗项目的传承保护基地应该坚持传统的柴窑烧制。"

在龙泉青瓷烧制技艺国家级代表性传承人徐朝兴看来:"从技艺保护的角度出发,保留几条龙窑,以技艺展示为目的每年烧一次是可以的。但无论从保护森林自然资源抑或是环保的角度考虑,都不应该再提倡烧柴窑,毕竟时代不同了,保护传统工艺也需要与现代社会相协调。"

建窑建盏烧制技艺国家级代表性传承人孙建兴也认同这一观点:"我们的作品大多数属于日用品,没有必要付出那么大的代价选择一种相对落后的生产方式来制造。"孙建兴更倾向于运用现代技术手段,以便使电、气窑烧制的作品达到类似柴烧的效果。通过反复实验,他研究的电气窑还原烧制技术也取得了突破。

钧瓷国家级代表性传承人任星航多年来也一直潜心研究窑炉技术的改进。与孙建兴有所不同,任星航将功夫更多地花在了研制节能环保柴窑窑炉上。"通过对窑炉的改造,原先需要5吨木材才能完成的产量,如今仅需要半吨;过去需要连续烧制40个小时,现在仅需10个小时,实现了节能和高效。"任星航说。

专家视点:

吕品田(中国艺术研究院常务副院长):生产技术在向前推进,面对资源匮乏和环境保护的问题,如今再大规模地烧柴窑已经不现实了。当然,从作品效果上看,柴烧烧造所产生的变化更多,在强调历史感方面也是别的窑炉没法达到的,但柴窑也并不完全是非遗项目的全部,因此,有条件的地区从保存历史记忆的角度出发,保留1条到2条柴窑、有限制地使用也是可以的。此外,柴窑烧制技艺的展示具有很高的审美价值,有利于旅游开发。

规格、形制相同的两件小茶罐同出自田静之手,只是分别使用柴窑和气窑烧制作品的风格和韵味却明显不同。上图为柴窑作品,下图为气窑作品。

非遗保护 VS 产业发展

从业者说:

对于还原和恢复传统的烧制手段,钧瓷烧制技艺市级代表性传承人刘红生认为复烧柴窑很有必要。"窑为瓷之母。对于钧瓷而言这一表现尤为突出,因为钧瓷是靠窑变来表达的一种艺术形式,这其中,窑炉结构及烧成制度对窑变有着至关重要的作用。"刘红生说,在柴窑的烧制气氛中,钾、钠和钙等元素可以使得釉水的流动更加动感,烧出的作品古朴含蓄,表现出宋代的审美。在煤窑的烧制气氛下,氧化钙更多地与釉水结合,作品可以呈现出刚烈的气魄。使用碳窑,因为其烧成时间短,所以作品的风格也更加清新亮丽。而对于气窑,因为窑炉内没有微量元素,所以烧制的作品釉色更亮,色彩饱和度更高。因此,从复原和研究传统技艺发展脉络的角度来说,"知古"有着特殊的意义。

在定瓷烧制技艺省级代表性传承人庞永辉看来,复烧柴窑的做法对于陶瓷艺术家搞创作成立,但对于陶瓷行业的发展却并不成立。"气窑的发明为窑炉结构改革做出了很大的贡献,它很好地提高了烧成温度、缩短了烧成时间,已经能够满足陶瓷烧制工艺的基本要求。如若对窑炉升温曲线长短控制得当,同样能够烧制出温润含蓄的效果。"庞永辉说,"宋代的陶瓷作品之所以卓越,正是因为当时科技与文化的无缝对接,如今我们的窑炉技术在前进,我们不应该抱着原始的烧制手段不放,或是盲目地跟风,而应该将目光聚焦在作品所表达的文化和艺术上,基于中华优秀传统文化的核心来创作当代作品。"

专家视点:

刘润福(清华美院陶瓷艺术设计系副教授):"柴烧热"的出现是经济和文化发展到一定阶段而产生的自我需求。当工业化的量产满足了大众物质需求后，人们会产生对于情感表达和艺术多样性的文化需求，也正是精神需求带动了"柴烧热"的发展。对于当下的柴窑烧制而言，受成本环保等各方面因素的制约，与功能价值相比它更多的意义表现在文化价值上。

值得注意的是，当前学术界对于传统柴窑烧制技艺的研究大都集中在文博体系的"修复"或产区匠人的技艺恢复层面，具体到窑炉的构造和实际的操作，当前的现状还是以传承人师承的操作习惯、经验技巧、感性认知层面为主。而对于复原窑炉技艺来说，对于不同的陶瓷项目，其技艺发展的盛衰起落也各不相同，如果我们简单地将传统工艺复原到前一个时代的水平其实意义不大。我们应该研究复原的是这项工艺发展到历史最高峰的时期，以及当时的窑炉结构、烧成工艺、审美风格是什么状态。因为只有站在一项工艺发展的高峰上，才能走向另一个高峰。推进一项工艺技术向前发展的基础和前提是要真正了解和判定前人最高峰时期的作品是怎么做出来的，为什么当前和高峰期烧出的作品不一样，我们应该明确是哪个环节出了问题。

品质VS价值

从业者说：

当下，柴窑与电、气窑生产出的产品在市场上的表现如何？田静举例，在陶茶居，同样规格、形制和大小的茶罐，品相完美的柴窑作品在价格上要比气窑作品高出一倍。"在我看来，做柴烧不该'刻意'而应是十分'克制'的，那种火中求宝的体验是只有在攒够了心血后才能够去做的，现在的市场确实存在一定的乱象，但我认为，我们为大家所呈现的非遗作品应该具有真正的品质。"

对于柴烧的功用与价值，婺州窑陶瓷烧制技艺传承人陈珩认为："一方面，并不是所有类型的陶瓷都适合柴烧。比如一些对精美度、完整度要求较高的单色釉瓷器，电、气窑的发明彻底解决了柴窑在烧制过程中木炭灰烬落在瓷器表面造成瑕疵的问题，不仅大大提高了成品率，而且摆脱了过去使用的'保护装置'匣钵的束缚，瓷器在大小和造型等方面都有了更多发挥空间。另一方面，不能盲目地认定柴烧烧出的作品就是好的。陶瓷的制作过程包括拉坯、上釉、装饰等很多工序，而烧成只是其中的一道工序而已，不应该凭此一条就判定一件作品的价值，而应该以一种更为综合、全面的标准来衡量。"

专家视点：

陈岸瑛（清华美院艺术史论系主任）：现在这个时代的创新并不一定体现在使用什么新的设备，无论是从保护传统文化的意义上看还是文化产业的视角上看，有些时候恢复一些传统的技艺它所承载的文化和经济价值会更高。但恢复不意味着复古，而是要将其转化成具有当代价值的文化。因此，我们所说的创新其实就是选择一种模式来实现这样的转化。

以刺绣为例，就非遗代表性传承人的作品而言，手工刺绣的精湛工艺是机绣所无法企及的，而从另一个维度上看，新疆哈密绣娘的刺绣有时在精细度上也许还不如机绣，然而哈密绣娘刺绣本身的文化价值却是机绣所无法取代的。因此，我们对于文化艺术价值的评判不能简单地固化在特定的产品上，而应该着眼于其是否能够实现当代价值的转化，是否有利于构建当代文化。

窑炉的发展演变

我国的陶器历史悠久，最早可追溯到新石器时代早期。随着陶瓷生产的需要，一代代优秀的陶瓷工匠根据烧造经验不断总结、完善、改进，使得窑炉技术不断发展演进。不同地域及产区更是根据当地地理、气候、原材料和烧成工艺的不同形成了不同的窑炉特色和风格。这里，简要回顾一下历史上各时期窑炉革新的几个瞬间。

我国的陶瓷生产经历了从无窑平地堆烧式的原始烧制阶段到有窑炉的穴窑，这是人类制陶史的一大进步。据考古发现，在新石器时代就有横穴、竖穴式窑炉的出现。当时的人们根据生活和生产需求可烧制红陶、灰陶、白陶、花皮陶及黑陶等各色和不同大小的陶器。

  商代至战国时期，窑炉逐渐从地下发展到地上，这是窑炉技术发展的又一进步。将窑建在地面，不受地下潮湿的影响，窑的利用时间长了，同时窑室扩大、窑的高度增高，这对产品产量及质量的提高都很有利。这一类窑被称为圆窑或直焰窑，通过对进气量的有效控制，可以使窑温达到1 200℃，生成还原气氛，这样的温度促使了高温硬陶及原始瓷的出现。

  自战国时代起，我国北方的窑工们将圆窑的窑顶封闭，在近窑底的墙壁上开排烟孔，并在外部砌烟道，从而逐步发展为全倒焰式馒头窑。这种类型的窑特别适于烧制大件及厚胎产品，如著名的秦砖汉瓦等建筑构件。更值得一提的是，它的使用对秦兵马俑的烧制具有特殊的贡献，至今为止尚找不出哪一种窑炉比这一时期的窑炉更适合烧制大型兵马俑。

  在我国北方馒头窑发展的同时，南方的龙窑逐渐出现。龙窑多依山坡或土堆倾斜建造，与地平线构成7°至23°。因为窑身宛如一条火龙自山上而下，所以叫龙窑。龙窑因升降温度快、可以快速烧成还原气氛的优点有效地促进了南方青瓷的发展，以战国越窑为代表的早期青瓷就是在龙窑的发展下出现的，后期又发展出龙泉、建窑等优秀瓷种。

  至宋代，由于金人入侵，北方工匠大量南迁至景德镇、龙泉、德化等窑区。在南北窑工的融合和借鉴下，结合了龙窑和馒头窑二者优点而发展起来的阶梯窑逐渐形成。这种窑炉是在龙窑的基础上，结合馒头窑的优势，将窑体改为一个个串联的拱顶结构的窑室。

  南方窑炉发展至明末清初，景德镇在自身青花瓷烧制的精益求精的工艺要求下，又发展出比阶梯窑更先进的蛋形窑，也称景德镇窑。它克服了阶梯窑尾不易升温的缺点，对明清官窑的烧制及各色瓷种的开发起到了至关重要的作用。

  在近代的历史长河中，陶瓷业的烧成制作中仍大量沿用古代人民所创造的窑炉,陶瓷窑炉从根本上没有改进和提高。

新中国成立后,我国的陶瓷行业开始从国外引进和自行设计建造新式窑炉。从上世纪60年代初主要以煤为燃料的隧道窑投入使用,到70年代中期以轻柴油为燃料的梭式窑向全国推广,再到90年代初引进的德国以天然气为燃料的高温辊道窑的逐步发展,现代的陶瓷窑炉技术随着新型燃料的发展,大大提高了窑炉的能源利用率,并为现代人们的日用生活提供了更多的陶瓷制品。

来源:王学思,"柴窑,要不要烧?",《中国文化报》,转载于雅昌艺术网,2017年4月5日,获取于2017年6月10日,http://news.artron.net/20170405/n921467_4.html

 观察体验

看看你的周围,寻访一座历史建筑,了解它的保护和再利用情况。

 应用实践

阅读下面关于"众筹修长城"的新闻以及"知乎"上赞同人数最多的看法,谈谈你对互联网+遗址保护的体会。

如何看待众筹修长城?

话题:2016年9月1日,由中国文物保护基金会发起、在腾讯公益乐捐平台进行网络公募的"长城保护2016"公募活动在京启动。这是文物保护领域首次采用"互联网+公益"方式进行公募。本次所募得的资金,全部用于河北省宽城县和迁西县喜峰口长城段落、北京市怀柔区箭扣长城段落的本体修缮。

赞同人数较高的回答：

我看了一下这个众筹项目的内容。1.列举了长城消失的原因：自然原因：天气和气候对墙体的损毁；历史原因：长城沿线贫困居民拆砖盖房、战争；其他原因：驴友攀爬野长城造成墙体脱落、违法分子盗卖明代长城文字砖。2.要修缮的喜峰口长城的现状和资金需求。3.具体的执行计划，资金用途。4.回报：留名、获得项目进展情况资讯、监督建议获得反馈，项目由中国文物保护基金会发起、在腾讯公益乐捐平台进行。发起人资质不必赘述，腾讯大平台也很有保障。对于这个项目，我个人觉得很不错，先说一下这种公益众筹形式的优点。

公开透明。从小到大我们参与过很多公益项目，很多项目都是捐钱之后就不知所踪了，我们并不知道我们的捐款到底去了哪里，是不是真的给了捐赠的对象。采用公益众筹的话，因为互联网大平台，我们能清晰地知道捐款的数目和流向，知道我们的钱是不是真的用在刀刃上。发起人的真假可以让我们去查询，从而评估项目的真实性，作为第三方的互联网平台因为本身的公开特性，也能大大降低发起人骗捐的风险。

宣传效应。因为项目发布在了互联网上，扩大了宣传的范围，能让更多的人知道这件事，对这个项目感兴趣。我也是看到题主的提问才知道这个项目。只要有了最初的传播，这个公益项目就能一传十十传百地传播开来，对于项目的成功有很大作用。

省钱。因为是线上活动，就会少了很多线下宣传必须的租地费用等，而且借助互联网也减少了宣传费用。当然这个项目也有线下公益，但是比起完全的线下公益，还是省了一笔钱的。那么，项目就能把这笔节省下来的钱也应用到项目本身。

降低公益参与门槛。这个项目的最低金额是1块钱，1块钱不是什么大钱，很多人能参与其中，因为它的回报当中，"无论金额多少，都将成为中国文物保护基金会'长城之友'"，这一项还是很有吸引力的。有时候我们想参与一些公益项目，却找不到参与的入口，这种互联网众筹的形式，只需要上网申请账号就可以参与其中，对于捐款人来说，参与方式挺简洁的。

说完公益众筹，再来说说这个项目的意义。我也去爬过长城，因为去的是八达岭之类的保存尚好的地方，所以真的不知道野长城的生存现状已经如此艰难了。其实就算是保护起来的地方，也有很多损坏的部分，很多到此一游的刻痕还在，某些地方因为游客没素质的行为也变得不忍直视，可想而知那些没被保护的地段情况肯定更加恶劣吧。长城意义非凡，很多人写过有关它的文章，唱过有关它的歌，听过有关它的故事，它是我们历史文化的一部分。保护它，确实需要我们行动起来。

关于这个项目有点小小的意见，长城修缮好之后还得考虑如何保护好修缮的部分，不然前脚才修好，后脚又有人为破坏，那么修缮它的意义也会大打折扣，而且成本也会非常高。同时我觉得只是网民们有这样的觉悟是不够的，还应该向附近的村民宣传宣传，让村民们也参与到保护长城的行列，甚至担当起其中最重要的保护者。不然再发生那些历史上的事件就不太好了。

答主：爱 money，发布于 2016 年 9 月 7 日。获取于 2017 年 12 月 18 日。话题链接：https://www.zhihu.com/question/50390634/answer/120863322

明长城 1/3 已完全消失 9 月起可以众筹修长城

1984 年，现任中国长城学会常务副会长的董耀会只有 27 岁。那年他和朋友们一起，从长城入海处山海关老龙头出发，历时 508 天，徒步走到嘉峪关，完成了中国人在长城上的第一次完整行走。之后，全国掀起了"爱我中华、修我长城"的活动，发动社会力量捐资修建长城。

32 年后，2016 年 9 月 1 日，由中国文物保护基金会发起、在腾讯公益乐捐平台进行网络募捐的"长城保护2016公募活动"在北京正式启动。活动主题为"保护长城,加我一个",这是文物保护领域第一次采用"互联网＋公益"的方式进行募捐。

在新闻发布会上,董耀会说:"著名的世界遗产、我们的万里长城,保存状况堪忧。以距今最近的明长城为例,明长城人工墙体长度为6 259.6公里,目前保存较好的只有8%,保存一般的近20%,已消失的占到31%。"

董耀会介绍,本次募得的资金,将用于河北省宽城县和迁西县喜峰口长城段落、北京市怀柔区箭扣长城段落的本体修缮。

其中,喜峰口段长城已历经五百多年,它由戚继光督建而成,位于蓟镇长城中最重要、最精粹的位置。这里还发生过著名的"宽城阻击战":国民革命军29军宋哲元率部在此阻击日军,以长城为掩护,与日军展开三天三夜的殊死搏斗。用于喜峰口段长城本体修缮的资金,主要通过网上募集,辅以线下劝募,共修缮本体1 050米,所需费用约为2 300万元,首期筹款目标为1 100万元。

箭扣段长城地形复杂、险峻雄奇,修缮费用约为1 500万元,腾讯公益慈善基金会已领捐1 000万元。

国家文物局副局长刘曙光介绍,2005年,国务院批准了《长城保护工程(2005—2014年)总体工作方案》,中央财政10年累计投入19亿元,修缮加固长城410公里、单体建筑1 402处,设立长城保护标志1.8万个。但在长城巨大的体量面前,保护力量依然薄弱,需要广泛动员社会力量参与。

两段长城公募资金募集使用情况将在中国文物保护基金会微信公众号和腾讯公益平台上公示,接受社会监督。本次公募活动还设计了一系列让捐赠者参与的活动,如邀请部分捐赠者烧制长城砖、攀登长城等,为捐赠者提供更多亲近长城、了解长城的渠道。

从9月1日起,公众可进入"保护长城,加我一个"活动页面进行捐款,也可登录腾讯公益,以及关注"中国文物保护基金会"官方服务号了解活动进展、参与相关公益活动。

来源：蒋肖斌："明长城31%完全消失，从今天起众筹修长城"，中国青年报，2016年9月2日03版。

 阅读书单

单霁翔著：《走进文化景观遗产的世界》，天津大学出版社，2010年。
野岛刚著：《两个故宫的离合》，张惠君，译，上海译文出版社，2014年。
单士元著：《从紫禁城到故宫：营建、艺术、史事》，北京出版社，2017年。
周兵著：《台北故宫》，北京时代华文书局，2015年。
朱家溍著：《故宫藏美：插图典藏本》，中华书局，2014年。
中国国家博物馆、史家小学编：《中华传统文化——博物馆综合实践课程》，人民美术出版社，2015年。

第十章
希腊国家考古博物馆与
埃及古物博物馆
——考古那些事儿

历史已逝,考古学使它复活。
——中国现代考古学家苏秉琦

问题聚焦:
1. 考古是不是挖宝?
2. 什么时候该挖,什么时候不该挖?
3. 公众可以参与考古工作吗?

第一节 ǀǀ 什么是考古学？

什么是考古学？这门学科的作用是什么？

人总是会好奇：我们从哪里来？小时候，我们都听过那些以"很久很久以前……"开头的故事，除了故事、神话，以及写下来的文字，我们怎么知道我们从何而来，走过了怎样的路？

庞贝古城的发掘让我们看到了古罗马曾有辉煌的文明，当时的人们过着诗意而富足的生活，使得此后两千年西方艺术史的发展都以此为源泉汲取养分；良渚文明的发现让我们看到在新石器时代，我国长江流域已经有了坚固的城池、等级森严的社会制度和国家的雏形；图坦卡蒙的墓葬让我们见识到了古埃及社会的方方面面……

考古学是通过人类过去的遗存遗迹研究社会文明的学科。人们如何形成社会群体、如何开拓环境；如何交流、如何衣食住行；社会为何变迁。我们通过过去了解自己，因而走未来的路。然而，就像文字需要"阅读"的能力一样，对遗存的了解需要有一定的方法。如何才能发现这些考古材料、如何分析"解读"它们、如何断代……解决问题之道构成了考古学的方法。

一路走来，考古学经过了逐渐的发展，才有了今天的系统。早期，人们只是对古物进行探掘，到19世纪下半期，普遍的考古活动在欧洲开始进行，本章所提到的谢里曼的故事正发生在这个时期。随着把考古学视作了解过去的信息来源的观点逐渐流行，考古学的基本方法在摸索中于19世纪末20世纪初逐渐建立。

20世纪上半期，考古学变得日益系统，考古学文化的概念逐渐流行，考古学家们能通过整合出土资料来定义特定的考古学文化。著名的图坦卡蒙的墓葬便是在此时被发现。20世纪60年代以后，考古学向更科学化的方向发展，人们不再满足于了解古代物质文化及对它们的描述，而是试图解释这些现象产生的原因。其他学科的方法更多地被运用到考古学研究中。当代考古学的目标大致包括：研究文化历史、重建人类的生活方式、阐明社会演变的规律。在当代,考古学家相比发掘,更关注保护;他们不仅关注遗址本身,更关注其周围文化环境的保护;更关注与公众的关系,因为文明的守护是为了全人类,也是全人类所应共享的责任。

在本章中,我们通过回顾几个大型墓葬的发掘来阐述考古学的意义及其发展。

一、希腊国家考古博物馆

希腊国家考古博物馆就像希腊神话的现场版。这座始建于1866年的博物馆有一百多年的历史,收藏了希腊各地出土的各个时期价值极高的文物,展现了古希腊文明的精粹。恩格斯曾说过,"没有希腊和罗马奠定的基础,就不可能有现代的欧洲。"而在这座博物馆里所展示的艺术,也影响着西方美术史随后几千年的审美。

在这个博物馆里,我们通过介绍一件藏品,讲述考古学发展早期阶段的故事,以及考古和"挖宝"的区别。

图81　阿伽门农的黄金面具

在我们熟知的古希腊文明(公元前800年—公元前146年)诞生以前,爱琴海地区有没有更早的文明？长时间以来,人们无从猜测和证明。尽管有《荷马史诗》[1]的描述,但这些文字里的爱情和战争无从考证,也许只是传说。迈锡尼文明(存在于爱琴海地区,与克里特岛文化合称为克里特——迈锡尼文化,构成古希腊文明的序曲)存在过的记忆早已消失,直到一个叫谢里曼的德国人"意外"地发现了它。这件"阿伽门农黄金面具",是迈锡尼文明存在过的证据。迈锡尼是伯罗奔尼撒半岛上的一座古城,在公元前1500年至公元前1200年

1.《荷马史诗》是两部长篇史诗《伊利亚特》和《奥德赛》的统称,相传是生活于公元前八百年的古希腊吟游诗人荷马(Homer)所作,但就像中国的《诗经》一样,《荷马史诗》是古希腊吟游诗人的集体成果。在此之前的历史,都是一代一代口口相传,荷马将这些历史整理,形成诗歌形式的历史记叙,就成了《荷马史诗》。荷马史诗讲述了希腊和特洛伊的战争故事。

间,迈锡尼文化曾极其繁荣。

这件黄金面具似乎非常写实,好像就如面膜般敷在一个人的脸上形成的。这个人有深陷的眼窝、高挺的鼻梁、留有小胡子,看得出是一个经过岁月洗礼的男人。他是谁? 就是阿伽门农吗?阿伽门农又是谁?

阿伽门农是《荷马史诗》中的人物。为什么这个面具以串起故事中的人物来命名? 这要归功于面具的发现者——海因里希·谢里曼。

谢里曼,1822年生于德国,从童年起就痴迷于《荷马史诗》,他相信其中的故事不仅仅是传说。为了找到荷马史诗中记载的特洛伊古城,谢里曼学习了多种语言,又靠经商积累了财富,这为他日后的考古发掘提供了必要的基础。

谢里曼把《荷马史诗》作为向导,他推测土耳其西北部的遗址西沙里克小山更加符合《伊里亚特》史诗中描写的特洛伊城的位置。

多年的等待换来了运气的眷顾。1870年,谢里曼在西沙里克挖掘出了一段石墙,他怀着激动的心情写道:"这石墙有6英尺厚,建筑得牢固极了!"他武断地相信,这就是荷马在史诗中描写的特洛伊城墙。

很快他发现,他看到的城墙仅仅是"蛋糕"的一层表皮。下面,一层一层的废墟一个压一个,一共有九层。每一层代表着一个城市存在过的历史:一个在前一个废墟基础上建造的城市。各层之间又有多层泥土相隔。有几层灰末显示,其中部分城市曾被大火夷为平地。谢里曼对上面几层不太感兴趣,他自认为真正的特洛伊,即荷马史诗中的特洛伊,应该是在最下面或靠近最下面的地层。所以,使后来的考古学家深感遗憾的是:谢里曼指使他的民工残忍无情地用大车拖走了成千上万立方码的泥土和石头,使这座遗址小丘上面几层具有考古实证价值的地层,在他大刀阔斧向底层鲁莽的发掘下丢掉了! 正如谢里曼自己所说的:"我的目的是掘出特洛伊,我估计它是较低地层遗址中的一个,我不得不破坏而放弃较上面的地层中许多有趣的遗址。"他的鲁莽与妄动使一些学者十分不满,称他是"特洛伊第二个破坏者"。

谢里曼一路往下挖,挖到了一座大型建筑物的遗址。他认为这是《荷马史诗》中的普里阿莫斯国王的宫殿,应当属于希腊。谢里曼让他的妻子索菲亚用披肩悄悄将黄金运走。

谢里曼家族成功地把这些财宝运出了土耳其,运到了希腊,再由妻子索菲亚的亲戚把它们藏在花园和货棚里,直到1874年谢里曼准备将此事公诸于世。

谢里曼发现的公开,顿时引起一场轩然大波。未经许可的发掘使得土耳其政府极其愤怒地要求归还这批宝藏;而希腊政府在土耳其的压力下,拒绝接受这批宝藏。最后,谢里曼只有把它们送到德国,存放在柏林一家国立博物馆中。同时,谢里曼缴纳了土耳其政府要求的大笔赔偿金。

前苏联在20世纪90年代曾对这批黄金作过碳定年代法的测试,发现这批宝藏形成的时间要比普里阿摩斯国王和荷马诗人所处的时代还要早一千年。根据考古学中地层的覆盖原理,越是晚近的时代,埋藏在越浅的底层。如果谢里曼当年发掘时谨慎一点,他就能发现真正的特洛伊战争时期的遗迹。然而,在他破坏性的发掘过程中,大量的考古遗存已经被谢里曼亲手毁掉了。可惜当时,谢里曼并不知道这点。

根据《荷马史诗》里的故事,历史不仅发生在小亚细亚,也发生在爱琴海的另一端——希腊。1876年,谢里曼又再接再厉,在希腊的伯罗奔尼撒半岛迈锡尼遗址的狮子门内侧展开发掘工作。他发现了几个竖井墓,掘开之后,墓中出现了大批的金银和青铜器物以及珠宝、饰物和武器。同样,他武断地判断这就是阿伽门农的墓穴。谢里曼在最后一个坟墓中,发现了一个戴着金色面具的干尸。他兴奋地宣布,那就是阿伽门农国王的黄金面具。这个面具的名称也由此而来。

经过考古学家的考证发现,1876年7月,如同在特洛伊发掘时所犯的错误一样,过分迷信荷马史诗使他对迈锡尼考古作出了错误的结论。他发现的所谓的"阿伽门农的坟墓"是迈锡尼早期的墓葬形式——即竖井墓,年代约在公元前16世纪。而传说中的阿伽门农即使真有其人,也是公元前13世纪时的人物。他所看到的显然不是阿伽门农本人,而是比他早三四百年的迈锡尼时代的王公贵族。因此阿伽门农黄金面具实际上并不属于阿伽门农本人。

尽管谢里曼发现的古代城市遗址可能是特洛伊城,但根据科学年代的测算,他始终未能证实《荷马史诗》中的故事确实存在。根据年代,荷马史诗中记载的故事可能发生在第七层。(根据地层叠压关系,越下面越古老,最下面一层为第一层)

然而,谢里曼在迈锡尼的发现却是古希腊文明兴起之前迈锡尼文化的首例确切证据。经过谢里曼的发掘和研究,学术界开始认识到希腊古典时代之前,确有一系列灿烂的古代文化,从而揭开了欧洲古代史研究的新篇章。谢里曼的考古实践,也使他成为欧洲现代大规模考古发掘的先驱,为普及考古学作出了重大贡献。

1871年,谢里曼发掘希腊青铜时代特洛伊遗址的年代,成为近代考古学方法延伸到后石器时代考古的标志。

那么,荷马史诗中的情节究竟是否是真的?

德国考古学家玛夫锐德·柯夫曼认为,《荷马史诗》描述的事件是否曾经发生不太重要,"《荷马史诗》描述了历史事件的核心:战争确实在这个地势险要的地区不停地发生。关于是否有帕里斯和海伦这样的人物,不是主要的问题。"**与谢里曼不同的是,今天的考古学家们把特洛伊视为具有悠久历史的名城,而不是用来证明文学故事的证据。**

迈锡尼文化从大约公元前1600年至1050年,一直主宰着爱琴海地区(公元前14世纪和13世纪,在迈锡尼人的全盛时期,他们居住和往来贸易的足迹遍及希腊、克里特、爱琴海诸岛、土耳其沿岸,以及意大利南部。大约公元前11世纪,迈锡尼帝国瓦解。当地人与来自北方的部落混合而建立了希腊文明,在8世纪时,处于全盛时期)。古希腊的语言、文学和宗教保存了迈锡尼文化的许多成分,这些成为了特洛伊故事的基础。

用今天的眼光来看,谢里曼并不是一位受过良好训练的专业考古学家。他的挖掘方法毁坏了大量有价值的考古遗址。在19世纪下半叶,大规模的考古发现在欧洲进行,人们发现了考古的意义,但考古学的方法却还在摸索之中。特洛伊依然是个谜。如果当年谢里曼能科学地发掘,我们对特洛伊的了解会比今天多很多。

可见,"考古不是挖宝"。英国考古学家皮戈特将考古学定义为"一门研究垃圾的科学";而英国考古学家戴维·克拉克给考古学下了一个经典的定义:"考古学是这样一门学科,它的理论和实践是要从残缺不全的材料中,用间接的方法去发现无法观察到的人类行为。"[1]。考古学家和盗墓贼的区别在于,考古学家关心怎么挖。

---

1. 陈淳:《考古学研究入门》,北京大学出版社,2009年,第11页。

第十章　希腊国家考古博物馆与埃及古物博物馆——考古那些事儿

这也就是为什么秦始皇陵的地宫至今没有打开的缘故。一次考古发掘的准备不够充分、考古设施的保障不够到位、保护出土文物的技术不够完善，都可能导致考古发掘的失败和不可再生文物的流失。有段时间，关于武则天和高宗皇帝的合葬墓"乾陵"该不该打开的问题在网上讨论得沸沸扬扬。更多的网友认识到：考古并不是为了满足好奇心，更重要的是如何将文化遗产完好、完整地保存下去。

接下来，我们将为大家介绍另一个著名的黄金面具，它收藏在埃及国家博物馆里。

二、埃及国家博物馆

埃及国家博物馆是世界上最全的法老文物收藏地，收藏各类文物 30 多万件，大部分来自于埃及"帝王谷"，这里是法老陵墓最集中的地方。因此，这座博物馆也被称为"法老博物馆"。

图 82　图坦卡蒙的黄金面具

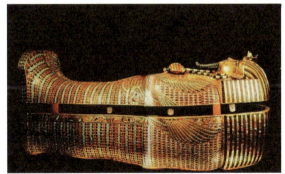
图 83　图坦卡蒙的棺材（第二层）

这枚黄金面具属于一个在历史上名不见经传的年轻法老——只活到 19 岁的图坦卡蒙。但如今，他却几乎家喻户晓。人们说，他一辈子做过最伟大的事情，就是"死了并让人埋了"。图坦卡蒙是公元前 14 世纪中叶埃及第十八王朝的法老。他九岁即位，十九岁驾崩。在埃及漫长的法老时代中，图特卡蒙因为在位时间短而名不见经传，他的猝死也使得他没有事先修建的豪华金字塔陵墓。正因为不起眼，其陵墓在很长时间里始终没有被发现。

考古学家霍华德·卡特熟读古埃及历史,发现图坦卡蒙陵墓是他毕生的梦想。1903年起,他就带领助手在帝王谷的每一寸土地上搜索。在19年的努力后,1922年11月5日,他终于找到了图坦卡蒙陵墓入口,它竟然位于另一个著名的法老拉美西斯六世的陵墓下面,开凿于岩石内。他的墓未被人盗过,也因此是迄今发现的唯一一个完整的法老陵墓。

图坦卡蒙陵墓所有出土文物超过10 000件,它不仅使人们看到了3200年前新王国时期法老的葬制、礼仪以及法老本人的形貌、服饰、日常生活用品、珍贵的艺术品、车马武器等,还真实地反映了3200年前新王国时期的社会经济、政治思想、宗教文化、科学技术等多方面的情况。因此,一些考古学家激动地把图坦卡蒙的陵墓称誉为"埃及新王国社会的缩影",是20世纪最伟大的考古发现。

图坦卡蒙陵墓前厅后面的墓室由两个真人大小、乌木镀金的武士雕像守卫着。里面的棺椁共有七层,四层外椁为木质,通体用黄金覆盖,四面镶着鲜艳的蓝釉饰板,上面布满雕刻。外椁内是整块黄色石英岩雕成的内椁,石棺周身雕刻的女神伸开双翅托住棺脚,里面有三层人形棺。最外层是贴金木棺,棺盖上是图坦卡蒙的金像,脸用纯金铸成,前额上镶嵌着艳丽的眼镜蛇和秃鹰——上埃及和下埃及的图徽。第二层也是贴金木棺。最内层是黄金颜面人形棺,前后均用3厘米厚的金板制成。黄金棺上的法老两臂相互交叠,手里握着权杖和神鞭,线刻的守护女神羽翼环绕着金棺,工艺极为精湛。

棺内即图坦卡蒙的木乃伊,黄金面具套在他的头部和肩上。木乃伊的头上有一块亚麻布头巾,颈部和胸前放了一大串由珍珠和花朵组成的颈饰。图坦卡蒙的黄金面具高约54厘米,宽约40厘米,重约10.23公斤,同金棺一样,眼镜蛇和秃鹰徽章位于前额的中间位置,象征上、下埃及(上埃及以神鹰为保护神,下埃及以蛇神为保护神);下颌处垂着胡须,象征冥神奥西里斯。面具上镶饰着各种宝石和玻璃,眼睛由石英和黑曜石(一种像玻璃的石头)制成,眉毛和眼圈则是透明蓝玉。

图坦卡蒙的黄金面具和金字塔一样,成为古埃及历史和文化的象征。黄金面具图案成了埃及旅游标志,被镌刻在1元面值的埃镑硬币背面;作为开罗埃及博物馆的镇馆之宝,黄金面具被摆在了馆中最显要的位置。

法老诅咒——迷信的破除[1]：

"谁扰乱了法老的安宁,'死神之翼'将在他头上降临。"

在图坦卡蒙陵墓里发现的这句铭文,成了图坦卡蒙陵墓的"广告语"。诅咒究竟是否存在？考古是否如此危险？

为了"迎合"这句诅咒的存在,人们列举了许多事实：数年内,参与发掘的二十多人中有十几个人相继死去；在凿开坚实的墓道封口时,600公里外的开罗突然全城停电；发掘图坦卡蒙墓的资助人卡那封勋爵在图坦卡蒙墓发掘不久就死亡了；主要发掘者卡特的宠物被蛇咬死……所有这些事实编排到一起,似乎都在告诉我们,图坦卡蒙的诅咒格外灵验。

诅咒真实存在吗？有不少科学家试图用不同学科的知识解释这一现象。有医学教授认为是木乃伊中的某种寄生虫导致了考古学家的死亡；也有科学家认为可能是古埃及人利用剧毒的害虫及毒物作为保护陵墓免受侵犯的特殊武器。这些科学的假设和验证,却被一些人认为从科学上反映了图坦卡蒙诅咒的确切存在。

然而,从统计学的角度来看,与陵墓开启最密切的23人在陵墓开启之后仍平均活了24年,他们死亡时的平均年龄是73岁。发掘陵墓的领导者,霍华德·卡特,他在进入墓室后又活了16年。根据另一项统计,卡特曾列举了44位陵墓开启时在埃及的欧洲人和美国人,其中大概有24人曾进入陵墓,如果存在诅咒的话,那么这些人最可能暴露在诅咒的面前。然而,他们的平均寿命与另20个没有接触过陵墓或随葬品的人相比,并没有明显的区别,甚至还活得长些。

至于在陵墓发掘后不久死亡的卡那封勋爵,他本已年老体衰,甚至在墓室打开之前就已患病；而关于开罗的电灯熄灭,开罗的供电非常不稳定,经常停电；至于卡特的鹦鹉死亡,也同样联系得牵强。

有个电视节目甚至说,虽然卡特很长寿,但卡特实际上是受到诅咒最深的人,因为他被惩罚毕生研究图坦卡蒙的文物；如果惩罚是让你能有机会研究并发表20世纪最轰动的考古发现,那这惩罚多么地荣耀！

---

1. 参考：费德(Feder, Kenneth L.)著：《骗局神话与奥秘：考古学中的科学与伪科学》,陈淳译,复旦大学出版社,2010年,第262—265页。

当人们在为关于考古的若干传说津津乐道时，我们必须认识到，有一批坚持科学信仰、不畏困难的人们，在为着人类知识的进步而做出努力，他们的职业是可敬的。更多关于考古人形象的阐释见"拓展阅读"。

第二节 ｜｜ 挖还是不挖？考古发掘 VS 遗产保护

上世纪50年代，明皇陵定陵被打开。经过两年多的发掘，定陵共出土珍贵文物3 000多件，包括600多件袍服、布料。其中皇帝的衮服、龙袍等，更是巧夺天工，如以缂丝方法织造的衮服，所用材料除大量金线、孔雀羽毛外，还有红、蓝、绿等28种绒线。然而，在定陵地宫开启后，这些原本绚丽多彩的丝织品没有得到很好保护，以至被空气侵蚀而褪色、变脆，并留下黑斑。不当的善后处理，及使用不可逆反的破坏性化学保护试剂，使得包括万历龙袍在内的大量明代服饰全部损毁。

定陵发掘的惨痛教训使人们开始反思，并在是否开启武则天和高宗皇帝的乾陵时犹豫了。该挖不该挖？直到前几年还在网上被热议。考古工作的性质决定了它以摧毁研究对象来提炼信息，考古工作是不可逆的。考古发掘的目的最终在于对历史的保存，而非单纯地"挖宝"，因此，考古工作必须在有充分的计划准备、技术保障和对发掘工作充分了解的基础上才可以进行。对考古材料的解读往往不在于文物本身，而依赖于对文物埋藏背景的细微观察和详细分析。国际上，考古学家们也开始对过去一些并没有周到计划，且事后也没有高水平分析成果的考古发掘进行反思，认为应当尽可能保护有限的考古资源，以为未来筹谋。未来会有新的理念、方法和技术，未来的考古学家能够从这些材料中获得比现在更多、更有价值的信息。

并且，当前的考古学家意识到，出土的文物与古建是与特定的自然人文背景密不可分的，因此，要将周围的景观和历史遗迹整体保留下来。未来，可以在此基础上形成遗址公园、博物馆等文化遗产的开发利用。

第三节 ‖ 公共考古学

什么是公共考古学？1972年，美国考古学家查尔斯·麦克基姆斯在《公共考古学》一书中最早提到这个概念，提倡将公众的利益引入文物保护，并且将担任公众代言人和利益保护者的政府包括在内。

一方面，公众本身是考古发掘的自觉与不自觉参与者。考古资源是不可再生品，为了掘掠文物而进行的盗墓活动，以及各种工农商业基建工程、经济开发都对文物资源造成破坏。文物保护与社会发展和经济建设之间的冲突与平衡是个永恒的难题，这一工作不仅需要专业人士的努力，还要广泛的社会共识。如果人们不能很好地认识和保护考古资源，对于文明积累的摧毁速度将是惊人的。而同时，考古工作所花费的经费本身来自于纳税人的钱，动用了大量社会资源，因此，考古工作有责任向公众有所交代。

另一方面，公众是考古工作的最终受益者。公共考古学重视向公众传递考古知识和信息，与公众进行对话，与各社会阶层进行沟通。从文化遗产保护的根本利益上来说，公众有分享探究历史过程、了解考古研究领域成果的权利。这对考古学家的工作提出了新的要求，如何将科学的发现和研究转化为公众能够理解的语言和有效的知识，取得公众的理解是考古学所面临的新任务。

缩短公众与文化遗产距离的方法有书报、影视等媒体的宣传，考古遗迹对公众的开放、考古发掘进程向公众展示，通过博物馆的展览展示等。名列"2015年度全国十大考古新发现"的海昏侯墓的发掘被认为是中国公共考古学实践的成功案例。海昏侯墓的发掘引起了政府管理部门的高度重视，这是科学发掘的基础；考古队先期制定了发掘方案、保护方案及对外宣传方案。发掘过程中考古队主动向大众媒体进行信息公开，发掘后期甚至有重要媒体进驻现场全面报道，发掘尚未结束时,江西省博物馆就举办了部分出土文物面向公众的展览,发掘结束后又在北京举办了"五色炫曜——南昌汉代海昏侯国考古成果展"的汇报展览。海昏侯墓的相关报道,一时刷爆了朋友圈。海昏侯墓的考古展示,代表了公众文化遗产保护意识的觉醒。在海昏侯墓发掘现场,还将建造一个考古遗址公园和博物馆,通过考古,向人们还原历史的场景。

英国考古学家保罗·巴恩曾说过,"如果我们要知道我们正在去往何处,那我们就需要去追溯我们的轨迹,去看看我们来自何处。这就是为什么考古学如此重要的原因。"

考古工作是辛苦的,是体力、脑力以及意志力的三重考验。考古工作者从地层的堆积和物品类型的演化判断文明的演进,从物品摆放的位置和葬俗重建古代的生活方式,他们用实物的证据来还原历史的真相,探究社会的变迁。因此,盗墓贼挖出的是宝贝,而考古挖出的是文明。

考古,是每一个人的责任。历史上,有多少精彩的考古发现伴随着无奈和哀婉。盗墓贼的洗劫、后人对前人遗迹的蓄意毁坏、城市建设的推土机不顾一切的高歌猛进,以及不成熟的考古发掘,这一切都在损害着我们对过去的认知。因此,如果你有幸邂逅人类前行的脚印,请爱护它,善待它。

 拓展阅读

盗墓笔记 VS 真实考古,网剧里都是骗人的?

近日,随着电视剧《盗墓笔记》的热播,越来越多不明真相的群众对考古产生误解,下面就请长沙市文物考古研究所考古科科长何佳说一说真实的考古。

网剧:粽子、尸蹩好可怕

真相:考古人员最怕垮塌

《盗墓笔记》中出现了各种危险生物,如被称为"粽子"的僵尸、以尸体为食的尸蹩、护卫古墓的血尸等。可是,在真实的考古工作中，考古人员还从未见过这些东西。

何佳介绍，到目前为止，全国的考古工作发掘过的墓葬里面，还没有发现有不明生物的，也没有发现过影视剧里经常出现的墓室机关。但有一种流沙墓是存在的，其目的是用来防盗。不过考古和盗墓不同，不是挖洞下去，而是从顶部把墓室全部揭开，以便看清墓葬的全貌，所以即使是某些墓葬内部有一些防盗的设计，也不会对考古人员造成伤害。

其实，在遗址或墓葬的发掘过程中，考古人员遇到的最危险的事情是垮塌。通常，比较深的遗址距离地表大概有七八米，墓葬还要更深一些，能达到十几二十米，所以当遇到长期干旱或者下雨的天气，坑洞两边的土就会发生松动，造成垮塌。其次就是有害气体对考古人员身体的侵害，尤其是在发掘古代墓葬的时候，因为墓葬是长期密闭的空间，会形成沼气、甲烷之类的有害气体，造成呼吸困难，严重一点的还会发生中毒现象。不过，何佳介绍说，由于现代考古发掘工作主要采取的是把墓葬从顶部完全揭开的方式，有害气体很容易散开，所以这种危险发生的几率很小。

网剧：洛阳铲堪称盗墓神器

真相：考古人员也经常使用

在《盗墓笔记》原著小说当中，洛阳铲出现的几率非常高，被网友称为"盗墓神器"。其实，洛阳铲又名探铲，是考古工作当中最常用也是最实用的勘探工具。

小编在长沙市文物考古研究所组织的宁乡罗家冲遗址公众考古活动现场，看到了传说中的洛阳铲，它是一把半圆柱形的铁铲，使用时垂直向下戳击地面，可打入地下十几米，提起时可将地下的泥土带出，考古人员通过对铲头带出的土壤结构、颜色和包含物的辨别，就可以判断出土质以及地下有无古墓等情况。

在考古调查过程中，洛阳铲不仅能探测出墓葬的所在，还能确定其他类型遗址，如建筑遗址、聚落遗址等，并通过密集打探，大致确定遗迹的分布范围和深度。众所周知的秦始皇陵园范围就是利用洛阳铲探测出来的。

不过,洛阳铲的发明者还真是盗墓贼。相传,民国时期,洛阳邙山马坡村有个盗墓贼叫李鸭子。一次,李鸭子去临近的孟津县赶集时看到路边的人用一种头部为筒状的短柄铁铲挖洞。铁铲插入土中,一下便可深入其中,拔出来时,铲头中带上不少泥土。这个场景给李鸭子以极大触动。作为一个盗墓者,如何寻找墓葬地的难题一直困扰着他,而这把简单的铁铲却将这个难题迎刃而解:通过观察铲头带出的土质土色,就能判断该处是否有墓葬。于是,李鸭子便打造了一把筒状铁铲,运用在盗墓过程中,从此盗墓成功率大增。洛阳地区的盗墓活动自此便更加猖獗,这种新兴的盗墓利器也被称作"洛阳铲"。

网剧:主人公上天入地找古墓

真相:考古界主张"遗址不挖"

《盗墓笔记》中,主人公遁地潜海,在一座座古墓中寻找无价珍宝,但真实的考古工作却与此截然不同。

何佳介绍,考古工作一般分为三个阶段:调查、勘探和发掘。调查主要是确认古代遗址的存在;勘探主要是为了掌握遗址的基本情况,包括遗址范围、具体分布、埋藏深度、功能分区(哪里是房子,哪里是墓葬,哪里是作坊)等;但并不是所有经过调查勘探之后确认了的遗址都会进行发掘。

每年全国近千项考古发掘,大约只有不到十分之一为学术性的主动发掘,其他均为被动的抢救性发掘。抢救性发掘一般是由于城市建设的原因,不得不对遗址进行清理,目前长沙的考古发掘工作,绝大部分都是属于此类,前期工程建设发现冰山一角,考古部门再及时介入全面发掘。

"考古界一般是主张'遗址不挖'。"何佳说,"古代的东西埋在地下,是最好的保护方法。任何一次考古发掘都是对文物的一次破坏,哪怕你做得再好。"

网剧：鬼怪文化很神秘

真相：考古工作很普通

何佳和同事们也都看过《盗墓笔记》一类的以盗墓为题材的文学影视作品，他们觉得这类作品的确让公众对考古工作产生了兴趣，只不过这种兴趣更多的是基于不了解真实情况而产生的"好奇感"："中国自古以来就存在着鬼怪文化，人们对鬼怪既有好奇心又害怕，因而产生了一种神秘感；而考古工作多数时候是与墓葬、遗迹打交道，所以大家就认为考古工作很神秘。另一方面，当下大家对古董都比较感兴趣，一些稀有的古董甚至拍卖出天价，而相当一部分的古董是在考古工作中发掘出来的。所以，在大家的眼中，考古工作既神秘又有钱，再加上影视作品的渲染，自然感兴趣的人就多了。"

在他们看来，考古其实也是很普通的工作，之所以让大家产生"神秘感"，除了影视文学作品的渲染之外，考古界专注于"埋头做事"的风格在某种意义上是"自己做自己的"，与公众之间缺乏交流。因此，近年来考古界提出"公众考古"，在不影响正常考古发掘的前提下，邀请公众走进考古工地，亲身体验一把发掘工作。

来源：长沙晚报，"盗墓笔记VS真实考古，网剧里都是骗人的？"，载于"弘博网"微信公众平台，2015年6月29日，获取于2016年9月14日。

 观察体验

报名参加一次博物馆的"考古夏令营"（或"考古体验"）活动。感受一下考古的乐趣。

 应用实践

阅读下面的文章，文中提到过去有"古不考三代以下"的说法，请你结合本章的知识,思考"致远舰"考古的意义。

在海底沉睡了两甲子后,"撞沉吉野"的致远舰里发现了什么

电影《甲午风云》中,邓世昌的一句"撞沉吉野",让我们始终铭记那段悲怆屈辱的历史,更让我们无法忘记葬身海底的致远舰。

今年10月,历时三年的辽宁省"丹东一号"沉舰,也就是致远舰水下考古调查项目结束。昨天下午,国家文物局正式发布项目成果。经水下考古确认,致远舰残余部分在海底淤泥中保存状况较好,舰体损毁相当严重。

1894年9月17日,辽宁丹东大东沟海域,中日舰队狭路相逢展开激战。北洋海军致远、经远、超勇、扬威四艘战舰沉没。其中,致远号在弹药将尽且遭受重创后,由管带邓世昌下令冲向日本舰队的主力舰吉野号,后不幸被敌鱼雷击中沉没,全舰官兵246人为国殉难。

100多年后,人们在丹东黄海海域发现一艘钢铁沉船,命名为"丹东一号"。从2013年11月至2016年10月,经过长达三年的水下考古,多处重要遗物显示,它就是当年沉没的致远舰。项目领队周春水说,沉船残余部分在海底淤泥中保存较好,这或许得益于舰体外壳钢板强度较高。但可惜,舰体已损毁相当严重。

周春水说:"整体来看,致远舰破坏比较严重。按原样来说,它的舰体应该有8米高度,但现在只保留了2.5米的高度。长度应该有71米,但水下发现只有61米。"

经水下考古调查确认,"丹东一号"(致远舰)遗址位于辽宁省丹东市东港西南约50多公里的海域,距离最近的大鹿岛约20公里。舰体已经完全掩埋于海床淤泥之下,埋藏方向为西南—东北走向。

船在海底,考古队员需要一次次地潜入水下进行探摸、测量、拍照和取样。沉船所在海域条件恶劣,风力强劲,潮急浪大,海水

温度最低时只有 4 度,这给水下考古队员作业带来了极大的困难。

周春水说,考古队不到 20 人,每天一人潜 2 次,每次约 50 分钟。"我原先以为这个舰可能是露在海床上,人只要找到它,马上就可以进去清楚地作业。其实不是,它完全埋在泥下面。我以前在菲律宾也做过二战军舰的水下考古,那时你完全可以游进去。致远舰是被泥沙埋住的,所以先得找方向。从工作量来讲,不可能把沙子抽完,必须先找一个点,去做这个事情。"

藏于水下的沉船见证着当年海战的惨烈:在清理过程中,穹甲板以上船体部位荡然无存。舰体的绝大部分区域发现有火烧的痕迹,从周边抛撒的钢板、木质船板、锅炉零件等物品可推测发生过剧烈爆炸。

考古队在三年里共发现(提取)文物 200 多件,大多是船体构件、船员生活用品及武器配件,其中包括盘心有"致远"二字的餐盘、铜加特林机枪、57 毫米哈乞开司炮的肩托和炮弹壳,还有一个单筒望远镜,物镜上刻有致远舰大副陈金揆的英文名字。大副是致远舰上官职仅次于舰长邓世昌的重要人物。这也成为证实沉船身份的又一有利物证。

在考古工作结束前,为了避免海水对铁质舰体的侵蚀,水下考古队对致远舰采取了牺牲阳极的保护措施,也就是在舰体加贴锌块,通过定期更换,减缓海水的侵蚀。这是我国水下考古作业中的一项创新。

周春水告诉记者,未来对致远舰的研究仍将继续。"首先,通过对舰结构的了解,可以还原当时的造舰技术;第二,通过致远舰的发掘,了解舰艇、武器,促进对世界舰艇史的研究;第三,更现实的意义是,中国沿海有很多这种大范围的沉舰区,对水下考古、对大型沉舰如何去研究、调查,具有积极意义。"

"丹东一号"(致远舰)水下考古成果,是我国水下考古史上的一项标志性成果,我国由此开启了近代沉舰水下考古工作的新篇章。2016 年 5 月,它被评为 2015 中国"十大考古新发现"。这艘清代沉船是榜单中最年轻的考古项目,它打破了考古界"古不考三代以下"的惯例。

中国社科院学部委员刘庆柱说,它是日本曾侵略中国的物证。过去有这种说法,"古不考三代以下",但从现在的观点来说,考古学不但要考"三代以下",在欧洲甚至有垃圾考古学、工业考古学。如果不通过考古学,怎么找到致远舰,怎么证明甲午海战,怎么证明日本侵略过中国。"

来源:央视网,"在海底沉睡了两甲子后,'撞沉吉野'的致远舰里发现了什么",2016 年 12 月 30 日,获取于 2017 年 12 月 13 日,http://history.CCTV.com/2016/12/30/ART/wAo5pLcbt3dQtw49nLEF161230.shtml

阅读书单

高蒙河著:《考古不是挖宝》,山东画报出版社,2009 年。

费德著:《骗局神话与奥秘:考古学中的科学与伪科学》,陈淳,译,复旦大学出版社,2010 年。

保罗·巴恩主编:《剑桥插图考古史》,高小凌,王晓琴,译,山东画报出版社,2000 年。

保罗·巴恩著:《当代学术入门——考古学》,覃方明,译,辽宁教育出版社,1998 年。

陈淳著:《考古学研究入门》,北京大学出版社,2009 年。

第十一章
博物馆的出路：
当代的挑战与机遇

> 我们认为,特朗普总统在(2017年)1月27日签发的行政令是违背我们的目标的。
>
> ——国际博物馆协会(ICOM)

问题聚焦：
1. 在当前的社会环境下,博物馆面临哪些挑战？承担哪些新的社会责任？
2. 博物馆的机构性质发生了什么新的变化？

第一节　Ⅱ　没有边界的博物馆：新的社会责任

一、全球化下的危机与机遇

在今天的时代，博物馆面临着前所未有的挑战：一方面，全球化的席卷导致文化归属感的流失；另一方面，越来越便捷的国际合作导致文化的交流与碰撞增加，文化的独特性得以在更大的范围内展示和传播；一方面，经济环境的变化导致不少博物馆面临更多的筹款压力，而另一方面，发展中国家博物馆的建设速度却明显加快；一方面，人们的知识水平提高、娱乐活动更丰富导致博物馆有越来越多的竞争机构；另一方面，这些竞争逼迫着博物馆越来越注重人的体验，开拓新的职能，思考新的定位，作为文化机构，如何获得新的话语权；一方面，公众的眼光越来越挑剔，而另一方面，公众也越来越多地成为博物馆的积极建设者……

在今天，我们仍然在讨论如何解决文物归属的纷争，那是历史的遗憾，需要面对、需要反思、需要面向未来并加以解决。2015 年，台湾星云大师发现佛光山佛陀纪念馆里收藏的佛头正是河北幽居寺塔内被盗割后辗转流失二十年的释迦牟尼佛像佛首，表示愿意"物归原主"。释迦牟尼佛像终于身首合璧，在台北展出后回到"家乡"。我们欣喜地看到，这样的案例正越来越多地发生。

二、没有边界的博物馆

越来越多的博物馆将自己的边界向外延伸，获得了更广泛的观众。卢浮宫除了在巴黎，在朗斯、在亚特兰大、在阿布扎比，都有分馆；2017 年，故宫在鼓浪屿开设了外国文物馆；大英博物馆与中国国家博物馆签署了合作协议……博物馆的建筑在扩张，博物馆的展览在流动，博物馆的触角伸向社会生活的方方面面。

2017 年 1 月 27 日，刚刚上任的美国总统特朗普签署了行政令，禁止对七个伊斯兰国家的普通公民入境美国，对叙利亚公民无限期停发签证和停止难民庇护申请处理。

第十一章　博物馆的出路：当代的挑战与机遇

消息一出，国际社会哗然。禁令一经发出就遭到了美国许多行业的反对，博物馆机构也加入了抗议和声讨的队伍。美国主要的博物馆在一周内都表达了他们对于特朗普这一行政令的反对。大都会博物馆的馆长托马斯·坎贝尔指出，如果在特朗普先生的执政下，那么"从亚述到伊比利亚"辉煌都将不会发生。洛杉矶盖蒂艺术中心的负责人 James Cuno 称其为"欠考虑的、不必要的也是毁灭性的"。艺术家纷纷加入到抗议队伍。这一行政令还将对艺术新闻业带来负面影响，《世界报》的艺术评论员 Roxana Azimi 将不再有机会进入美国，因为她出生于伊朗。

美国现代艺术博物馆（MoMA）将五楼专用于陈列现代主义名家的展厅重新布置，挂上了被禁入境国家艺术家的作品，并表明"对自由的推崇是博物馆的最高旨意，美国也应如此。"

毕加索、马蒂斯、恩索的作品被取下。"镇馆之宝"让位于那些身处在国外、尚在人世却无法在这座博物馆最尊贵的大厅中见到自己作品的艺术家们。策展人们决定将这些作品陈列在现代主义艺术最丰富的第五层，这些来自伊朗、伊拉克和苏丹的艺术品打乱了原本艺术史的时间线，却突破了博物馆社会功能的外沿。本章手绘插图展示的就是 MoMA 展示伊朗雕塑家 Parviz Tanavoli 的青铜雕像《预言家》。还有一件叙利亚艺术家的作品被添加到了影像项目中。

新展示的画作、摄影以及雕塑作品将会展出数月，作品旁边会放上一段文字解释它们"突然出现"的原因：这件作品来自一位艺术家，根据 2017 年 1 月 27 日的一份总统行政令，他所在国度的公民被拒绝进入美国。您所看到的仅仅是博物馆馆藏中的部分，这座博物馆将对自由的推崇视为最高旨意，而美国也应如此。

国际博物馆协会也在其官网发表了美国委员会针对特朗普总统在 1 月 27 日颁布的行政令的回应。声明如下：

国际博物馆协会美国委员会的职责就是界定其成员的兴趣和关注点，并为之行动，使他们在各自的职业生涯、所属机构以及行业内部做出改变。要实现这一目标，其中一点就是要支持美国的博物馆社群在国际舞台上发出自己的声音，并以全球化的视角关注人类。国际博物馆协会美国委员会将会一直欢迎博物馆社群中的所有工作人员参与到我们的项目与合作中来，不论你的国籍和宗教如何。

帮助并加强美国博物馆专业人员在国际文化群体中的参与度，同时代表美国博物馆的全球化视野和见解是我们的使命。因此，国际博物馆协会美国委员会将会继续同我们全球的同事一起合作进行文化交流,并欢迎大家来到我们的社区。我们认为,特朗普总统在1月27日签发了行政令是违背我们的目标的。

作为文化传播和展示的机构,美国的博物馆界此次及时地做出了回应,特别是MoMA的直接行动,令人印象深刻。《纽约时报》的评论员认为,不论是先锋还是经典的博物馆,在接下来的几年里,顺从或是反抗,沉默还是回应,都必须做出选择。

MoMA的故事给我们的启示是:在新的环境中,博物馆肩负起了新的社会责任。

第二节 ‖ 参与性博物馆:博物馆是一种生活方式

在新的时代,博物馆越来越多地强调"以人为本",博物馆正成为一种生活方式。在博物馆,有了越来越多的讲座、工作坊、互动活动。以纽约自然史博物馆为例,每年甚至有博物馆"成人之夜"活动,观众购票进入,能听音乐会、享受一顿美好的晚餐,以及在蓝鲸旁布置睡袋"过夜"。故宫博物院设计了许多在线APP,有故宫日历,也有消遣游戏,博物馆成了大家可以"买"、可以"玩"、可以"学"、可以"享受生活"的地方。

除此以外,博物馆的展览展示也在突破原先"我说你听"的模式。2015年,首都博物馆举办了《读城——追寻历史上的北京城池》展览,在撰写展览大纲阶段,邀请不少中小学生参与户外城池遗址遗迹的考察,并邀请他们创作与城池有关的手工美术作品,优秀作品作为展品展出。观众不仅是展览的"消费者",也成了展览的"生产者"。

与此同时,博物馆教育的内涵也在扩大。博物馆是重要的"终身教育"场所。无论年龄、无论阶层,博物馆的大门向所有人开放,为所有人提供获取知识的乐趣、艺术的享受、探索自然的快乐……

第十一章 博物馆的出路:当代的挑战与机遇

在变化的社会,博物馆也在与世界互动的过程中不断变化着。每个人都见证着这场变化,也参与着这场变化。未来博物馆的定义还会有哪些变化?博物馆的功能还会向着怎样的方向发展?答案,不在课本里,而在每个人的心里,由每个人的双手和大脑来创造……

拓展阅读

国际博物馆协会(ICOM)历年"5.18博物馆日"主题一览

1992年主题是:"博物馆与环境"(Museums and Environment)

1993年主题是:"博物馆与土著人"(Museums and Indigenous Peoples)

1994年主题是:"走进博物馆幕后"(Behind the Scenes in Museums)

1995年主题是:"反应与责任"(Response and responsibility)

1996年主题是:"收集今天为了明天"(Collecting today for tomorrow)

1997年主题是:"与文物的非法贩运和交易行为进行斗争"(The fight against illicit traffic of cultural property)

1998年主题是:"与文物的非法贩运和交易行为作斗争"(Combating illicit trafficking and trade in cultural objects)。

1999年主题是:"发现的快乐"(Pleasures of discovery)

2000年主题是:"致力于社会和平与和睦的博物馆"(Museums for Peace and Harmony in Society)

2001年主题是:"博物馆与建设社区"(Museums: building community)

2002年主题是:"博物馆与全球化"(Museums and Globalisation)

2003年主题是:"博物馆与朋友"(Museums and Friends)

2004年主题是:"博物馆与无形遗产"(Museums and Intangble Heritage)

2005年主题是:"博物馆——沟通文化的桥梁"(Museums Bridging Cultures)

2006年主题是:"博物馆与青少年"(Museums and Young)

2007年主题是:"博物馆和共同遗产"(Museums and Universal Heritage)

2008年主题是:"博物馆:促进社会变化的力量"(Museums as agents of social change and development)

2009年主题是:"博物馆与旅游"(Museum and tourism)

2010年主题是:"博物馆致力于社会和谐"(Museums for Social Harmony)

2011年主题是:"博物馆与记忆"(Museums and Memory)

2012年主题是:"处于变革世界中的博物馆:新挑战、新启示"(Museums in a Changing World: New Challenges, New Inspirations)

2013年主题是:"博物馆(记忆+创造力)=社会变革"(Museums(Memory+Creativity)=Social Change)

2014年主题是:"博物馆藏品架起沟通的桥梁"(Museum Collections Make Connections)

2015年主题是:"博物馆致力于社会的可持续发展"(Museums for a sustainable society)

2016年主题是:"博物馆与文化景观"(Musums and Cultural Landscapes)

2017年主题是:"博物馆与有争议的历史:博物馆讲述难以言说的历史"(Museums and contested histories: Saying the unspeakable in museums)。

2018年主题是:"超级连接的博物馆:新方法、新公众"(Hyperconnected museums: New approaches, new publics)。

第十一章　博物馆的出路：当代的挑战与机遇

来源：中国博物馆协会，"国际博物馆日"，获取于 2017 年 7 月 13 日，http://www.chinamuseum.org.cn/plus/list.php?tid=96

 观察体验

2018 年 5 月 18 日，全国数家知名博物馆联合在"抖音"APP 上推出了"第一届文物戏精大会"，你如何看待这一现象？请辩证地谈谈你的观点。

 应用实践

听一场 Ted 演讲（在博物馆画廊中讲故事），写下你的感受。以下为演讲文本摘录。

Ted 演讲：在博物馆画廊中讲故事
演讲者：大都会博物馆馆长 Thomas P. Campbell

摘要：Thomas P. Campbell，纽约大都会博物馆馆长。他从自己最初选修的一门与艺术相关的课程开始讲起，结合 2002 年的挂毯秀和 2010 年的麦奎因时装秀两个成功案例，向我们讲述了他的策展哲学——"通过充分的叙述将重要的对象进行呈现，馆长所做的，就是解释那些复杂的、深奥的主题，并保留它的原汁原味，然后做出解读，最终呈现在大庭广众之前。"

当我打算从事艺术相关的工作时，在伦敦修了一门课，众多导师中有一位暴躁的意大利人名字叫彼得罗，他总是酗酒、是个老烟枪，还经常破口大骂。但他也是一位充满热情的老师，我记得他给我们上的一堂入门课，课上他将图像投影到墙上，要求我们去思考，他投影了一幅画：画中有风景和人物，一半的人穿着衣服，喝着葡萄酒。这是一个裸体的女人,在前景较低的位置,而在后景的山坡上,画得是酒神巴克科斯。

他问,"这是什么?"

于是我看到其他人都没吭声,就举起手来回答,"这是提香的《酒神祭》。"

他再问,"这是什么?"我以为是自己的发音不准。"这是提香的《酒神祭》,他还问,"这是什么?"我重复,"这是什么?",我重复,"这是提香的《酒神祭》。"

他说,"你这个书呆子!这是他妈的纵酒狂欢!"

然而通过这件事我学到了重要的理念。彼得罗质疑这些正儿八经的艺术培训和艺术史教学,因为他担心这种教育让学生限于教条,最后他们只学会了如何鉴别,而不是鉴赏。

他想提醒我们,所有艺术都曾是"当代艺术",他希望我们用双眼去直接感受,他希望我们对目标物进行观察和提出基本问题。它是什么?它是如何制作的?为什么要制作它?它是怎样被应用的?

这些经验教训对于我后来成为专业的艺术史学家是非常重要的。

几年后当我在北欧学习宫廷艺术,我有了一次灵感的迸发。当然学习期间会终日讨论绘画和雕塑以及建筑风格。但当我开始读历史文献和当代的描述我发现有一个被众人已遗忘的艺术形式,在所有的地方,我都遇到了对挂毯画的描述。

挂毯画的盛行从中世纪开始恰恰好,结束于18世纪,这里的原因非常明显。挂毯非常便携,你可以将它们卷起,放在身前,而当你将它们挂起,你可以将一个阴冷的内室,装饰得色彩丰富。

挂毯有效地提供了一个巨大的画布,在那个时代,人们可以在上面描绘英雄,在那个时代,他们希望能够追随英雄,或者留存他们自己的肖像,此外,挂毯极其昂贵。它需要大量熟练的织布工,通过日以继夜的工作,使用非常昂贵的材料——羊毛,丝绸,甚至

第十一章　博物馆的出路：当代的挑战与机遇

是金丝银线。所以，总而言之，在各类视觉影像稀缺的时代，挂毯是一种难以置信的有效传播媒介。

后来，我成为了挂毯画历史学者。在适当的时候，我又转职成为了 curator，因为我认为大都会博物馆是少数可以用来组织真正大型展出的地方，包括那些主题，我投入了大量的深情。

大概是 1997 年，时任馆长菲利普·蒙特贝罗让我来牵头组织一场 2002 年的展览。我们通常会有相当长的准备时间。策展并不是那么简单。

将挂毯固定在车子后面已经不再是问题，它们必须散绕在大型的滚轮上，由超大号的货船装运，其中一些太大以至于无法在博物馆安放，我们不得不将它们放在前厅的大台阶上。

我们苦思如何将它们呈现给对此一无所知的现代观众？

用深色来衬托出那些挂毯上经常褪色的颜色；灯光的布置来凸显丝绸和金线；说明性的标注。我们身处的时代对电视图像和照片这样一闪即逝的图像已经司空见惯。而这些巨大的、复杂的作品，浑似多叙述的卡通动画。我们需要吸引观众的眼球，让他们沉浸下来，去探索这些展品。

在接下来的几周和几个月，成百上千的人们来参观这场挂毯秀。

展览的设计旨在让人身临其境，挂毯很难通过照片的形式重现。所以我希望你们能够发挥想象，想象这些有墙那么高的物品，其中一些宽达 10 米，描绘奢华的法庭场景和那些名门望族，像是今天在家中看新闻中的时尚版面，猎人在密林中穿越灌木，追逐野猪和鹿，激烈的战争场景充满了恐惧和英勇。

我记得那天接待我儿子的班级。他当时只有 8 岁，所有的小男孩，引起他们注意的画面是狩猎场景中有一条狗在前景里便便，一种艺术家肆无忌惮的玩笑。它栩栩如生地呈现在观众眼前。

我认为他们会突然发现，这些不只是褪了色的旧挂毯。这些属于旧时代的意象，在我们面前并没有改变，我作为馆长，我感到自豪，我感到这是一点进步。

通过这种只有在博物馆内才可以创造出的效果，让我的观众开了眼界。让历史学家、艺术家、记者、一般大众发现这已快失传的介质的美。

我对那场博物馆策展的成功经验深信不疑：

我们生活在一个信息爆炸的时代，拥有"只需加点水"的专业技能，但是没有什么可以与策展相比：通过充分的叙述将重要的对象进行呈现，curator 所做的就是解释那些复杂的、深奥的主题，并保留它的原汁原味，然后做出解读。最终呈现在大庭广众之前。

时间是在 2010 年的春末夏初，麦奎因刚刚自杀不久，我们的服饰馆馆长安德鲁·博尔顿，过来与我商量，"我一直想策划一场麦奎因的服装秀，我认为现在正是时机。我们必须尽快行动起来。

这件事并不容易。麦奎因生前工作的团队是一小部分设计师和管理者，他们对麦奎因的遗产太过保护，后来安德烈去伦敦做他们的工作，过了整个夏天，才赢得了他们的信心，这些设计师凭借他们在表演艺术中的实力，创造出麦奎因时装秀惊人的效果，而我们博物馆的策展工作，我认为效果是旷古绝今的。

它并不只是标准化的策展。事实上，我们推翻之前的画廊布景重建，完全不同的设置，再现他的第一个工作室，布满镜子的大厅，引人好奇的宝箱，一艘沉船，被烧毁的内室，伴随视频和音乐，风格变化，由歌剧咏叹调到猪交媾之声。在这样非比寻常的布设中，服装就像是男女演员，像是有生命的雕塑。

展览有可能像火车脱轨成为一场失败的事故。也可以像圣诞节第五大道商店橱窗里的展示，但正因为安德鲁采取的方式，与麦奎因团队的沟通，他成为了连接最朴素和最辉煌的麦奎因的桥梁。这场展览因此相当的出众，凭借着它自身的力量成为了一次奇迹。在展览的尾声，还有人为了进场而排了四五个小时的长队但没有人正在抱怨。我再而三地听到，"哇，太值了！这是怎样的一次直觉和感性的体验啊！"

第十一章 博物馆的出路：当代的挑战与机遇

现在，我已经描述了两个非常沉浸式的展览，但是我也相信收藏品，独特的物品，也有同样的魅力。成立大都会博物馆的目的不只是为了美国艺术，而应是成为一个百科全书式的博物馆。今天，博物馆已经成立140多年，这一初衷多么的有先见之明。

因为，我们生活的世界充满危机和挑战，我们通过夜以继日的新闻汇编来接触它们。正是我们的画廊，可以用来解读文明和文化，就像我们现在看到的示威活动，无论是利比亚、埃及还是叙利亚，我们可以在画廊中对它们进行解读，并赋予更多的理解。

我们的新伊斯兰画廊是一个恰当的例子，画廊几乎就在9·11之后的那周开放，至今10多年。我认为大多数美国人，对于伊斯兰世界的认知在9·11事件之前是相当欠缺的，之后却被美国最黑暗的几个小时内发生的极端恐怖事件强化了对伊斯兰世界的偏见。

现在，在我们的画廊，展示来自14世纪不同的伊斯兰文化的发展，跨越广阔的地理分布，并再次吸引成千上万的人来参观。

我常常问，"数字媒体正在取代博物馆吗？"我认为这些参观访问量是最响亮的反驳。请不要误会我的意思，我也是网络的积极倡导者。网络可以让我们接触到世界各地的观众，但没什么可以取代亲眼所见，这些被热情研究过的展品。

让人们直面我们的展品是带领他们面对那些不同时代的人们的一种方式，与我们的生活方式迥异，却和我们一样，有着希望和梦想、挫折和成就。我认为这是一个很好的过程，可以帮助我们更好地理解自己，帮助我们选择方向，做出更好的决策。

大都会博物馆的大礼堂是全世界最宏伟的大厅之一，像一座中世纪的教堂，令人敬畏。从那里，你可以按任意方向去游览，然后遍历几乎所有的文化。

我经常进入大厅和画廊，注目着前来参观的游客。他们中的一些感觉很舒适，就如同在家里一样。他们明确自己在找什么。其他人很不自在，觉得这个地方令人生畏，他们认为这座建筑是属于社会精英的。

我努力尝试打破这种精英主义的感觉。我希望能将观众带入一种冥想的状态，在这种情景下他们有点儿忘我，开始探索，开始在熟悉中发现陌生，或者体验完全未知的神秘。

因为对于我们来说，所有的职责就是让观众直面这些伟大的艺术作品，抓住并制止一些不合适的行为，比如你想着拿出苹果手机，去进行拍摄。虽然有限制但是我们创造了一个让你充满好奇的地方。

是否这种希腊雕塑的表达方式让你想起了一位朋友，又或许是绘在挂毯角落的一只正在便便的狗，或者，让我回忆起导师彼得罗的那堂课，看着那些纵情舞蹈的人物，他们的确在一杯接一杯的痛饮葡萄酒，还有赤裸人体在画的左前方。哇哦，她是年轻性感的华丽化身。

在那一刻，我们的专业知识可以告诉你这是一场"酒神祭"，但是，如果我们做的工作到位，您也已经查阅了相关术语，那么请相信自己的直觉，你知道这是一场狂欢！谢谢。

本文文字摘录于视频《TED2012"设计"分会场》（中文翻译：Zheqing Fang，审译：Yuguo Zhang）。

来源：弘博网，原标题："在博物馆画廊中讲故事"，2015年9月29日，获取于2017年12月12日，http://www.hongbowang.net/hongboshuo/2015-09-29/3481.html

阅读书单

徐纯著：《如何实施博物馆教育评量》，文建会（台北），2000年。

Dierking, Lynn D. & Pollock Wendy 著：《持续的假设：博物馆教育活动的前置评量》，徐纯，译，国立海洋生物博物馆，2001年。

附录一：话题

话题一：凭什么把藏品"捐"给博物馆？

博物馆的藏品从哪里来？简而言之主要是三种途径：捐赠、购买和调拨（考古发掘品经上级部门备案同意后给予博物馆，也在此项）。

大部分博物馆在设立之初即已经有了一定的藏品基础，这批藏品可以是私人收藏，也可以是国家调拨。博物馆藏品的来源渠道里，着重要讲的是捐赠。

向博物馆捐赠在西方是一个十分常见的现象，但在中国却相对罕见。原因是什么呢？最主要的是激励政策的导向以及公众意识的不同。

在美国，高额遗产税以及捐赠抵税的政策是许多美国人在考虑遗产分配和继承时会倾向捐赠的重要原因。美国的《1969年税务改革法案》规定：收藏家捐赠艺术品，可以在联邦税款中扣除其全额市场价。因此，美国国税局每年处理的艺术品捐赠退税，达10万宗以上、近10亿美元。捐赠抵税政策使美国公共博物馆收获了海量的艺术收藏，也推动了美国博物馆业的繁荣。

公众意识的不同则有更深的渊源。在博物馆业更成熟的西方国家，人们更早地意识到：博物馆是收藏品永久的、最佳保存地。私人的力量总是有限的。在博物馆，藏品会得到专业团队终身的、全方位的"服务"。

入馆登记就好像全面体检,一旦博物馆接收藏品,会给予每一件藏品以一份全面的档案:其中包括这件藏品的收藏号、各角度高清照片、尺寸材质年代所属文化保存状态等属性记录、来源等等,以及会有研究员不定期地为这件藏品添加新的信息。对于"身体状态"欠佳的藏品,博物馆会为他做一定的预防性修复工作(避免文物状态恶化,以及使之达到能展示的状态)。

随后,这件藏品会和他的"朋友们"一起被放置到环境条件(温湿度采光等)严格控制的库房,拥有他的专属"小包厢"(博物馆常常会为藏品定制一个保存盒),而同时又不孤单。在这样的环境下,藏品显然会得到比私人保管更好的保护。

来到博物馆,藏品会有机会得到更多人的欣赏。仔细观察就会发现,很多博物馆展示的文物的小标签上,都会有"某某捐赠"的字样,对于那些重量级的捐赠者,博物馆甚至会以他的名字命名一个展厅。但凡捐赠者,从此都会成为博物馆的座上宾。这些荣耀,以及对藏品保存、利用的实际好处,都会使"唯我独有"的私藏心理显得狭隘和短视。

考虑到捐赠者对于藏品总还有独特的留恋之心,博物馆常常会向捐赠者保证,当捐赠人及其家属想要打开展柜门或库房独自欣赏这件藏品时,他们仍然保有这样的权利。

然而,捐赠是否是无条件的呢?

作为非营利性机构,博物馆总是更欢迎"无条件的"捐赠。何况,如果藏家在捐赠之时已经享受了"捐赠抵税"的优惠,相当于政府已经为其无偿捐赠提供了经济补偿。

可除了经济因素以外,人们还是常常为他们的捐赠向博物馆提出其他条件。最常见的就是要求博物馆不得以任何理由"淘汰"藏品。其他条件还包括:要为自己独特而丰富的捐赠提供专门的展厅、这些藏品不得分开展示等等。

大收藏家温索普(Grenville L. Winthrop)在遗嘱中将他个人收藏的大约4 000件艺术品捐赠给母校哈佛大学弗格美术馆(Fogg Art Museum)。这批藏品是弗格美术馆收到的同类捐赠中数量最大、质量最高的,奠定了弗格美术馆的声誉。不过,温索普生前执意和哈佛大学董事会签订协议。温索普认为,自己的收藏应该无偿地用于哈佛师生的研习,但哈佛大学无权外借任何一件他的捐赠品。但凡发现一例违约,哈佛大学就得偿付高额违约金:向纽约市育婴堂捐赠十万美元。

温索普出身名门,他的家族可能算得上是新英格兰一带最正宗的"蓝血"家族之一了。他的家族史几乎与北美殖民史同步,他的九世祖是马萨诸塞州最早的殖民地总督。出生时含着的"金汤匙"成了温索普收藏的最坚强的经济后盾。温索普在哈佛大学确定法律为主修专业前曾以地理和艺术史为专业。温索普对艺术收藏的功用的认识很大程度上来自于哈佛大学的教育,他也以独特的方式回馈了哈佛大学。他的"蓝血"背景也导致了他"傲慢"的教育思想:他只热衷于培养精英教育中的年轻一代。因此,尽管他在曼哈顿上东城的公寓距离大都会博物馆仅一步之遥,但他从来没有为公众展览借展过任何藏品。他认为出借藏品供大众观赏有碍于培养优秀的年轻人。从这一点也就能理解温索普提出的捐赠要求了。

由于温索普的坚持,也由于哈佛大学在半个多世纪中一直老老实实地履行了合约,温索普收藏一直隐匿在公众视野之外,只有少数有幸参观弗格美术馆的人才有机会一睹这批艺术精品的芳容。可是,在恪守承诺六十年后,哈佛大学终于违约了:2003年—2004年,温索普收藏的精华部分在纽约大都会博物馆、英国国家美术馆、法国里昂博阿美术馆和美国国家美术馆等地巡回展出。策展人也为这次巡回展出拟定了一个颇具匠心的名称:"私慕"(a private passion)。

巡展消息一出,就有艺术评论家立即讥讽这个展览名为"私慕",实际上是"公叛"(a public betray)。哈佛大学是否依约向育婴堂赔偿不得而知,不过它也有自己的委屈。当时,弗格美术馆正在改造,库房空间紧张,藏品出借巡展也是缓解库房压力的好方法。而从另一个角度来说,时过境迁,博物馆的社会功能也在变迁,维纳斯早已从高高的祭坛上走下来向普通观众友好地伸出手,博物馆精英教育的观念也早已过时。倘若温索普能活到今天,他是否也会愿意更改契约的内容呢?

参考资料:何雨、何悟熙:"一个温和专制主义者的哀愁:温索普和他的艺术收藏",《中国文物报》,2015年11月17日6版。

话题二：博物馆会展示赝品吗？

站在博物馆的展厅里，我总能听到有观众说，"这些一定是假的……真的（那件）被博物馆藏起来了……真品哪能整天放在那里给人看呢？"这种说法在观众当中似乎特别流行，不管是在某个不起眼的小博物馆，还是在著名大馆，人们怀疑台北故宫的翠玉白菜是否被掉包、巴黎卢浮宫的蒙娜丽莎是否早已狸猫换太子。

每次听到这种说法，我只能苦笑：说明博物馆在工作中做得不到位，因而得不到大家的信任。但这种说法似乎也并非完全无中生有，那么博物馆究竟会不会展示赝品呢？

答案是：会的。

大体有以下四种情况。第一种情况，是博物馆并不知情，它相信所展示的是珍品。在拓展阅读中我们将看到，很多文物的鉴别是很难的，博物馆也未必没有失手的时候。随着知识的积累、科技的进步，原来确定的事物未尝不会受到新的质疑。在这种情况下，倘若藏品一旦出现广泛争议博物馆往往会及时撤下该件展品。比如大都会博物馆的《溪岸图》，如今就并不在展示。

第二种情况是，真品本身并不可得，而赝品价值也非常高，而且不影响展示效果。对于艺术博物馆，这种情况博物馆常常会在标签上说明是"复制品"。我们没有理由怀疑博物馆会恶意欺骗我们，因为一旦被发现"以假乱真"，博物馆的名誉将受到损害。自然博物馆中倒经常有"以假乱真"的情况，尤其是因为很多博物馆将标本放置在距离观众非常近的地方，用来展示一种场景。这些标本，经常会损坏或褪色，因此，常常都是"假"的。最典型的是本章提到的伦敦自然史博物馆的恐龙骨架"迪皮"，几十年来与伦敦市民培养了深厚的友谊。这种情况在自然史博物馆中非常常见，要注意的是，博物馆并无掩盖其展品并非真品的意图。在加拿大皇家安大略博物馆，有一头十分罕见的重龙标本。它被发现时可算是世界上第二完整的重龙标本，可在拼接时，当专家们将几千块散落的龙骨拼在一起，仍然发现缺失很多部分。缺失的部分用塑膜拼凑，而遗失的头骨，用与重龙血缘亲近的梁龙头骨代替。不仅龙骨，有时博物馆为展示一件器物，给它配个配件，盖子、底座等等，也是常见的现象。

第三种情况则关乎"赝品"的定义。法国卢浮宫展示着大量文艺复兴及以后制作的古希腊雕塑，这一点，不少旅行团的"导游"像卖宝一样得意洋洋，"你们上当啦！大老远跑到这里来看假货哦！"古希腊的雕塑距今有超过两千年的历史，在这中间经历过战火、天灾、人祸，很难幸免于难。然而，从古希腊的征服者罗马人开始，就对古希腊的雕塑趋之若鹜，罗马诗人贺拉斯曾说过，"被征服的希腊征服了他的粗鲁的统治者。"希腊雕塑供不应求的局面导致了大量罗马时期的希腊雕塑仿制品的出现。仰慕和崇拜会带来"模仿"，也自然会带来"伪造"。到了文艺复兴时期，类似的原因又催生了对古希腊雕塑的再次"制作"。我们今天在博物馆里看到的，就有许多是这一时期制作的。这些"复制品"距今已有五六百年历史，它们被一代代艺术大师学习、模仿，它们复制了古典艺术的规则，表达了原作想要表达的内涵，我们正是通过复制品才得以了解古希腊的艺术家和他们的作品。更重要的是，这些"复制品"本身打上了文艺复兴时期的烙印，它们述说着一个时代的追求和审美。展示它们，真的让卢浮宫"掉范"吗？

第四种情况似乎有点像"脑筋急转弯"，那就是赝品本身即我们需要的展示对象。前面的章节中已经提到，博物馆的收藏和展示更取决于需要，而非绝对价值。假设某项展览的主题是关于"晚清及民国时期赝品文物展"，想表达的思想便是通过赝品来探讨赝品为什么会制造（即为什么在某一时期会大量制造）？什么人在制造？在什么样的场合下流通？与真品有什么区别等等。在这样一场展览中，那些符合条件的赝品便会堂而皇之地出现在聚光灯下，而且，这项展览一旦落成，一定门庭若市。

回到开头的话题。博物馆会不会把真品藏掖起来而故意把仿品放在柜子里呢？这种情况并不多见，也没有必要，且一旦被发现还会影响博物馆的声誉。博物馆如果出于安全或文物保护的原因将真品替换，一般也会说明，并不会刻意隐瞒。

话题三:博物馆可以把藏品卖掉或扔掉吗?

当博物馆把藏品处理掉,即把藏品连物品及账目一起去除,叫做 deaccession(移除藏品,或"消藏")。之前讲过博物馆会因为各种原因征集藏品,那么如果有一天,库房堆满了,博物馆怎么办呢?

我在美国国家航空航天博物馆的藏品管理部实习时,曾做过一项非常枯燥的工作:为每件藏品做收纳盒子。

做收纳盒的工作在英文里叫"housing"。这个词很形象,因为就是先给每件藏品量尺寸,然后裁剪、粘合无酸的硬板纸,给藏品打造专门的"小房间"。有些藏品比较脆弱,就要根据它的形状在"小房间"里垫上各种形状的专用泡沫,得保证它在运输过程中不会移动。

很多人会觉得这项工作听着有趣,因为它有一个实际的好处,就是接触藏品——那些我们隔着防弹玻璃才能见到的藏品,此时可以一一触摸,并亲自决定它的摆放状态。但凡事都不光是表面的光鲜。

博物馆的藏品数量动辄几十万件,而展厅里能摆放的也许只有百分之一。剩下的藏品中,有很多是终年不见光的,他们安静地躺在架子上,只有非常偶然的机会,才可能有人在某个研究项目中拣选了它们。

美国国家航空航天博物馆的藏品大部分来自于美国国家航空航天局(NASA)。那些早已过气的航空航天装备及辅助材料,NASA 觉得不再有用了,就找个飞机一股脑地把它们从休斯敦运到华盛顿。航空航天博物馆不得不全盘接收。接收的第一步就是登记造册、安置藏品。于是,成打的泛黄的破旧航空用硬塑料袋,被毫无歧视地统一对待,量尺寸、拍照、做盒子。有的塑料袋已经在博物馆待了几十年,它的"老房子"也破旧不堪了,于是就又要为它打造新的房子(rehousing)。至于它何时及在何种场合会派上用场,没人知道。

在做那些"安置房"的时候,我总是纳闷:博物馆在这些低级的、重复的东西上浪费了多少人力、物力和宝贵的空间啊。为什么不能把它们处理掉呢?

难道博物馆就是个只进不出的仓库吗?

难道博物馆不应该为自己的藏品保持一定的规格和基准,同时,妥善利用有限的资源?

这些问题在我后来与史密森学会下的另一家博物馆的馆长交流时有了答案。

博物馆的运营有许多原则,保证藏品的长期妥善保存就是博物馆设立的原则之一。因此,随意地处理,或者丢弃,显然是有悖原则的。

然而,博物馆的确面临空间紧张,或者资金紧张的情况,这时,如果能出售藏品,将有效地为博物馆解燃眉之急。

可是,博物馆面对这种"捷径",常常要做艰难的思想斗争。原因即在于,博物馆的多数藏品来源于捐赠,卖掉藏品是有违捐赠人意愿的,也会辜负公众对博物馆的信任,会影响将来公众对于博物馆的支持。毕竟,藏品不是用来牟利的。

这就是博物馆往往不到万不得已不会动用拍卖的念头的原因。博物馆一旦拍卖藏品,必然会引起广泛的社会争议。

2013年秋季,博物馆界传出一条令人震惊的消息。自称美国六大博物馆之一的底特律艺术博物馆,其珍贵馆藏将面临拍卖以支付底特律市欠下的巨额债务。

底特律艺术博物馆是一所市属博物馆,其馆藏珍品包括:梵·高的《自画像》、闻名世界的罗丹的雕塑《思想者》以及安迪·沃霍尔的《自画像》……如果这样一座世界闻名的博物馆被拍卖,是博物馆界的重要损失。底特律市在当年七月申请了破产保护。城市中的每一处资产都面临着拍卖的风险。

底特律艺术博物馆董事会名誉主席及主要捐献人 Richard Manoogian 说道,"我认为售卖底特律艺术博物馆的艺术品会使我们丧失长久以来底特律甚至整个密歇根公民,以及所有博物馆捐献者、支持者对我们的信任,并造成不可挽回的损失。"

国际社会的广泛舆论谴责,在这一风波持续一年后,美国联邦破产法院通过一项协议,允许底特律市政府拿出17亿美元用于诸如消防车和电脑系统等市政设施的建设,底特律艺术博物馆的藏品也因此得到挽救,而不必被拍卖抵债。作为协议的一部分,底特律市政府放弃对于博物馆和馆藏的所有权,将其让渡于目前正在管理博物馆的非营利性机构。终于,底特律艺术博物馆成为了独立机构。

从以上案例可见,拍卖显然不是明智之举,保存的好处总大于丢弃,就像上一篇提到的赝品一样,也许总有用得着的时候。然而,博物馆的提升与发展的确面临着需要将一部分藏品"淘汰"的问题。那么又不能卖又不能扔,怎么办呢?将馆藏品移交给其他收藏机构,或者学校等公众教育事业的机构,是合理的选择。当然,对于这部分藏品的选择也必须谨慎。捐赠者及其家属显然不希望看到自己捐给博物馆的藏品被搬到了别的机构。

附录二：专题

专题一：博物馆的正确"打开"方式

一、参观前的准备工作：

1. 应该对博物馆展出哪些主题（包括有哪些展厅，每个展厅有哪些文物）做一些基本了解。

2. 可以关注博物馆公众号，了解一下在博物馆除了看展品还能做什么（比如上海博物馆有荧幕小视频，有些展厅还有纪念品出售等），否则到了博物馆就是两眼一抹黑。还可以通过公众号了解到在哪一天有特殊的展览，得到和日常展览不一样的收获与惊喜。

3. 博物馆的票价及证件，很多博物馆都是学生证半价的，千万别忘记带。

4. 博物馆开馆和闭馆的时间也要注意。避开周一，很多博物馆会在周一闭馆，还有一些法定节假日，通常工作日的上午是参观博物馆的最佳时间，因为观众较少，可以静静地欣赏全部展览。

5. 提前三五天了解博物馆是否可以预约进入，预约进入可以大幅减少排队时间。尤其是去别的城市旅游的时候。免得到了博物馆门口才发现由于人太多而限流（特别是一些免费的博物馆），最后只能遗憾而返。因此如果去外地的博物馆，一定要提前在官网上预约，并且最好在开馆时就去。

6. 去博物馆的路线也要事先计划好,以及在馆内的游览路线也可以事先进行安排和计划。

7. 出发前好好地养精蓄锐,体力充沛,精神满满,体验也会不同。同时,参观时也要控制好时间,一般控制在两小时以内,这样可以帮助你更加专注且精力充沛。切忌贪多哦。

8. 博物馆大多有餐厅,但也可以自备干粮,但一定要在可以饮食的区域食用。

9. 穿一双舒适且不会发出声响的鞋子。

10. 在第一次去的时候可以留意博物馆官网和博物馆大屏幕上讲解员的信息和讲解时间,这样就可以选择适当的时间听讲解啦。

11. 现在很多博物馆都有了微信语言导览,只需微信扫一扫二维码便可倾听。因此,参观之前可要保证手机有足够电量,并且戴耳机！公共场合如果外放,不仅影响自己听感也会给他人造成不便呢。

12. 如果参观临时展览,请注意展览的预约及展览的起始日期;临时展厅一般人流很大,可以注意避免高峰期参观。

13. 参观前,由于安检会把液体拦下,我们可以随身携带个空水杯,去博物馆中的自助饮水机取水。

14. 包可以选择寄存。

15. 记得拿一下博物馆的导览小册子,会帮助你了解整个博物馆。

二、参观时要注意:

1. 不要大声喧哗。

2. 展厅内喝水和饮料时注意不要洒出来,不携带食物进展厅。

3. 不要触摸文物。

4. 不要触碰展品的玻璃罩,以免上面留下指纹印。

5. 走路转身的时候注意不要碰到文物,尤其是背着书包的,最好是背在胸前。

6. 如果有讲解员带领,要紧跟着讲解员。

7. 博物馆的冷气较足,夏天记得带上外套,以免着凉。

8. 穿合适的平底鞋或运动鞋,恨天高也许会为你也为他人带来不便,拖鞋可能有些随意。

9. 请不要站在别人和展柜的中间，尊重他人欣赏文物的权利。

10. 手机静音，不要在展厅内打电话。

11. 要确认展厅是否可以拍照，可以拍的话也要关闭闪光灯，注意不要因为拍照而影响别人。

12. 多留意展品旁边的文字介绍，这上面往往有最浓缩的展品基本信息。

13. 有些展品对光线是有敏感度的，因此要自己去适应展馆的光线亮度，并在确保能够使用摄像机的情况下再使用，不可擅作主张而对展品造成影响。

14. 除了看展品，记得观察一下博物馆的展线设计，可以了解博物馆展览设计的意图。

三、除了被动的参观，我们还可以：

1. 将展品和老师课上讲过的或是书本上看到的联系起来，学以致用。

2. 博物馆的建筑，展厅布置都具有美感，有些展厅曲曲折折，内部装饰和展览主题相配，欣赏展品的同时也可以欣赏一下展览的主题。

3. 还有一些博物馆讲座、教育活动等可以参加哦，关注博物馆的官方微信号。

4. 很多博物馆内会有数字化体验馆，里面有很多关于藏品的数字化资源，如果参观累了，这样的体验方式也许可以尝试一下。

5. 如果有足够的兴趣，在博物馆来场写生也很不错，很多小朋友会安静地在博物馆一整天"临摹"。

6. 很多博物馆都非常缺少志愿者，可以去博物馆的前台了解一下他们是否需要你这样的积极的小伙伴，他们应该很欢迎你的加入。

7. 可以在参观中根据你自己的参观体验给博物馆提出建议。

8. 主动与博物馆和自己的学校沟通，办一次联合活动，可以邀请专家进校园讲座，也可以同学集体去博物馆参加博物馆专门的团体讲解。

9. 在博物馆中看到某件感兴趣的作品时，可以记录下来回去进一步查阅。

10. 参观完博物馆后，记得回顾你看过的、记住的，也许可以留下一些文字的体验、感想乃至游记，否则众多展品眼睛一睁一闭就忘记了，意义不大。

11. 如果你有意愿，不妨在票圈发表一些关于自己博物馆之行的记录与体验，配上照片，能吸引更多小伙伴一起来加入参观者队伍，走近博物馆。

12. 查看博物馆相关的官网、微信公众号、相关APP,以了解实时资讯。

13. 针对自己感兴趣的内容,到博物馆商店购买相应的研究书籍进一步学习。

四、如何提升我的博物馆参观体验:

1. 事前肯定要做好准备,不然就像旅游一样"到此一游",看展品的时候一无所知,或者看过之后几乎都忘了,难以留下深刻印象。

2. 最好有讲解员,不然对展品就会一知半解,无法得知那些展品背后鲜为人知的故事。想一个人逛博物馆的小伙伴也可以租一个讲解器,也会有种别样的感受。

3. 提前做好功课,部分博物馆可能会有联展、特展等活动,如果有机会也可以看到更多。

4. 可以找一个志同道合的好朋友一起去参观展览,如果喜欢独处也可以选择一个人,忌同行之人对博物馆毫不感冒,会影响自己的参观体验。

5. 不能错过的"镇馆之宝",如果说去了博物馆,连镇馆之宝都没有见过或者留意过那可以说是非常可惜了。

6. 合理安排博物馆展馆的参观顺序。可以从重要到次要的、感兴趣到不感兴趣的顺序安排,这样可以更好地参观、研究。

感谢华东师范大学2017—2018学年第二学期《世界博物馆巡礼》全体选课学生,共同整理而成。

专题二:如何"阅读"一件艺术品?

材料

它是用什么做的?

为什么选择这种材料(这种材料价值如何？有什么特点？比如优点、是否易于塑型、稳定耐用)？

设计

它是什么，或者它看起来可能是什么？

它的形状、大小怎样？

它的体积、重量怎样？

描述一下：它的风格是怎样？

它有没有被装饰？如何被装饰？这种装饰代表着什么，还是仅仅模仿了什么？

上面有没有文字？文字写了什么？透露了哪些信息？

构建

它是用什么工艺做的？

做工好吗？

它的部件如何构成它的功能？

功能

它原先的功能是什么？

随着时代的发展，功能有没有改变？

有没有明显的使用的痕迹？

历史

它在哪里制作的？

谁制作了它？

为谁而制作？

为什么要制作？

随着时间的推移，它改变过状态、功能或被其他改动过吗？

它在哪里被发现？

参考文献：

Claude Faubert, *Collection Reading Course*, ICOM-ITC Training, November, 2016.

Katharine Anderson, "Reading Instruments: Objects, Texts and Museums",

Science and Education，(2013)22：1167-1189.

David Pantalony, "Biography of an Artifact: The Theratron Junior and Canada's Atomic Age", *Scientia Canadensis: Canadian Journal of the History of Science, Technology and Medecine*，(2011)34：51-63.

注：关于"藏品阅读"，在下述文章中也有论述。范雪纯：《藏品阅读：教育参与中的学生综合能力培养》，《中国博物馆》，2018年第二期，104—110页。

专题三：如何"阅读"一幅画？

材料

它是用什么工具画的？

它是画在什么上的？

构图

它画的是什么？

主题是什么？

强调了什么？背景是什么？

有哪些辅助的物品和细节？

技法

整体来说，绘画的风格是怎样的（精致、粗放、抽象、写实……）

功能

这幅画的目的是什么？

历史

它是谁画的？什么时间？

为谁而画？

它在哪里被发现？

参考文献

论著：

奥德菲尔德著：《博物馆的秘密：隐世藏品背后的故事》，李子，译，人民邮电出版社，2015年。

保罗·巴恩主编：《剑桥插图考古史》，高小凌，王晓琴，译，山东画报出版社，2000年。

保罗·巴恩著：《当代学术入门——考古学》，覃方明，译，辽宁教育出版社，1998年。

博寇著：《新博物馆学手册》，张云，等，译，重庆大学出版社，2011年。

陈淳著：《考古学研究入门》，北京大学出版社，2009年。

单霁翔："谈谈故宫的修缮保护工作"，《中国文物报》，2014年3月21日，第5版。

费德著：《骗局神话与奥秘：考古学中的科学与伪科学》，陈淳，译，复旦大学出版社，2010年。

高蒙河著：《考古不是挖宝》，山东画报出版社，2009年。

格林希尔著：《博物馆与教育：目的、方法及成效》，蒋臻颖，译，上海科技教育出版社，2017年。

贡布里希著：《艺术的故事》，范景中，译，广西美术出版社，2008年。

顾婧："德国博物馆教育的理念与实践"，《科学教育与博物馆》，2017年第3期，第228—235页。

胡健："大维德与他收藏的中国文物"，《东方收藏》，2011年11期，100—103页。

霍文著：《让木乃伊跳舞：大都会艺术博物馆变革记》，张建新，译，译林出版社，

2012年。

姜涛、俄军编著：《博物馆学概论》，兰州大学出版社，2014年。

杰·莱尼·迪瑟著："博物馆学——'思考的实践'的反映"，宋向光，译，《中国博物馆》，1993年第3期，第37页。

库诺编著：《谁的文化？：博物馆的承诺以及关于文物的论争》，巢巍，等，译，中国青年出版社，2014年。

琳恩，波洛克著：《持续的假设：博物馆教育活动的前置评量》，徐纯，译，国立海洋生物博物馆，2001年。

陆建松著：《博物馆展览策划：理念与实务》，复旦大学出版社，2016年。

麦格雷格著：《大英博物馆世界简史》，余燕，译，新星出版社，2014年。

梅丽曼著：《帝国主义、艺术与文物返还》，国家文物局博物馆与社会文物司（科技司），译，译林出版社，2011年。

斯塔夫里阿诺斯著：《全球通史》（第七版），吴象婴，等，译，北京大学出版社，2006年。

宋向光："知识维度的博物馆学研究"，《东南文化》，2014年第2期。

宋向光著：《物与识：当代中国博物馆理论与实践辨析》，北京：科学出版社，2009年。

苏利文著：《东西方艺术的交会》，赵潇，译，上海人民出版社，2014年。

苏珊·伍德福德著：《剑桥艺术史》，钱乘旦，译，译林出版社，2009年。

汤姆金斯著：《商人与收藏：大都会艺术博物馆创建记》，张建新，译，译林出版社，2014年。

唐纳德·萨松著：《蒙娜丽莎微笑五百年》，周元晓，等，译，上海人民出版社出版，2004年。

王宏钧：《中国博物馆学基础》，上海古籍出版社，2001年。

王树良："'诗情'与'画意'——晚明江南文人园林环境设计的审美观念"，《文艺争鸣》，2010年第14期，第83—85页。

韦克斯曼著：《流失国宝争夺战》，王若星、朱子昊，译，浙江大学出版社，2014年。

萧寒主编：《我在故宫修文物》，广西师范大学出版社，2017年1月版。

徐纯著：《如何实施博物馆教育评量》，台北：文建会，2000年。

参考文献

雅克·朗格著:《新卢浮宫之战:卢浮宫浴火重生记》,董强,译,中央编译出版社,2014年。

亚历山大著,陈建明主编:《博物馆变迁:博物馆历史与功能读本》,陈双双,译,译林出版社,2014年。

野岛刚著:《两个故宫的离合》,张惠君,译,上海译文出版社,2014年。

于鸣放:"魁北克宣言",《中国博物馆》,1995年第2期,第5页。

张艳霞:《东西方文化交融下的成功案例——解读吴冠中与莫兰迪的绘画艺术作品》,重庆大学硕士学位论文,2010年。

郑弘宇:"中国园林艺术与中国传统文化",《中国民族博览》,2015年第11期,第190—101页。

郑奕著:《博物馆教育活动研究》,复旦大学出版社,2015年。

Anderson, Katharine. "Reading Instruments: Objects, Texts and Museums". *Science and Education*, 2013(22): 1167-1189.

Buck, Rebecca A. Gilmore, Jean Allman. *Museum Registration Methods* (5 Edition). Washington, D. C: The AAM Press, American Association of Museums, 2010.

Faubert, Claude. *Collection Reading Course*. ICOM-ITC Training, 2016.

Fleming, E. McClung. "Artifact Study: A Proposed model." *In Material Culture Studies in America*, edited by Thomas J. Schlereth, 162-173. Nashville: American Association for State and Local History, 1982.

International Council of Museums. *Key Concepts of Museology*. France: Armand Colin, 2010.

International Council of Museums, *Countering Illicit Traffic in Cultural Goods: the Global Challenge of Protecting the Wolrd's Heritage*. Paris: The International Council of Museums, 2015.

Murphy, Bernie L. ed. *Museums, Ethics and Cultural Heritage*. New York: Routledge, 2016.

Office of Policy and Analysis. *An Assessment of the 2012 Youth Engagement through Science Program*. USA: Smithsonian Institution, 2012.

Pantalony, David. "Biography of an Artifact: The Theratron Junior and Canada's Atomic Age". *Scientia Canadensis: Canadian Journal of the History of Science, Technology and Medecine*, 2011(34): 51-63.

Watts, Edith. *The Art of Ancient Egypt: A Resource for Educators*. New York: The Metropolitan Museum of Art, 1998.

新闻报道：

99艺术新闻："伦敦自然历史博物馆展厅恐龙将被蓝鲸骨架取代万人联名反对"，陈荷梅编译，2015年1月31日，获取于2017年9月13日，http://news.99ys.com/news/2015/0131/10_189011_1.shtml

曹兵武："海昏侯墓：一次成功的公共考古实践"，中国文物信息网，2016年3月22日3版。

长沙晚报："盗墓笔记VS真实考古，网剧里都是骗人的？"，载于"弘博网"微信公众平台，2015年6月29日，获取于2016年9月14日。

陈涛："美术馆上市是圈钱噱头还是生存突围？"，搜狐新闻，2016年1月7日，获取于2017年4月13日，http://roll.sohu.com/20160107/n433806938.shtml

观察者："克罗地亚的失恋博物馆：带着爱的回忆继续前行"，2014年12月14日，获取于2017年12月1日，http://www.guancha.cn/europe/2014_02_14_206018.shtml

何雨、何悟熙："一个温和专制主义者的哀愁：温索普和他的艺术收藏"，《中国文物报》，2015年11月17日6版。

和讯网："饱受非议的大都会美术馆馆长被迫辞职"，2017年3月1日，获取于2017年5月1日，http://news.artron.net/20170301/n912064.html

弘博网："首博打造定制展览，学生全称参与策展"，2015年10月29日，获取于2016年10月1日，http://www.hongbowang.net/news/yj/2015-10-29/3642.html

弘博网："维多利亚与阿尔伯特博物馆拒绝展出撒切尔夫人遗物——博物馆是如何选择藏品的"，2015年11月23日，获取于2016年10月12日，http://www.hongbowang.net/hongboshuo/2015-11-23/3784.html

弘博网："'一天'之省博馆长"，2016年2月23日，获取于2017年7月22日，http://www.hongbowang.net/oneday/2016-02-23/4244.html

参考文献

弘博网:"'一天'之世界级博物馆副馆长",2015年12月8日,获取于2017年7月22日,http://www.hongbowang.net/oneday/2015-12-09/3879.html

弘博网:"在博物馆画廊中讲故事",2015年9月29日,获取于2017年12月12日,http://www.hongbowang.net/hongboshuo/2015-09-29/3481.html

蒋肖斌:"明长城31%完全消失,从今天起众筹修长城",中国青年报,2016年9月2日03版。

澎湃新闻:"MoMA抗议特朗普:取下毕加索马蒂斯,换上伊朗艺术",陈诗悦编译,2017年2月5日,获取于2018年1月14日,http://www.thepaper.cn/newsDetail_forward_1612106

人民网:"荷兰国立博物馆免费公开藏品高清图像",2016年2月25日,获取于2017年10月21日,http://art.people.com.cn/n1/2016/0225/c206244-28150465.html

搜狐网:"阿富汗人冒死守护25年的宝藏首度来中国",2017年3月23日,获取于2018年7月13日,http://www.sohu.com/a/129940463_582880

王嘉祎:"守护艺术宝藏,英博物馆再打胜仗",中国商网,2015年8月16日,获取于2017年12月12日,https://www.toutiao.com/i1088712184/

王润:"马未都说隐情:为何没把观复博物馆捐给国家",中国新闻网,2010年12月13日,获取于2016年6月6日,http://www.chinanews.com/cul/2010/12-13/2718315.shtml

王学思:"柴窑,要不要烧?",《中国文化报》,转载于雅昌艺术网,2017年4月5日,获取于2017年6月10日,http://news.artron.net/20170405/n921467_4.html

网易新闻:"状如巨戒耗资5亿美元将于2017年开放——迪拜打造'未来博物馆'",2015年4月8日,获取于2016年11月12日,http://news.163.com/15/0408/02/AML53Q2G00014AED.html

温璐、许心怡:"国家博物馆百年变迁史",人民网,2012年7月2日,获取于2018年7月13日,http://culture.people.com.cn/n/2012/0702/c22219-18427061.html

夏瑾:"在大英博物馆拯救中国古画的裱画师",《光明日报》,2017年1月18日13版。

新浪时尚:"在大都会博物馆里健身是一种怎样的体验",2017年2月28日,获取于2018年7月13日，http：//fashion. sina. com. cn/l/ds/2017-02-28/1021/doc-ifyavvsk3684938. shtml

新浪网："长春失恋博物馆保留爱情'遗物'的地方"，2014年2月18日，获取于2017年12月12日，http：//travel. sina. com. cn/china/2014-02-18/1018248708. shtml?1431907368717

央视网："在海底沉睡了两甲子后，'撞沉吉野'的致远舰里发现了什么"，2016年12月30日，获取于2017年12月13日，http：//history. CCTV. com/2016/12/30/ART/wAo5pLcbt3dQtw49nLEF161230. shtml

央视新闻："大内总管梁金生：我们一家五代都是故宫人"，载于新浪收藏，2018年1月23日，获取于2018年7月13日，http：//collection. sina. cn/cqyw/2018-01-23/doc-ifyqwiqi7582097. shtml

易明："一位博物馆志愿者的十年讲解时光"，中国文化报，转载于新浪收藏，2013年3月21日，获取于2017年7月21日，http：//collection. sina. com. cn/cjrw/20130321/0928107718. shtml

知乎话题："如何看待众筹修长城？"，获取于2017年12月18日，https：//www. zhihu. com/question/50390634/answer/120863322

中原网："新雪国地产项目缘何先建公益博物馆"，2016年8月10日，获取于2017年3月15日，http：//news. ifeng. com/a/20160810/49752590_0. shtml

政策法规：

ICOM博物馆定义及道德准则：International Council of Museums（ICOM），*Code of Ethics*, revised in 2004. http：//icom. museum/the-vision/code-of-ethics/

International Council of Museums（ICOM），*Museum Definition*，revised in 2007. http：//icom. museum/the-vision/museum-definition/

联合国教科文组织（UNESCO）：《保护非物质文化遗产公约》，2003年，http：//www. npc. gov. cn/wxzl/wxzl/2006-05/17/content_350157. htm

中国共产党第十八届中央委员会第三次全体会议：《中共中央关于全面深化改革若干重大问题的决定》，2013年11月12日通过，http：//www. gov. cn/jrzg/2013-11/15/content_2528179. htm

中国国家文物局：《关于提升博物馆陈列展览工作的意见》，文物博函〔2012〕2254

号。http://www.sach.gov.cn/art/2015/2/1/art_1329_116608.html

中国文物学会、中国博物馆协会：《中国文物、博物馆工作者职业道德准则》，2012年修订。

中华人民共和国国务院：《关于清理整顿各类交易场所 切实防范金融风险的决定》，国发［2011］38号，http://www.gov.cn/zwgk/2011-11/24/content_2002092.htm

中华人民共和国中共中央宣传部、文化部、国家广播电影电视总署、新闻出版总署：《关于贯彻落实国务院决定加强文化产权交易和艺术品交易管理的意见》，中宣发（2011）49号，http://www.csrc.gov.cn/pub/newsite/djffzqqhhdj/fgbqlzdgljycs/fgbflfh/201308/t20130830_233347.html

网站参考：

国际博物馆协会（ICOM），http://icom.museum/

弘博网，http://www.hongbowang.net/

中国博物馆协会，http://www.chinamuseum.org.cn/

中国国家文物局，http://www.sach.gov.cn/

中华人民共和国国家统计局，http://www.stats.gov.cn/

Dilenschneider, Colleen. "10 Reasons to Visit a Museum". *The Colleen Dilenschneider's Blog*. Accessed December 12, 2016. http://colleendilen.com/2009/07/31/10-reasons-to-visit-a-museum/

博物馆及相关机构网站参考：

安娜考斯蒂亚社区博物馆（Annacostia Community Museum），http://anacostia.si.edu/

大英博物馆（The British Museum），http://www.britishmuseum.org/

俄罗斯国立艾尔米塔什博物馆（The State Hermitage Museum），http://www.hermitagemuseum.org/

故宫博物院，http://www.dpm.org.cn/

国际间谍博物馆（International Spy Museum）http://www.spymuseum.org/

国立美国历史博物馆（The National Museum of American History）http://americanhistory.si.edu/

卢浮宫(The Louvre),http://www.louvre.fr/

美国大都会艺术博物馆(The Metropolitan Museum of Art),http://www.metmuseum.org/

美国大屠杀纪念馆(United States Holocaust Memorial Museum) https://www.ushmm.org/

美国国家美术馆(National Gallery of Art,USA),http://www.nga.gov/content/ngaweb.html

美国国家邮政博物馆(National Postal Museum,USA),https://postalmuseum.si.edu/

上海博物馆,http://www.shanghaimuseum.net/museum/frontend/

史密森学会(Smithsonian Institution),https://www.si.edu/

首都博物馆,http://www.capitalmuseum.org.cn/

苏州博物馆,http://www.szmuseum.com/

台北故宫,https://www.npm.gov.tw/

维多利亚与阿尔伯特博物馆(Victoria and Albert Museum),https://www.vam.ac.uk/

糟糕艺术博物馆(Museum of Bad Art),http://www.museumofbadart.org/

中国国家博物馆,http://www.chnmuseum.cn/

影像资料参考:

BBC,《博物馆的秘密》纪录片系列。

CCTV,《爱上博物馆》纪录片系列。

CCTV,《China 瓷》纪录片。

CCTV,《台北故宫》纪录片系列。

致谢

本书从以"华东师范大学精品教材建设"立项至成书，历经三年。在本书成稿期间，有幸得到了领导、同事的鼓励，家人的支持，朋友们的帮助。尤其感谢以下指导老师、同行，为本书内容的撰写、资料的搜集提供了宝贵的帮助。

（排名按姓名笔画，英文按首字母顺序）

丁钢（华东师范大学）

任友群（华东师范大学）

汤涛（华东师范大学）

杜侃（首都博物馆）

沐涛（华东师范大学）

宋向光（北京大学）

陆建松（复旦大学）

陈淳（复旦大学）

范雪纯（故宫博物院）

郦恒（同济大学建筑设计研究院）

徐纯（台湾金门大学）

郭青生（上海博物馆）

梁金生（故宫博物院）

彭呈军（华东师范大学出版社）

程静（华东师范大学）

Faubert，Claude（Canada Museum of Science and Technology）

Pantalony, David (University of Ottawa)
Rice, Kym (George Washington University)
Schiavo, Laura (George Washington University)

图书在版编目(CIP)数据

世界博物馆导读/胡盈著. —上海:华东师范大学出版社,2018
 ISBN 978-7-5675-8341-2

Ⅰ.①世… Ⅱ.①胡… Ⅲ.①博物馆-世界-教材 Ⅳ.①G269.1

中国版本图书馆 CIP 数据核字(2018)第 215925 号

世界博物馆导读

著　　者　胡　盈
插画作者　王心瑶　张瑾瑜　张敏萱
策划编辑　彭呈军
审读编辑　朱小钗
责任校对　胡　静
装帧设计　刘怡霖

出版发行　华东师范大学出版社
社　　址　上海市中山北路 3663 号　邮编 200062
网　　址　www.ecnupress.com.cn
电　　话　021-60821666　行政传真 021-62572105
客服电话　021-62865537　门市(邮购)电话 021-62869887
地　　址　上海市中山北路 3663 号华东师范大学校内先锋路口
网　　店　http://hdsdcbs.tmall.com

印　刷　者　上海丽佳制版印刷有限公司
开　　本　787×1092　16 开
印　　张　18
字　　数　273 千字
版　　次　2018 年 11 月第 1 版
印　　次　2018 年 11 月第 1 次
印　　数　3100
书　　号　ISBN 978-7-5675-8341-2/G·11506
定　　价　78.00 元

出版人　王　焰

(如发现本版图书有印订质量问题,请寄回本社客服中心调换或电话 021-62865537 联系)